面向国际中文教育的"代词+V"类话语标记研究

相瑞欣　著

团结出版社
UNITY PRESS

图书在版编目（ＣＩＰ）数据

面向国际中文教育的"代词+V"类话语标记研究 /
相瑞欣著 . -- 北京：团结出版社，2024.8. -- ISBN
978-7-5234-1210-7

Ⅰ . H1

中国国家版本馆 CIP 数据核字第 2024EE9157 号

责任编辑：宋怀芝
封面设计：刘　美

出　版：团结出版社
　　　　（北京市东城区东皇城根南街 84 号　邮编：100006）
电　话：（010）65228880 65244790
网　址：http://www.tjpress.com
E-mail：zb65244790@vip.163.com
经　销：全国新华书店
印　装：三河市华东印刷有限公司

开　本：170mm×240mm　16 开
印　张：16.25　　　　　　　　字　数：263 千字
版　次：2024 年 8 月 第 1 版　　印　次：2024 年 8 月 第 1 次印刷

书　号：978-7-5234-1210-7
定　价：88.00 元
　　　（版权所属，盗版必究）

前　言

　　命运的使然与国家政策的支持让我踏足国际中文教育行业已有数年，行业发展是一个动态过程，求学期间目睹了行业的一些发展变化，也让我对国际中文教育事业以及如何做好一名合格的国际中文教师有了更深入的理解。

　　在北京师范大学求学期间，学院的每一位老师以其广博的学识让我如沐春风，导师们严谨的治学之风也让我印象颇深，在这里我极大地扩充了国际中文教育领域的相关知识，拓宽了认识问题的视野。

　　在月色之下，我时常在丽泽湖畔望着静静的水面，思考一些语言现象，思考国际中文教育事业，思考我们的未来发展。

　　同时我认识了一群极为优秀的同学，在此我看到一批对国际中文教育事业充满热忱的年轻人，为国家战略及国家发展不断添砖加瓦。

　　而在某学校为外国来华青少年教授汉语的经历，也让我意识到国际中文教育事业是如何具体实在地为"一带一路"等国家战略服务。在某线上课程为柬埔寨学生教授汉语之时，我意识到国际中文教育绝不只是单向传播语言文化的过程，有众多学习者会基于兴趣或生活的考虑来选择学习汉语，我国强大的经济实力与国际影响力使得汉语能切切实实改变一些人的命运。

　　在教学过程中，一些二语学习者的语言水平已达到令人惊讶的地步，其日复一日坚持学习汉语的精神也让我为之动容。我在与一些学习者交流的过程中，发现其口语及书面语表达能力极强，但语法知识却并不怎么牢固，甚至可以说极为欠缺，这也使得我时常思考语法教学在汉语教学中该承担什么样的作用，是否存在一些更高效的隐性教学法来辅助学生学习。

　　常言道"窥一斑而知全豹"，这需要极强的洞察能力与思考判断能力，我们往往难以达到如此境界，但也应不断训练思维方法来追求真理与本质。在北京大学研修时，赵教授曾提到"越是微观，越是宏观"，一些微观的语言现象，有时可以折射出语言的一些深层逻辑。语言的互动性与交际性往往要求使用者采用更为规约、简洁的形式来表达丰富的信息，这也是构式语法、浮现语法、演化语言学等一直探讨的问题。本书便从小处着手，分析在语言使用过程中，尤其是口语交际中，常出现的"代词+V"类这一结构，探寻其中的语言奥秘。但囿于时间的限制，一些现象及观点未能更为深入地讨论，我也将在未来持续深化相关的研究。

同时随着人工智能技术的快速发展，越来越多的学者关注到这一新兴技术对课堂教学、育人方式、行业模式、相关行业乃至国家政策的影响。我们身处一个由技术驱动的转型时代，以往的社会惯性可能被迅速发展的技术所影响，而未来何去何从正是当今时代我们需要思考与把握的问题。因此，本书也提出一些生成式人工智能技术为国际中文教育领域带来的机遇与挑战，起到抛砖引玉的效果。

目　录
Contents

第一章 绪 论

1.1 研究缘起

近年来，随着全球化进程的快速发展和"一带一路"倡议的深入实施，中国与欧盟、东盟、非盟等一些国家的政治、经济、文化之间的交流日益频繁，在一些国家的语言教育行业中，汉语作为第二语言的学习需求急剧增长。特别是与中国相邻的一些东盟国家，学生们对于汉语的学习热情日益高涨，国际中文教育市场的份额逐渐扩大，汉语教育体系也逐渐完善，越来越多的二语学习者开始学习汉语。本书作者在教学实习的过程中，发现一些二语学习者在掌握汉语的过程中，有时会忽视汉语使用的准确性与地道性，尤其在交际过程中，使用汉语话语标记存在一些回避或误用等现象，这不仅影响学习者的中介语系统发展，也影响到学习者的汉语表达与交际能力，及书面语理解与写作能力的发展。汉语话语标记的使用不仅是汉语话语分析领域一个值得关注的研究焦点，也是二语习得领域日益重视的研究课题。汉语话语标记，作为一种体现元认知的语言手段①，在二语学习者的中介语系统形成中扮演着至关重要的角色，是学习者由初级汉语水平逐步走向更高级汉语水平的过程中不可或缺的语言运用方式。尽管先前许多研究探讨了话语标记中的很多问题，但针对"代词 +V"类话语标记研究的系统性仍有待深入，关于一些二语学习者在汉语话语标记习得领域的研究也相对不足.本研究的开展，也希望完善一些相关领域的研究，同时为汉语二语习得与教学的相关理论添砖加瓦。

1.2 什么是话语标记

曹秀玲（2016）提到话语标记（discourse markers）研究萌芽产生于 20 世纪

---

① Flavell（1976, 1981, 1985）认为"元认知"是主体对自我思维的监控与调节，同时其认为元认知用于反映与调节认知活动的整体或其中任意方面的知识。Sternberg（1994）认为元认知是关于认知的认知。

五六十年代，随着会话分析等新理论的完善，话语标记逐渐兴起于 70 年代。80 年代进入研究的黄金时期，此时话语标记成为国外学界关注的热点（陈家隽，2018）。在 20 世纪七八十年代，有众多学者（Halliday & Hasan，1976；Van Dijk，1979；Stubbs，1983；Quirk et al.，1985；等等）参与到了话语标记的研究当中，不过此时学界还没有统一和定型的研究范式。Deborah Schiffrin（1987）的著作"Discourse Markers"不仅为话语标记研究做出了卓越贡献，也在语言学历史上留下了重要的印记。90 年代以后，学界更加注重对话语标记界定、特征、话轮与语篇运用、意义及功能等的研究，这一阶段国外的研究呈百花齐放的态势，众多学者的研究成果（Blakemore，1992；Fraser，1999；等等）为这一领域做出了贡献，这也一定程度上影响了 21 世纪初我国话语标记研究的兴起。此外自 80 年代之后，随着对元认知的研究加深，很多学者（Crismere，1989；Erman，1986；Hyland，2004；等等）从元话语角度来考虑话语标记。另外话语标记的研究离不开篇章视角，一些学者对于篇章的研究（Halliday & Hasan，1976；Fowler，1997；等等）为话语标记的篇章功能研究做了铺垫。21 世纪以来国内学界对话语标记的关注也日益增多。目前经过二十多年的发展，国内已经有大量学者针对汉语话语标记进行了诸多研究（方梅，2000；冉永平，2000；董秀芳，2007；谢世坚，2009；殷树林，2012b；李宗江，2010；曹秀玲，2010；施仁娟，2015；陈家隽，2018；等等）。

国外学者基于不同的研究视角对话语标记进行命名，例如相关的概念有 discourse marker（Zwicky，1985；Schiffrin，1987）、discourse connectives（Blakemore，1987，1992）、discourse operators（Redeker，1990，1991）等。而这些不同研究框架及命名方式，也影响了国内学界的研究。以往的很多研究对于什么是话语标记以及话语标记与话语标记语、语用标记、插入语、插说成分、口头禅、元话语、元话语标记等术语的区别观点各异，而直到今天什么是话语标记，话语标记的范围包括哪些仍未有定论，但近些年来学者们越来越多地使用话语标记这一概念，有些观点也被学界广泛认同。高春明（2004）将话语标记定义为"说话人为了引导和制约听话人正确理解话语而选择的语言标记"①。董秀芳（2007）提到"话语标记也称话语联系语，是指序列上划分言语单位的依附成分"②。李潇辰等（2015）将话语标记定义为"具有话语组织功能且不影响所在小句命题意义及

---

①高春明.话语标记语的识别及其语用功能 [J].长春理工大学学报（社会科学版），2004（1）.
②董秀芳.词汇化与话语标记的形成 [J].世界汉语教学，2007（1）.

合法性的词或短语"①。殷树林（2012b）将话语标记定义为"有独立语调的，编码程序信息用来对言语交际进行调节和监控的表达式"②。施仁娟(2022)指出"话语标记不是一种普通的语言手段，而是发话者用来引导受话者进行话语理解的有效手段"③。张秀松（2019）提到"广义的话语标记与语用标记是同义词，是指具有语篇组织功能、主观表达功能、人际互动功能的成分；狭义的话语标记是指有语篇组织功能的成分"④。

许家金（2009）从话语的现场即席性（situatedness）角度出发，认为话语标记主要指"出现在现场即席话语中，用以标记话语连贯、传递话语互动信息的语言及非语言手段（如身势语等行为手段）"⑤。许文也提到"现场即席话语是一种交际双方共建一个互为主体的话语世界的动态过程，话语标记的存在有助于实现话语连贯和对话语的互动理解"。本书认为许先生谈到的现场即席性（或称情境性）对我们拓宽话语标记的研究视角非常有帮助，其文已经从言语行为（speech act）的视野走向互动语言学研究的社会行为（social behavior）的视野。正如张文贤（2024）授课时提到的"社会行为是开放的集合，可以通过眼神等多模态来完成"，许先生所谈到的非语言手段已经涉及多模态领域，可以帮助我们从互动视角来研究话语标记。李潇辰等（2015）也提到从社会语言学视角出发对话语标记的研究还有待提升。故而从社会互动的角度观察话语标记也是需要我们重视的一个方向。

本书结合前人时贤观点，认为话语标记是社会规约化形成的、具有元话语功能的、不影响所在句子命题真值条件及合法性的引导性成分。同时本书认为话语标记内部（甚至同一形式的话语标记）存在不同的语法化程度，本书按照语法化程度高低，将其分为语法化程度较高、自身基本没有概念意义、线性位移能力强的完全化话语标记（或称纯粹话语标记）及语法化程度不高、自身存有概念意义、线性位移能力不强的非完全化话语标记（或称不完全化话语标记）。

1.3 话语标记的特征

Briton（1996）提到话语标记是选择性成分，删除与否不影响句子的合法性，

①李潇辰，向明友，杨国萍."话语标记"正名 [J].中国外语，2015（5）.
②殷树林.话语标记的性质特征和定义 [J].外语学刊，2012b（3）.
③施仁娟.基于元话语能力的汉语话语标记研究 .[M]浙江：浙江大学出版社，2022.
④张秀松.话语标记化的性质之争 [J].外语学刊，2019（04）.
⑤许家金.话语标记的现场即席观 [J].外语学刊，2009（02）.

但其具有辅助理解句子的功能。

刘丽艳（2005）认为学界对话语标记的基本特征已经有了较为统一的认识，并提到了五个较为基本的特征，即"功能上具有连接性；语义上具有非真值条件性；句法上具有非强制性；语法分布上具有独立性；语音上具有可识别性"①。同时在后续的研究中，刘丽艳（2011）认为话语标记对口语具有依赖性。

殷树林（2012b）提到话语标记有五点特征，分别是"语音上能形成独立语调单位且可停顿；句法上具有独立性且常现于句首；语义上不增加所在语句命题内容或不影响其命题真值条件（证据标记除外）；语用上对言语交际进行调节与监控；语体上多用于口语"②。

还有些学者谈到了话语标记的不可分析性，例如李心释、姜永琢（2008）提到话语标记"在结构上具有不可分析性特征，一般认为是由于语义弱化带来的结果"③。

李潇辰等（2015）通过回顾学界的以往研究，采取结合前人研究进而选取最大公约数的思路，提到话语标记具有三大区别性特征："行使话语组织功能的语用属性、不贡献命题意义的语义属性、不影响句子合法性的语法属性"④，并认为话语标记区别于其他成分的关键特征是其边缘化的句法地位。

上文提到，本书认为话语标记内部可以继续细分，同时认为若要成为一个话语标记，至少要满足李潇辰等（2015）所提到的三大区别性特征，若只满足这三大特征时，我们认为其至少属于不完全化的话语标记，而当满足语音上具有可识别性、语义上自身极少概念义且不影响所在句子命题真值条件⑤、句法上具有独立性、语用上具有元语用性（metapragmatic function）、功能上具有连接性、具有如叹词一般的高线性位移性时，可以认为是一个完全化的话语标记。

1.4 话语标记的功能

Halliday（1985）认为语言有三大元功能，分别是概念功能、语篇功能和人际功能。这一观点也对外语及汉语学界产生了很大影响。Briton（1996）认为话语标记具有语篇功能与人际功能。Fauconnier（1997）认为语篇语义构建伴随着

---

①刘丽艳. 作为话语标记语的"不是"[J]. 语言教学与研究, 2005 (6).
②殷树林. 话语标记的性质特征和定义 [J]. 外语学刊, 2012b (3).
③李心释, 姜永琢. 对话语标记的重新认识 [J]. 汉语学习, 2008 (6).
④李潇辰, 向明友, 杨国萍. "话语标记"正名 [J]. 中国外语, 2015 (5).
⑤这里通常是基于传统真理理论的二值对立观点，而不涉及模糊语言学的真值连续统概念。但我们在下文解释一些现象的时候，也会引入模糊语言学的一些观点。

心理空间的建立，语篇的表义功能与句子上下文语境存在联系，且有时会通过话语标记来实现语篇的连贯与完整。Fraser（1999）提到话语标记可分为与话题、语段有关的两小类，并认为部分话语标记具有推导性功能。学界在研究的过程中也同样关注到了话语标记的语篇与人际这两种主要的语用功能，且对各子类功能也进行了更为深入的研究。在语篇功能方面学界从话轮与话题角度出发对话语标记的形式连贯功能和内容连贯功能（刘焱、黄丹丹，2015）进行了分析。

从话轮角度出发来看，学界认为不同的话语标记或多或少包含以下的形式连贯功能：

（1）开启话轮（何安平，徐曼菲，2003；王宴宗、马国彦，2021；任伟等，2023；等等）

（2）承接话轮（郑友阶、罗耀华，2013；何安平、徐曼菲，2003；方梅，2012；等等）

（3）延续话轮（方梅，2000；徐捷，2009；刘丽艳，2009；朴珍玉，2015；姚双云，2015；徐晶凝，2016）

（4）保持话轮（刘森林，2007；陈新仁、吴珏，2006；姚双云，2009；马国彦，2010；张惟、高华，2012；等等）

（5）转接话轮（方梅，2000；王海峰、王铁利，2003；刘丽艳，2009；方梅等，2018；等等）

（6）出让话轮（郭整风，2002；何安平、徐曼菲，2003；刘森林，2007；等等）

（7）争夺话轮（刘森林，2007；曹秀玲，2010；赵颖、张存颖，2010；张宏国，2015；饶宏泉，2017；等等）。

（8）结束话轮（曹秀玲、蒋兴，2015；汪敏锋，2018；李潇辰等，2018；张秀松，2019；刘晨阳，2021；王宏军，2013）

表 1.1 话语标记的形式连贯功能

形式连贯功能		
1	开启话轮	引入新的对话，作为对话的起点。
2	承接话轮	在对话中回应前述话轮，以示礼貌。
3	延续话轮	在话轮中保持对话的持续性，延续、扩展当前的讨论。
4	保持话轮	通过话语标记维持话轮的控制权，确保对话连贯进行。
5	转接话轮	将话轮从上一个说话者转移到自身。
6	出让话轮	主动放弃当前话轮的控制权，邀请他人发言。
7	争夺话轮	在对话中试图打断或抢占话轮，表达自己的观点。
8	结束话轮	宣告自己发言结束，也意在告诉对方可以结束会话。（有时与出让话轮混用）

从话题角度出发来看，学界认为不同的话语标记或多或少包含以下的内容连贯功能：

（1）开启话题（或称引发话题）（董秀芳，2007；许家金，2008；曹秀玲，2010；孙利萍、方清明，2011；任伟等，2023；等等）

（2）设立话题（方梅，2000；高增霞，2004；马国彦，2010；姚双云、姚小鹏，2012；史金生、胡晓萍，2013；等等）

（3）承接话题（魏红，2010；邢欣，2013；张芮，2019；郑贵友，2020；等等）

（4）接续话题（张则顺，2012；陈晨，2015；胡春梅，2018；施仁娟，2023；等等）

（5）转换话题（或称切换话题）（方梅，2000；于国栋、吴亚欣，2003；李巧兰，2004；谢世坚，2009；张则顺，2012；任伟等，2023；等等）

（6）找回话题（方梅 2000；高增霞，2004；刘丽艳，2006；刘丽艳，2009；马国彦，2010；郑友阶，2013；曾君、陆方喆，2016；等等）

（7）扩展话题（或称拓展话题）（卢莉，2002；施仁娟，2020；周德庆，2021；任伟等，2023；等等）

（8）结束话题（胡勇红，2004；许静，2007；穆从军，2010；李慧敏，2012；徐晶凝，2016；刘丽艳，2011；任伟等，2023；等等）

表 1.2 话语标记的内容连贯功能

内容连贯功能		
1	开启话题	引入新的讨论主题，启动对话。
2	设立话题	属于话题前景化的一种，将认识网络中已经存在的谈论对象确立为言谈话题。
3	承接话题	回应前述话题，保持会话连贯性。
4	接续话题	在承接话题的基础上深入谈论。
5	转换话题	改变对话的方向，引入新议题。
6	找回话题	属于话题前景化的一种，将对话拉回到之前偏离的话题上。
7	扩展话题	在原话题基础上围绕相关话题进行深入或广泛的探讨。
8	结束话题	表示对当前话题的讨论已完成，准备结束对话。

以上是我们进行的话语标记语篇功能的汇总，基本囊括常见的一些语篇功能，特别说明的是，因不同学者研究视角的差异，对于同一功能的界定或许也存在区别，因此以上我们是借用学者们所提出的术语，并综合学者们的观点进行的定义。

谢世坚（2009）基于前人研究，认为话语标记除了语篇功能和人际功能外，还具有指向功能，并提到话语标记具有多义性和功能多样性，这些特点都同它们的指向性有着密切关系。徐晶凝（2022）提到"语气助词的意义中包含着两个方面：一是说话人对命题的态度，二是说话人对听话人的态度"①。本书认同两位学者的观点，我们可以认为语气助词包含着两种指向，一种是指向命题，另一种是指向说话人，而话语标记有时与语气助词的功能类似，但往往可以有更丰富的指向性。话语标记作为构成话语的一种成分，可以指向交际双方、评价对象、语言环境、听话者认知态度、情感态度、某些言语行为等。本书认为这种指向性有时可以在语篇功能中体现，有时也可以在人际功能中体现，故而在后文分析中，本书主要从"代词+V"类话语标记的程序功能出发，对话语标记的两种语用功能"语篇功能"和"人际功能"进行分析，同时在对一些具体例句进行分析时，涉及对话语标记指向功能及其他一些功能的讨论。以下我们对学界对话语标记的人际功能及其他功能研究做简要提及。

李潇辰等（2015）指出"话语标记一般具有多种人际及语篇功能，如衔接、话语指示（discourse-deictic）、传递言者态度、促进交际互动和协调话轮结构等，其具体功能受语境影响很大"②。本书认同其关于话语标记的语篇及人际功能受语境影响很大的主张，因此对于话语标记的人际功能，我们需要结合具体的话语标记及其不同语境下展现的功能进行归类分析，由于情感的多样性以及同一情感内部也分有不同程度的等级（例如表达责怪情绪时，可以是程度微弱的嗔怪，也可以是程度稍高的责备，还可以是程度更高的训斥或谴责，且这种表达也会受到语气、表情、音高及上下文等因素的影响），因此本书在此不做归类，在后文结合具体例句进行分析。

此外有一些学者结合具体案例对不同话语标记的特殊功能进行了一些研究，有时一些学者在讨论过程中也可能不按照严格的人际功能与语篇功能进行区分。冉永平（2003）对英语中的"well"进行了研究，认为这一话语标记的语用功能包括可以作为"面子威胁缓和语、延缓标记语、信息短缺标记语或信息修正标记语"③。高增霞（2004）对"完了"的连接功能进行了考察。姚双云、姚小鹏（2012）

---

① 徐晶凝.现代汉语话语情态研究（修订本）[M].上海：上海教育出版社，2022.
② 李潇辰，向明友，杨国萍."话语标记"正名[J].中国外语，2015（5）.
③ 冉永平.话语标记语well的语用功能[J].外国语（上海外国语大学学报），2003（3）.

对话语标记"就是"的功能进行了研究，认为其有应答功能、引发话轮功能与停顿填充功能。刘永华、高建平（2007）认为话语标记"别说"在言语交际中具有强化、提示功能，在话轮中发挥引发功能与反映功能。曾立英（2005）认为"话语标记的功能主要有话语转接（turn-taking）、话题处理（topic management）、指示说话人的态度（speaker's attitude）、指示段落或意群的开始和结束等"①。

还有些学者从元语用角度对话语标记的功能进行了分析。Verschueren（2000）提到，话语标记体现了说话者的语用能力及元语用意识。吴亚欣、于国栋（2003）提到说话者在交际时试图让听话者能理解自己的话语并达到交际成功的目的，这是人们进行语言选择的基本要求。我们可以看到，话语标记语在反映元语用意识的同时，不同的话语标记也具有不同的元语用功能，包括强调或突出所述命题等功能。

1.5 话语标记是否影响命题真值

Fraser（1996）将句子意义分为命题与非命题意义，前者是内容意义，后者是反映交际意图的情感态度意义。在他理解中的非命题意义的形式就包括话语标记，同时 Fraser（1999）在后续的研究中也认为，每个话语标记都存在核心意义。

何自然、莫爱屏（2002）提到"话语标记语是一些对话语的构建与理解有制约作用的词和语。它具有表情、表义等功能，在话语中不影响命题的真值条件"②。王扬（2005）指出"话语标记实质上是一种语用标记，在话语的解读推理的过程中只起着明示引导的作用，亦即一种明示标记，而不具有真值条件意义"③。刘丽艳（2005）提到"话语标记语义上具有非真值条件性"④。

在此我们需要围绕"影响命题真值"这一概念进行补充讨论，学界有时会将话语标记"不改变命题真值"等同于话语标记"不改变命题真值条件"、"不具备真值条件意义"、"不影响所在句子命题真值"、"不影响命题真值条件"、"具有非真值性"或"具有非真值条件性"。这些概念极容易混淆，虽然从逻辑学上而言"改变命题真值"不等同于"改变命题的真值条件"，但一般情况下不改变命题真

①曾立英."我看"与"你看"的主观化 [J].汉语学习,2005（2）.

②何自然,莫爱屏.话语标记语与语用照应 [J].广东外语外贸大学学报,2002（1）.

③王扬.话语标记的认知语用诠释 [J].天津外国语学院学报,2005（3）.

④刘丽艳.作为话语标记语的"不是"[J].语言教学与研究,2005（6）.

值可以视为不改变命题的真值条件，这源于命题的真值条件定义了使命题为真或为假的一些特定条件，如果一个变化或修改没有影响命题的真假状态，那么它通常也不改变这些决定命题真值的条件。但在一些情况下，某些话语标记可能不会直接改变命题的基本事实，但它们可以改变听话者或读者对命题的解读或对说话者态度与意图的理解，从而间接影响了其对命题真值条件的感知。例如，"从某种程度上来说"这个结构（有些学者也认为其是话语标记）的使用，可以将一个确定性的命题转化为一个非确定的陈述，这在某种程度上改变了我们对命题真值条件的判断。严格来说，一些学者所说的话语标记"具有非真值条件性"与"不具有真值条件意义"应当是指话语标记不改变所在句子命题真值[1]或不影响所在句子命题真值条件。同时本书将"不改变所在句子命题真值"等同于"不影响所在句子命题真值条件"。

冯光武（2004）首先采用 Ifantidou（2001）[2]的检测方法"将含有这一话语单元的句子放入一个条件句，如果它不受此条件管领，它就没有真值条件意义"[3]对一些结构进行判断，发现汉语话题标记语"顺便说一下"等、推理性标记语"一句话"等、换言标记语"换句话说"等、重述标记语"就是说"、"这样说吧"等、言语方式标记语"说白了"等、对比性标记语"但是"等、评价性标记语"令人遗憾的是"等、言语行为标记语"我提醒你"等不具备真值条件意义，话语来源标记语"据报道"、"有人说"、"据说"等具备真值条件意义，但其之后又通过变换条件论证了话语来源标记语同样不具备真值条件意义，否定了 Ifantidou（2001）的观点，并提出语用标记语（原文认为话语标记语属于语用标记语）都不具备真值条件意义。

董秀芳（2007）认为话语标记不影响命题真值，表达的是程序功能。尽管话语标记不影响所在句子的命题（语义）真值得到了很多学者的认同，但"我觉得"、"我认为"、"我看"等能否影响命题真值仍需讨论，因此本书认为大多数话语标记不影响命题真值。同时我们需要注意，以往的研究多集中于讨论话语标记对所在句义的命题意义是否存在影响，但若是放置于更大的语篇层面，则话语标记的存在与否可能会影响篇章与话轮的意义。Fowler（1977）也认为存在比句子更大

---

① 即话语标记不改变句子所表达的核心事实或信息是否为真

② Ifantidou, E. Evidentials and Relevance. Amsterdam: John Benjamins, 2001.

③ 冯光武. 汉语语用标记语的语义、语用分析 [J]. 现代外语, 2004（1）.

的单位,篇章是其中一种。篇章不仅包含一系列互有联系的句子,还涉及句子之间的逻辑关系、语境依赖及交际意图等多个方面。李潇辰等（2015）便提到"话语标记虽不影响命题意义,却仍会影响话语的意义,这些话语标记能够编码规约含义,通过其语义特征传递隐含信息"①。

1.6 话语标记是否有概念意义

话语标记是否影响命题真值与其自身的概念意义虽有关系,但不完全相同。在话语标记是否具备概念意义上,学界也存在一些争议（一些情况下有些学者将概念意义等同于真值条件意义,但准确来讲真值条件意义应当是指影响所在命题的真值,而非是指话语标记本身是否有概念意义）。本书认为有些学者谈论的"话语标记没有真值条件意义"可以理解为话语标记不会影响命题的真值,即从话语的角度来看话语标记缺乏影响命题真值的能力。Blakemore（1987,1992,2002）提到话语标记会对命题的概念意义产生制约作用,同时其认为话语标记能加强动态交际过程中话语的连贯。冯光武（2004）指出"传统真值条件理论存在缺陷,忽视了一个语言片段编码的信息可以不对它所在的话语命题的真假产生影响,但是它本身是可以具有概念意义的,是可真可假的"②,并认为"有些汉语语用标记语存在概念意义,但语用标记语中的话语标记语则没有概念意义"。这里需要补充的是,后来有些学者将话语标记语（即话语标记）的研究范围进行了扩大,因此一些冯文中的语用标记语已经被囊括进话语标记中,所以一些学者认为有些话语标记存在概念意义。董秀芳（2007）提到"话语标记不对命题的真值意义发生影响,基本不具有概念义"③,具有主观性（subjectivity）和程序性（procedural）,一般具有非粘着性。李心释、姜永琢（2008）认为"话语标记处于元话语层面,其本身的概念意义不参与到目标话语的意义里,从而对目标话语的理解所起到的作用显示出一种功能性意义,即程序意义"④。谢世坚（2009）提到"话语标记语多数缺乏语义（命题）意义,通常被认为没有概念功能,但这不等于话语标记语没有意义"⑤。谢文也认为不同种类话语标记语所表达的意义不同,一些有程

———
①李潇辰,向明友,杨国萍."话语标记"正名 [J].中国外语,2015（5）.
②冯光武.汉语语用标记语的语义、语用分析 [J].现代外语,2004（1）.
③董秀芳.词汇化与话语标记的形成 [J].世界汉语教学,2007（1）.
④李心释,姜永琢.对话语标记的重新认识 [J].汉语学习,2008（6）.
⑤谢世坚.话语标记语研究综述 [J].山东外语教学,2009（5）.

序意义，一些则更多的是表达语气和情感意义。本书认为谢文所讨论的"意义"更倾向于话语标记的功能，而非是说明概念意义。在此我们需要注意的是，学界有时会把程序意义等同于程序功能，这与 Sperber 和 Wilson（1986）从认知语言学视角出发，将意义分为概念意义（conceptual meaning）与程序意义（procedural meaning）有一些关系。

不同学者因其研究视角的差异而对"话语标记是否存在概念意义"这一问题有不同见解，我们可以将学界观点大体分为基于宏观整体视角对话语标记体系的研究及基于微观个体视角对话语标记个案的研究。当一些学者从宏观视角来考虑话语标记时，通常其认为话语标记并不存在概念意义，而有些学者则通过具体的案例分析论证概念意义或存在或不存在，例如冉永平（2000）认为"well"同"oh"一样缺乏指称意义或固有的概念意义。也有些学者在描述时采取更为审慎的措辞，以更显客观的表述来进行论断，类似的表述包括"话语标记一般没有概念意义"、"大多数没有概念意义"或"几乎没有概念意义"等，这样的表述可以为一些少部分不符合常规的个例研究留有讨论空间。例如吴福祥（2005）提到"一般来说话语标记几乎没什么概念意义，对所在句子的命题意义也没有什么贡献，表达的是一种主观性和程序性意义"[①]。

本书认为需要采用更严谨的表述来说明话语标记是否存在概念意义，我们认为话语标记的界定会影响一些具有概念义的结构能否进入话语标记研究范围，话语标记的语境依赖性也会对话语标记的概念义产生影响，同时语法化并非是一蹴而就的过程，一些话语标记演化过程中包含着概念义的隐退与程序义的增强，有时一个话语标记在某种语境中可以表现出多种语义及功能。本书赞成从个案角度出发并结合不同语境来探讨某些话语标记的概念义是否存在，而非从宏观层面进行判断，否则这样的论述可能会产生误导，并影响话语标记的界定。

1.7 话语标记的句法位置

话语标记因不影响命题真值，因而其句法位置并不受到严格的限制。李潇辰等（2015）认为话语标记的自由度较高，通常游离于句子主干之外，作为一种边缘化的成分，其可以出现在句首、句中或句末。

殷树林（2012b）在谈话语标记的句法位置时，认为话语标记主要出现于句

[①]吴福祥.近年来语法化研究的进展 [J].外语教学与研究，2004（1）.

首可以做两种理解,一是从宏观层面看,大部分话语标记都可以出现在句首,二是从微观层面看,某具体话语标记若是可以在不同句法位置出现,则大多数情况位于句首。同时殷文谈到,话语标记的句法位置有一定的灵活性。不同的话语标记,其灵活性不同,"有的话语标记似乎只能出现在某固定位置,而有的话语标记则可以出现在句首、句中或句末多个位置"①。本书赞同这一观点,并认为话语标记的使用及其位置的灵活性受到重新分析、语用功能、社会规约(或称语言习惯与规范)、交际意图、上下文连贯性、语体或风格、信息加工顺序、认知负荷、共同知识假设、预期、心理距离等因素的影响。

1.8 话语标记的辖域

Schiffrin(1987)与谢世坚(2009)提到话语标记具有指向功能,施仁娟(2022)认为这种指向功能其实就是引导功能(本书认为施文所提到的"引导功能"同"指向功能"不能完全画等号,两者存在交叉关系)。但无论是指向功能也好,还是引导功能也好,其都代表着话语标记有一定的支配范围。

廖秋忠(1992)提到"管界"是"某个管领词所支配、修饰或统领的范围"②,当这种范围跨越句子边界后,就称之为篇章管界。郑娟曼、张先亮(2009)提到"你看你"在发挥话语转变与话语阐发作用时,都具有明显的"管界",它管领至后项的结束,并认为"你看你"是有管界的管领结构。孙利萍(2012)提到了言说类话语标记的管界问题,并结合廖秋忠关于"管界"的定义,认为这类话语标记的管界是其前指和后指的范围,并采用"前项"和"后项"来指称管界的前后指向。此外也有一些其他学者采用"管界"这一概念对话语标记进行了研究(于宝娟,2009;付琨,2009;姚双云、姚小鹏,2011;等等)。

但更多学者采用"辖域(scope)"这一概念来指称话语标记的管辖范围(李勇忠,2003;吴福祥,2005;董秀芳,2007;殷树林,2012;等等)。施仁娟(2022)将"辖域"解释为话语标记所能发挥引导功能的范围。同时施文按照话语标记辖域方向将话语标记分为辖域在前的话语标记、辖域在后的话语标记、双向辖域的话语标记等情况,按照话语标记辖域的方向个数将话语标记分为单向辖域型话语标记与双向辖域型话语标记两种情况,按照辖域的数量将话语标记分为单个辖域

①殷树林.话语标记的性质特征和定义[J].外语学刊,2012b(3).
②廖秋忠.廖秋忠文集[M].北京:北京语言学院出版社,1992.

话语标记、双个辖域话语标记与多个辖域话语标记等情况，按照双向辖域前后项的语义轻重将话语标记分为前倾型话语标记、平等型话语标记、后倾型话语标记等类型，并依此来对一些话语标记进行归类。例如一个话语标记具有 [+ 双向辖域]、[+ 双个辖域]、[+ 语义关系前倾]，则将其命名为"前倾型双向（双个）辖域话语标记"。本书采用施文所提到的"辖域"这一概念及其依照辖域相关属性对话语标记的命名方式，并在后文的一些分析中会用到相关概念。

1.9 语法化的演化语言学视角

沈家煊（1994）在对语法化的相关研究进行综述时，提到实词的虚化速度存在快慢之分。而这种快慢的内在逻辑，与语言演化息息相关。对语言演化的问题已经有大量学者进行了讨论，传统的历史语言学及语言类型学便包含了对语言演化中一些问题的讨论，1996 在爱丁堡举办的第一届语言演化国际会议，开始让学界越来越多地关注到语言演化是一个系统性问题。邓晓华、高天俊（2014）提到"演化语言学主要关注两大问题，即语言是何时、何地和如何起源的，以及语言产生之后是如何演化发展甚至消亡的"，同时其认为"语言的演化涉及生物演化和社会文化演化两个方面"[①]。文旭（2021）提到了语言演化的三大逻辑原则，即变异（variation）原则、遗传（heredity）原则和自然选择原则，并以词汇变异与构式化（constructionalization）为例对语言变异进行了分析。王士元（2011，2013）提到"语言演化学是以演化论为基础的语言学"，并进一步指出"语言演化是个连续的过程，变化是经由个别的词或结构一个一个演化后扩散出去的"。石锋（2018）提到"演化语言学是以演化的理念来对人类语言进行研究的，分别有考虑语言涌现、成熟、发展、衰亡的宏观史尺度；侧重于语言的历时方面、相当于一般传统上历史语言学和语言类型学范畴的中观史尺度；从几年到几十年时间跨度的、针对不同代际之间或一代之内不同年龄段人群进行研究的微观史尺度"[②]。

也有一些学者从语言演化角度来思考语法化的一些问题。王寅、严辰松（2005）认为语法化是语言演化的重要方面，语法化过程具有"单向性、有序性、抽象化和专门化"等特征，高频复现与惯常规约化是其必要条件，并提到语法化的动因

[①]邓晓华，高天俊.语言研究新视野：演化语言学 [J].厦门大学学报(哲学社会科学版)，2014（2）.
[②]石锋.演化语言学的宏观史、中观史和微观史 [J].南开学报(哲学社会科学版)，2018（4）.

包括"语言接触、创新用法、误解与误用、语用"等因素，语法化的机制来源于"重新分析、隐喻和转喻、主观性和主观化"①。葛忆翔（2008）对语法化进行了解释，认为"语法化是语言范畴中的、在一定的语境条件下发生的历时的、渐进的、连续的演化"②，同时其从语言演化的视角对"语法化"问题进行了探讨，并认为"语法化"是语言惯例复制、模仿、变异和固化的结果。向明友、杨国萍（2018）从语言使用者的自主性及理性、语用规律等角度对语法化及语言演化进程进行了讨论，并从语用学的自主性规律及经济规律出发对语法化动因进行了阐释。成军，莫启杨（2018）认为语言是非线性复杂系统，存在动态性、非线性、自组织性等特征，并认为语言的演化中存在语法结构的"涌现"，重新分析是导致新的语法结构"涌现"的重要途径。还有一些学者在分析语用化时也提到了语言演化的问题，邱述德、孙麟（2011）在对语用化进行分析时，认为"语言演变始于语言使用中显露的语言内因与外因的矛盾，并成于这种矛盾的统一；没有这种统一，语言的内外矛盾只能是杂乱无章的运动，不能达到最终的规约化"③。

本书结合演化语言学的一些观点，认为从某种程度上说，话语标记的语法化并非从一个界定清晰的阶段骤然转变到另一个界定清晰的阶段，而是伴随着语义逐渐削弱及语法功能逐渐强化的渐变过程④。这一语法化⑤历程本质上是语言演进的一部分，而语言本身作为一种语言社团共同使用的规约性系统，其演进过程既是缓慢的也是动态的。这一过程并非是完全自发进行的，而是受到共时条件下语言社团内部成员差异、社会互动、文化历史差异、语言接触等因素，及历时条件下社会变迁、语言群体迁徙（linguistic group migration）、语言接触（language contact）、方言扩散（dialect dispersal）、语言传承（language transmission）等因素的共同影响。语言系统类似于自然生态系统与生物基因系统，既存在着有序的调节，如语言发展惯性（linguistic inertia）、语言政策、语言传承等，也存在着无序的突变，例如词汇借用、新造词、语义漂移（semantic drift）、语言融合或混合、技术驱动变革等。这种突变可能存在于语言社团内部成员之间的交流中，也可能

①王寅，严辰松.语法化的特征、动因和机制——认知语言学视野中的语法化研究 [J].解放军外国语学院学报,2005（04）.
②葛忆翔.语言的演化与"语法化"[J].扬州大学学报（人文社会科学版），2008（4）.
③邱述德，孙麟.语用化与语用标记语 [J].中国外语,2011,8（03）.
④但也很可能一些结构先经历词汇化凝固成某种语义再在语法化过程中语义逐渐消退。
⑤或是结构先经历词汇化后经历语法化，但在大多数话语标记形成过程中仍是语法化起主导作用。

跨语言存在，当这种突变在某种语言社团成员足够多（或同该种语言进行接触的其他语言社团成员也足够多）或社会变迁加剧的情况下，几乎每天都可能发生，大多数情况下我们的语言系统所具有的稳态性会对其进行调节，而让一些违背规约化的用法消散于短暂的自然语流（natural language flow）中，但倘若某种突变激活了一种新的认知或产生了一种新的功能，且逐渐在语言社团的边缘或小群体中传递，并随着时间的推移而逐渐向更广泛的社区扩散，当这种新形式（或新意义、新功能）逐渐被越来越多的成员所接受并成为一种通用规则时，则突变形成了规约化而被语言系统吸收①，这也一定程度上可以解释语法化的动因。

————————————

①但这种规约化并非能被整个语言社团的所有成员立即或无异议地接受，因为有些成员可能会基于语言发展惯性或维护语言纯洁性而表现出抗拒或存疑态度，因此有些时候我们需要通过词典等形式来将某种新形式、新意义或新功能进行固定。

第二章 学界对"代词+V"类话语标记的研究

2.1 "代词+V"类话语标记包含哪些

本书所研究的"代词+V"类话语标记，代词的主要形式为人称代词"你"或"我"，但也包含"谁"、"怎么"、"哪"等疑问代词，动词的形式包括单一动词、动词的重叠形式，有时动词前也有"别"等副词，而我们所讨论的"代词+V"类话语标记也包括对话语标记与语气词"吧"、"呢"、"呀"或"嘛"等结合所产生的话语标记变体的研究[①]。同时本书对"代词+V"类话语标记的定义是：经历一定语法化或词汇化历程，主要由"代词"与"动词"构成的话语标记，包括完全化话语标记与非完全化话语标记。本书仅选取其中几个有代表性的结构进行分析与讨论。此外柯航（2018）提到韵律和句法具有互相制约的作用。本书认为对于"我看"、"你看"、"你看看"、"你瞧"等话语标记的形成、"你看你看"等话语标记叠连形式的使用及"你看你呀"等带有语气词的话语标记变体的形成，都会一定程度上受到韵律对结构内部句法关系的制约。本书对韵律的讨论较少，但仍必须承认韵律在"代词+V"类话语标记形成过程中，有着重要作用。此外，李宗江、王惠兰（2023）在对虚词与关联语的研究中提到了一些"代词+V"类话语标记，其书中出现的很多语篇关联语也是本文所指的话语标记。

我们认为常见的"代词+V"话语标记类可能包括以下几部分[②]：

[①]但由于很多话语标记可以加上非疑问语气词，其与不加非疑问语气词的话语标记功能类似，而加上疑问语气词可能构成功能略有差别的新话语标记，因此我们下面的分类对这种加语气词的情况不做特别说明。

[②]需要说明的是这仅是本书作者的主观分类，至于其中一些是否能作为话语标记，以及能做完全化的话语标记还是非完全化的话语标记，需要结合具体案例进行分析，另外需要说明的是并非出现以下结构便意味着其是话语标记，而是本书认为以下结构可以一定程度上充当话语标记或是具有一些话语标记特征。

一、"你 +V"类[①]

"你看"类：你看、你看看、你看你、你看看你、你看着、你不看、你不看看、你（可）（真）别看、你（还）（真）别看、照你（这么 / 那么）看（的话）、依你（这么 / 那么）看（的话）、你瞧、你瞧瞧、你瞧你、你瞧瞧你、你瞧着、你不瞧、你不瞧瞧、你（可）（真）别瞧、你（还）（真）别瞧、你瞅、你瞅瞅、你瞅你、你瞅瞅你、你瞅着、你不瞅、你不瞅瞅、你（可）（真）别瞅、你（还）（真）别瞅

"你说"类：你说、你说说（看）、你说你、你说说你、你（可）（真）别说、你（还）（真）别说、（你看 / 瞧 / 瞅）你这（话）说的、照你（这么 / 那么）说（的话）、依你（这么 / 那么）说（的话）、你就说、你还说、你是说、你不是说

"你想"类：你想、你想想（看）、你不想想、你以为、你觉得、你认为、你琢磨（下）、照你（这么 / 那么）想（的话）、依你（这么 / 那么）想（的话）

"你知道"类：你知道、你知道的、你（可）（真）不知道、你（还）（真）不知道

"你猜"类：你猜、你猜猜（看）、你猜怎么着

"你听"类：你听，你听听（看）、你听着

"你像"类：你像，你像是

"你是"类：你真是、你真的是、你也是

"你信"类：你信不信

二、"我 +V"类

"我看"类：我看、我看着、让我看（的话）、照我（这么 / 那么）看（的话）、依我（这么 / 那么）看（的话）、要我看（的话）、我看也是、我瞧、我瞧着、我瞅、我瞅着

"我说"类：我说、让我说、我说你、我说的是、要我说、我跟你说、我和你说、我给你说、照我说、依我说、我就说、我敢说、听我说、我说吧、我得说、我说也是、我说什么来着、我是说、我不是说

"我想"类：我想、我想着、我觉得、我认为、我想的是、我在想、我感觉、我以为、我想也是、我寻思、我推测

"我知道"类：我知道、我就知道、我哪知道、我当然知道、我晓得

[①]"您 +V"类与"你 +V"类存在礼貌程度的不同，但结构基本一样，故本书未写出来。

"我猜"类：我猜、我猜猜、我猜得到、我猜也是

"我问"类：我问你、我想问

"我是"类：我真是、我真的是、我也是

"我指"类：我指、我是指、我指的是

三、"我们 +V"类

我们看、我们觉得、我们认为、我们来看看、我们说、我们一般来说、我们想、我们觉得、我们（都）知道、我们了解、我们推测

四、"谁 +V"类

谁承想、谁知道、谁曾想、谁会想到、谁能想到、谁想得到、谁猜得到、谁料、谁会料到、谁会知道、听谁说

五、"哪 +V"类

哪承想、哪（里）知道、哪曾想、哪（里）会想到、哪想得到、哪想到、哪能想到、哪曾想、哪猜得到、哪能料到、哪会知道

六、"那 +V"类

那是、那倒是、那倒也是、那这么说、那这么看、听那谁说、那（这么）来说、那这么看（的话）、那这么说（的话）、那就是说、那要是这么（看、说、想、理解……）的话

七、"这 +V"类

这倒是、这倒也是、这（话）说的

八、"怎么 +V"类

（该）怎么说（讲）呢

九、"这么 +V"类

（要不）这么说（吧）、（要）这么看（来 / 的话）、（要）这么来看（的话）、（要）这么说（的话）、（要）这么说来、（要）这么来说（的话）、（要）这么想（的话）

十、"那么 +V"类

（要）那么说（的话）、（要）那么来说（的话）

十一、"咱 +V"类

咱这么说、咱先不说、咱不说别的、咱先说好、咱这样 / 么想、咱这么说、咱（先）这么理解、咱（就）是说、咱就是、咱常说、咱不是说

十二、"代词省略 +V"类

看看、想想、瞧瞧、听听、可别说、别说、可别看、还别说、还真别说、

别看、知道吗（么）、看你、可以（肯定地、确定地、这样……）（来）说、就是说、先不说别的、别的先不说、（真）没想到、想不到、就说

2.2 "代词+V"类话语标记整体性的相关研究

姚占龙（2008）对"说"、"想"、"看"的主观化进行了研究，认为人称代词在与"说"、"想"、"看"结合的过程中经历了从"动作义"到"认识情态义"到"话语标记"这一主观化增强过程，并提到"该结构体与其后续成分之间的非现实情态，及人们在使用人称代词时所表现出的'自我'因素会引起主观化的不断增强"[1]。

张旺熹、姚京晶（2009）通过定量与定性相结合的方法，对汉语中"人称代词（我/你、您）+看/说/想"类结构的话语标记的判定及功能进行了考察，对汉语人称代词类话语标记归纳出四种功能：（1）话题认知功能、（2）话题提示功能、（3）言者移情功能、（4）话语引导功能，并认为"我"类话语标记与"你"类话语标记的功能存在系统性的不对称差异，"我"类话语标记具有（1）和（2）功能，"你"类话语标记具有（1）、（2）、（3）、（4）类功能，并认为"你"类话语标记的主观性依照话题提示功能、话题认知功能、言者移情功能、话语引导功能的顺序递增。

骆美婵（2011）对主谓插入语的话语功能进行了分析，认为其功能包括话语标记、话题提示、焦点提示以及新信息提示，并认为同一形式的结构（如"你看"）在不同语境中具有不同功能，一些情形下其可以视为话语标记，起到提起话语的作用，或是在另一些情形中用作插入语来提示要陈述的话题。

杨一飞（2011）以"你+感观动词"（如看、听、说、讲、想、知道、认为）为例对感观类话语标记语进行了研究，指出"这类结构在去范畴化过程中已语法化成为语用标记"[2]，并可视为具有三种修辞意图的修辞标记，旨在语篇中构建一种表达"事实–确证"的交互模型。

马云霞（2011）对"看"与"X+看"的语法化与主观化进行了研究，认为"X+看"语法化的语义前提是"看"从"估量"到"推测"义的演变，提到"X看"的语法化过程也是一个主观化的过程，其中"X"增强了"X+看"的主观性，

---

[1] 姚占龙. "说、想、看"的主观化及其诱因 [J]. 语言教学与研究, 2008（5）.
[2] 杨一飞. 感观类话语标记语初探——以"你+感观动词"（看、听、说、讲、想、知道、认为等）为例 [J]. 福建论坛（社科教育版）, 2011（4）.

并认为随着"看"的"推测"义的出现，标志着"X+看"进一步语法化为具有话语标记功能的成分。

曹秀玲（2016）对"你/我+V"系列话语标记的对立与中和、构式的语法化、语法化梯度等相关问题进行了考察，对"你/我+V"类话语标记的语用功能和使用情况进行了量化研究，认为"我/你+V"经历了从动作义到认知义再到篇章义的虚化历程，并认为这一历程也是结构语义弱化、主观性及元语言功能增强的过程。曹教授的一些观点对系统研究"你/我+V"类话语标记及"代词+V"类话语标记都有很多启发。

通过回顾前人研究，我们可以看到学者们已经发现了代词能与动词结合而形成话语标记，同时学者们也发现了"代词"通常由"你"、"我"等词来充当，动词多由感官类动词来充当。并且很多学者们在研究中也提到这些"代词+V"类结构的演化过程通常也是主观性增强的过程。

2.3 代词为"你"的"你+V"类话语标记的相关研究

2.3.1 动词为"看"的"你看"类话语标记的相关研究

Fraser（2005）对"you see"、"see"等结构进行了研究，认为其通常不影响句子语义真值，具有解释与组织话语的功能，并常出现于句首。

曾立英（2005）较早对"你看"与"我看"的主观化问题进行了研究，认为表示观察义的"我看"与"你看"经历了从"观察义"到"认知义"到"篇章义"的演变，这一过程也是主观性增强的过程，并认为正是由于"话语标记"的主观态度表达功能，为"我看＋NP＋VP"、"你看＋NP＋VP"经历重新分析的过程提供了条件。同时曾文也提到现代汉语中"我看"与"你看"的对象由实际物体到具体事件到客观抽象属性或关系到主观看法的转变，影响了现代汉语中"看"的意义用法的转变，而"看"由"观看义"到"观察义"到"估量义"到"评价义"到"话语标记"的意义变化，体现了主观性不断增加的趋势。

陈振宇、朴珉秀（2006）对话语标记"你看"与"我看"进行了较为专业的研究，认为"你看"可以分为两种，分别是可变换为"依你看"的表示认识、预测或提议的"你看1"（你看1，小王是不是个好人？），以及不可变换为"依你看"的表示提请注意的"你看2"（你看2，小王真是个好人！），"你看1"属于认识情态、道义情态，是非现实标记，不能与一定确证的事件搭配；"你看2"

表示提请注意，不属于认识情态及道义情态，是现实标记，不能与一定不确证的事件搭配。同时文章对"确证"进行了说明，认为"确证"是指"是否可以提供证据以支持断言必然为真"，"确证"的程度分为三个等级，分别是"一定确证"、"可能确证可能不确证"、"一定不确证"。

郑娟曼、张先亮（2009）对话语标记"你看你"进行了分析，将"你看你"归属为"责怪式"话语标记，其认为"你看你"由"提出说话者的要求与认识"及"责备或否定听话者的某一事实"这两个语义成分构成，并认为"你看你"的语用主观化及标记化过程经历了从现实世界域向逻辑推理域，再向言语行为域的演化过程，且认为"你看你"属于发展并非很成熟的话语标记，在三域之间没有明显标记且难以划出明显界限，同时也提到重新分析是话语标记"你看你"的一个重要形成机制。

李成团（2009）基于互动式会话语料对英语中与"你看"类似的话语标记"you see/see"进行了研究，并从社交、认知、心理等角度对其在语境条件下的语用功能进行了分析，并指出其在社交维度层面具有互动明示标记功能，在心理维度层面具有情态强示标记功能，在认知维度层面具有认知启动标记功能。

李宗江（2009）谈到主观化与交互主观化是"你看你"话语标记形成的一种重要机制，"你看你"经历了从道义情态范畴的真性祈使句①到表达说话者态度与主观评价的话语标记的过程，从真性祈使句阶段"你看你"便有了主观化，而在其话语标记形成过程中主观性进一步增强，同时由于"你看你"也顾及到对方立场与面子，因此这种过程也属于交互主观化的过程。

李宗江（2010）认为话语标记"你看"的形成并非是经历了"观察义"到"认知义"到"话语标记"这一演化过程，而是由"观察义"直接演变而来，并认为"你看这姑娘怎么样"中"看"是认知动词，此处"你看"因具有结构功能与概念功能，而不能理解为话语标记，同时其提到"若是想对某个话语标记的来源提出有力的说明，必须明确话语标记的主要功能，并找到该功能与承担该功能的词语的原来意义和语序特征之间的联系，而并非一定要按照一般的实词语法化规律来谈"②。

---

①具有直接表达命令或请求等功能的祈使句，如"你看你脚边的球"。
②李宗江. 关于话语标记来源研究的两点看法——从"我说"类话语标记的来源说起 [J]. 世界汉语教学，2010（2）.

李君、殷树林（2011）对"你看"进行了分析，认为在现代汉语中"你看"可以充当提醒标记，指出它不仅可以"单独使用来表提醒，还可强调因果关系和提醒状态、行为"①，并认为提醒标记"你看"的语用功能主要为提醒，删去不影响句法与语义，但会失去提醒作用，同时其对"看"能否重叠的制约因素进行了分析。

苗丽、韩蕾（2013）研究了话语标记"你看"的界定条件及语用功能，并探讨了该话语标记的语篇连贯和认知关联功能。

魏兴与郑群（2013）从语法化理论角度对"你看"进行了分析，指出"看"的语义抽象化与主观化过程符合语法化的隐喻机制，同时也指出"看"的语法化过程体现了语义滞留原则，"看"的实词语义并未随着语法化过程而消失，多个语义共存于同一共时层面，"看"在语义虚化的同时其结构也逐渐固化，这一过程可用重新分析机制进行阐释。

周明强（2014）对一些如"你看你"、"不是我说你"等埋怨性话语标记进行了研究，并对这类话语标记的语用功能进行了探讨，周文认为此类话语标记所提示的话语的埋怨程度受语境及交际对象等的影响。

李先银（2016）提到话语否定有三种形式，其中一种是使用诸如"你看你、真是"等形成的"话语否定标记＋话语内容"的表达结构，同时其指出"你看你"具有意义功能、组织功能与人际功能。

刘焱（2019）认为"（你）看你"为注意力提示语，其固化是重新分析与语境吸收的结果，注意到固化后的"你看你"有三种共时用法，分别是"后面有语音停顿，后接其他句子"、"与后续成分无语音停顿"、"独立成句"，并指出"（你）看你"常用于说话人进行评价，可出现在正面、负面或中性评价语境中，但主要出现在负面评价语境中。

刘从（2020）通过定量与定性的方法，对话语标记"你不看看"与"你不瞧瞧"的使用频率进行了统计，研究了该话语标记的语用功能，认为核心语用功能是请受话者注意反思并加以批评责备，并认为其形成机制来源于主观性、表语义否定的"不"、反诘构式与否定反问句。

缪庆（2020）将"你看你"归类为否定评价立场标记，从互动－语用视角出发，采用"立场三角"图形将"你看你"表达的功能分析为集定位、评价、离合三

---

①李君，殷树林.说提醒标记"你看"[J].求是学刊，2011（3）.

种行为于一休的功能系统，按照情感度将否定评价立场分为含嗔、责怪、斥责三种层级，同时其提到发话者可以使用"你看你"构建与受话者趋异立场之间的互动，且将互动类型归为澄清型互动、辩白型互动、劝慰型互动、对比型互动、质疑型互动、反驳型互动、斥责型互动等几类，并认为"你看你"可以起到人际关系解构与人际关系构建两种语用效应。

李卫光、姚双云（2021）对话语标记"你看我"的语用功能进行了考察，发现该话语标记在识别形式、重音焦点以及会话位置方面表现出一些显著的特点，认为"你看我"话语标记功能的浮现来自重新分析，在演变过程中受到互动中主观化与交互主观化及语境浸染的影响，同时还指出跨层演变而来的人称代词类话语标记，有些因受指称残留与角色兼具的影响，而在很多情况下不具有可删除性。

石颖（2022）从顺应理论出发并遵循理论驱动范式，借助语料库分析了"你看"的顺应性特征，对该标记在社交语境及物理语境中的顺应关系进行了探讨，指出"你看"的语境顺应方式主要有自然顺应和调整顺应两种。

通过回顾前人研究，我们可以看到关于"看"的研究体现了学者们对这一类型标记的重视，以及学者们采用不同视角或不同理论来对同一现象进行分析。同时学者们对于常见的"你看"与"你看你"这两种标记的关注更高。研究表明，话语标记"你看"与"你看你"都具有主观性与交互主观性，且"你看你"常用于表达否定含义。从"观察义"到"认知义"再到"篇章义"的"话语标记"，"看"的语义经历了虚化，这一过程同时也伴随着主观性的增强。学者们也尝试对这些话语标记的形成机制进行分析，包括采用重新分析或词汇化与语法化等机制来进行解释。

2.3.2　动词为"说"的"你说"类话语标记的相关研究

董秀芳（2003）采用词汇化理论来解释"X说"，认为一些未被词典收录的"X说"具有词汇性质，对"X说"构成的词的性质及产生机制进行了研究，认为"说"的语义虚化与构词的活跃性受到言说动词主观化所引起的语义虚化的影响，同时提到"'X说'从言说义向认知义的语义演变，符合人类由具体到抽象的认知模式"[1]。

---

①董秀芳.词汇化与话语标记的形成[J].世界汉语教学,2007(1).

廖红艳（2012）对话语标记"你就说"进行了讨论，认为该话语标记呈现独特的句法特征，具有语篇组织功能和语用功能，可以作为举例兼话题标记及总说兼征询标记，并对这两种标记的共时使用差异进行了分析，同时也认为话语标记"你就说"还用于提醒听者注意、拉近交际距离及表明言者主观态度。

鲜丽霞（2012）分析了话语标记"你说"在多种句式中的分布特征，并认为该话语标记所具有的交互主观性功能及连贯功能在不同语言环境中存在差异。

盛继艳（2013）研究了话语标记"你说"的话语信息模式与核心语用功能，认为其信息模式可以归纳为"你说"+ 陈述句式及"你说"+ 反问句式，发现"你说"的核心语用功能为提请关注并认同，且该功能源于祈使用法，并指出该话语标记的产生是语法化的典型例证，这一语法化过程与隐喻及语用推理的主观化及交互主观化特征紧密相关。

杨江（2016）分析了话语标记"你说你"的使用情境及其功能，指出该话语标记常出现在特定语境中以表达说话人对听话人行为的负面评价，核心功能在于话题评述，认为该话语标记的形成是词汇、语法及主观化交互作用的结果，其形成受"你说"、负面评价及人称代词"你"的共同影响。

罗黎丽（2018）对汉语口语中表示不满的话语标记"（你）还说呢"进行了探究，通过分析成人与儿童话语中的"（你）还说"，揭示了该话语标记在言语交流中的特征、用法及语用功能。

张影（2018）探讨了话语标记"你说说"的语用功能与形成机制，研究了主观性、交互主观性和隐喻等机制对该话语标记的形成所起的作用，此外还从语用视角对比分析了"你说说"与"你说"这两个话语标记之间的差异。

李姣姣（2018）以话语标记"你说是吧"为个案研究对象，发现该话语标记主要分布在话轮中间或尾部，李文探讨了该话语标记这两种分布的功能，认为其在话轮中间时具有话语组织与人际互动功能，在话轮尾部时具有人际互动与情态表达功能。

许佳佳（2024）针对话语标记"你别说"进行了研究，将其归为肯定话语标记，认为该话语标记的语篇位置包括语篇开端、中间或结尾三处，提到该话语标记的语用功能包括引出或切换话题、强调和凸显话题、标识主观认识，并提到该话语标记的演变机制包括词汇化、"征用"机制、语用化。

结合前人研究可以发现，学者们对包含"你说"等以代词"你"及动词"说"为核心的"代词 +V"类话语标记进行了一些较为深入的研究。这些研究从语用功能、句法特征、形成机制等方面对"你说"类话语标记进行了探讨。

2.3.3 动词为"想"的"你想"类话语标记的相关研究

杨一飞（2011）在对"你 + 感官动词"类话语标记研究的过程中,发现"你想"在带有名词性宾语、动词性宾语及小句宾语时,动作意义逐渐减弱,并形成话语标记,在这一过程中也包含着去范畴化（decategorization）。

张德岁（2009）对话语标记"你想"进行了较为系统的研究,对该话语标记的虚化历程进行了讨论,认为虚化历程包含"你"的泛化与"想"的虚化,同时从语义、语法、语用三个方面探讨了"你想"的虚化机制,并指出"你想"具有求同、提示、征询、明示等语用功能及为听者提供语境支持、保证语篇连贯与衔接、凸显语篇主要信息等语篇修辞功能。

吴淑琼等（2021）基于语料库语言学的行为特征分析法,对"想"的原型意义、多义网络体系与连接机制进行了研究。吴文认为"想"的原型义为"思考",确定了"想"的 14 个义项,并将"想"的义项分为"认知"与"情意"两大类。同时吴文的研究认为"想"的语义拓展包括两种方式,一种是在同一认知域中从"思考义"向"判断"、"联想"、"猜测"义拓展的概念转喻,另一种是从认知域映射到情意域的概念隐喻。

通过回顾前人研究,我们可以看到学界关于"你想"类话语标记的研究远不如"你看"类或"你说"类多,学者们也从语义与功能的演变等角度对"你想"类话语标记的语法化路径进行了一些探讨。

2.3.4 动词为其他的"你 +V"类话语标记的相关研究

刘丽艳（2006）在研究中根据话语标记与所指信息单位之间的位置关系,对话语标记"你知道"的使用模式进行了分析,总结出三种模式:（1）"…,你知道吗——,X,…";（2）"…,X——你知道吗 / 吧,…"和（3）"…,你知道,——X,…",并通过考察这三种模式及其功能,指出"你知道"在口语交际中体现了话语标记互动性的元语用功能特征。

刘红艳、李治平（2011）对话语标记"你猜怎么着"进行了考察,通过研究其特征确认其属于话语标记,发现该话语标记具有提醒注意的话语功能,并能用于解释、预示转折和引入新话题,同时认为该话语标记的产生经历了语法化与主观化过程。

王华（2015）探讨了"你信不信"的来源与功能，指出其作为源自疑问小句的话语标记，用于话轮交接、人际提醒、铺垫和强调等，并认为该话语标记仍处于发展变化中，且存在一些变体形式。

周明强、谢尚培（2018）认为"你等着"属于警示性话语标记，核心功能为对受话者的警示行为，同时还具有强化话语内容和保障信息的真实性等语用功能，同时其也发现了一些非言语行为会加强"你等着"的警示力度，并指出"你等着"的警示性功能来源于语境吸收。

张渝英、赵鹏程（2020）对话语标记"你听着"的话语标记特征、话语模式、语义特征和语用功能进行了分析，认为该话语标记在句首、句中、句尾均可分布，在语义上具有主观性与交互主观性，并对该标记的语篇功能与人际功能进行了分析。

罗彬彬（2021）通过对话语标记"你以为呢"进行考察，认为该话语标记的功能主要是位于会话邻对中对交际对象的话语做出回应，并根据其功能将其分为观点附和标记及观点驳斥标记，同时提到该话语标记的演变动因为主观化，机制为临界语境中的高频使用与重新分析。

刘焱（2023）提到"你不知道"可以用于对话语境，也可以出现在独白或叙事语境中，用于引导"释因"话语出现，并提到该话语标记核心功能是表达说话人对对方认识状态的否定，同时认为核心功能的获得受到自身的否定形式、主观化与交互主观化等因素的影响。

通过回顾前人研究，我们发现一些学者们对"你知道"等动词为其他的"你+V"类话语标记进行了研究，探讨了这些话语标记从源结构向话语标记的演变规律，研究内容涉及了这些话语标记的特征、功能与形成机制等。

2.4 代词为"我"的"我+V"类话语标记的相关研究

2.4.1 动词为"看"的"我看"类话语标记的相关研究

曾立英（2005）提到当"我看"作为一个独立成分、和前后的成分分隔开且后没有时体成分"着、了、过"跟随时表示认知义。后面也可以加上语气助词"呢、哪"等，此时也表示"认知义"，同时由于其在话语中起到一定的衔接作用，可以视为话语标记。曾文也提到，话语标记是从认知义虚化而来的，"我看"有时可以做独立语，有时也可以带上小句宾语，此时动词"看"不具备典型谓词性成分的属性，其文认为"我看"在带上小句宾语时最容易表示认识情态的意义，且不参与小句后面事件的叙述，此时小句宾语前的"看"采用了光杆形式。

陈振宇、朴珉秀（2006）指出所有话语标记"我看"都是"我看 1"（我看 1，小王可以算是个好人），表述说话人的认识、预测和提议，并提到出现在句首的话语标记"你看"、"我看"并非"X 看"后句子内部的一个成分，而是以其后整个句子为辖域的插入语，且句子只能是陈述而不能是疑问形式，同时其对话语标记"你看"、"我看"的语用条件进行了分析，并结合层层排除方法，选取六条性质作为检验标准，来对句子进行推理以回答何时可用"你看 1"、"你看 2"或"我看 1"的问题。

曹秀玲（2010）从构式语法化角度对"我看"类话语标记的形成与制约机制进行了考察，并指出此类话语标记的来源之一是主谓结构，因而具有跨语言的共性特征。

综上所述，学者们对"我看"类话语标记的语义演变过程及话语标记功能进行了探讨，针对"我看"类的研究相较"你看"类的研究要少得多，其原因在于"你看"的虚化路径往往更为丰富与明显，且有些学者在研究"你看"类话语标记时也会对"我看"类话语标记进行对比研究。

2.4.2　动词为"说"的"我说"类话语标记的相关研究

李宗江（2010）结合不同时期语料，用"我说"类结构经历上千年的演化但其语形依然有不确定性、词汇化程度仍然没有提高这种现象，来对"话语标记的来源是词汇化问题"这一论述进行质疑，并提出即使话语标记的来源是词汇化问题，其也具有不同于其他词项的词汇化特征，语形不确定现象并不一定随着时间而改变，我们不能按照一般的词汇化来对某些话语标记提出要求，也不能期待所有话语标记都会完全词汇化。

刘嵚（2008）认为"我说"经历了从主谓短语表"行为义"到主谓短语表"认知义"再到表"篇章义"的话语标记这一语法化过程，这一过程中伴随着语义的虚化，结构的主观性也不断增强。

郝琳（2009）认为"不是我说你"可以看成语用标记语，具有趋于定型、不影响全句命题真值、可分离性与非强制性特征。

乐耀（2011）从语用化与词汇化角度对"不是我说你"进行了考察，认为其在语用层面属于话语标记，但形式层面还处于语法化初级阶段，同时乐文认为该结构的形成动因为主观化、语用推理及类推。

吕为光（2011）认为"我说什么来着"由疑问句浮现出了话语标记与预期信息标记的功能，其形成过程的主观化机制为语用推理，语用功能为通过复现言者所言义表达负面情绪。

张金圈、唐雪凝（2013）指出认识立场标记"要我说"来源于使役性兼语小句，经历了结构缩减、功能固化的词汇化过程，但与其他一些标记不同的是，这一类标记的语义演变呈现主观交互性弱化的趋势。

权彤、于国栋（2014）从语言对比视角出发，通过对比分析中文会话中的"我跟你讲"与日语中的终助词"よ"，探讨了中日双方在日常交流中通过特定话语标记强调"知识优先"时呈现出来的序列结构特点。

陈家隽（2016）通过韵律实验分析探索韵律与句法、语义、语用之间存在联系，并发现话语标记"我说"存在出现位置灵活与韵律自足且语音存在融蚀等韵律特征，同时指出"我说"形成过程与韵律静态关联模式存在匹配性。这为我们从韵律特征考察话语标记提供了一个新的视角。

朱红、关黑拽（2016）指出"我说什么来着"是一个预期信息标记，该标记存在"预期回顾"、"预期植入"两种使用模式，这一话语标记的形成以概念义为基础，并受到会话合作原则、语用推理及推导义固化等语用因素的影响。

唐雪凝、张金圈（2016）从面子理论出发对"不是我说你"类话语标记进行了研究，认为此类标记具有面子补救功能，并从"元语否定 – 事出有因"的语义模型对这一类话语标记进行了分析。

鲁莹（2020）将话语标记"我是说"与"你知道"进行了对比，并认为两者的元话语功能表现为重构与共情。

张文贤、李先银（2021）从互动角度出发，对"我跟你说"表达认识权威的功能进行了分析，并认为"我跟你说"呈现了知识权威与道义权威，并具有交互主观性。

杨万成、陈昌来（2023）提到"我敢说"作为强断言话语标记，彰显说话者对其判断高度肯定，常用在处于认识优势一方的话语中，具有标示主观认识和凸显独特评价的功能，其话语标记语功能来源于主观化和语用推理等因素的影响。

通过回顾前人研究，我们看到学者们对"我说"类话语标记的演变历程与语用功能等进行了一些深入的研究，通常来说"我说"也经历了如"你看"一般的从行为义到认知义、再到篇章义的转变过程，同时学者们从主观化及语用推理等角度对该类标记的形成机制进行了探讨，并分析了"我说"类标记在不同语境中展现的篇章及人际功能。我们发现"我说"类话语标记的研究较多，而这种分布在"你 V"类与"我 V"类话语标记中"看"与"说"的相关研究数量的不对称性，或许可以反映出不同代词对动词的选择会影响话语标记相关属性等问题。

2.4.3 动词为"想"的"我想"类话语标记的相关研究

Halliday（2000）研究了"I think"与"John thinks"的区别，发现"I think"具有在复句中表达情态的功能。

祖利军（2012）从翻译学视角出发，结合《红楼梦》对话语标记"我想"进行了研究，并对"我想"的翻译策略进行了分析。

李秋杨（2012）通过对网络语篇中的语法化形式"我想"与"I think"进行研究，发现"我想"与"I think"存在语义及功能上的相似之处，其语义都包含从思考义到认知义到篇章义再到话语标记这几个阶段，同时李文发现受社会文化影响"我想"与"I think"在汉英博客中的使用频次与主题类型存在显著性差异。

综上所述,本书回顾前人研究时,发现对"我想"进行系统性考察的并不多,大多数的研究零零散散分布在不同类型话语标记的研究中。

2.5 其他形式的"代词 +V"类话语标记

尹海良（2014）从句法层次的角度阐述了"怎么"可以作为话语标记，具有反预期与传疑功能，并认为该话语标记来源于表示询问原因的"怎么"的移位与进一步语法化，及完整小句的简省。

王刚（2015）对话语标记"再怎么说"进行了分析，认为该话语标记具有衔接篇章的语篇功能与提醒、明示后续内容的人际功能。

张芳、肖任飞（2016）认为话语标记"怎么说呢"和"这么说吧"具有元认知监控与调节的作用,认为"怎么说呢"能体现迟疑、斟酌态度,"这么说吧"能体现解释、明示的意图,但两者并非对立的,某些情况下可以出现在同一语境。

刘丞（2013）对话语标记"谁说不是"进行了分析,认为其来源于自反问句,具有延续、转换、终结话轮的作用，其形成受到信息传递经济性制约下的形式简化、语用推理、重新分析导致的小句固化等因素的影响。

谢晓明、梁凯（2021）从互动视角出发对话语标记"谁说的"的话轮位置与会话序列结构进行了分析，并对该话语标记的形成动因与机制进行了讨论，认为该话语标记常用来表示否定，具有斥责、反驳、否定或嗔怪等立场表达功能，同时认为这一话语标记的源结构为"谁说 +X+ 的"，其形成机制受到主观性、语言经济原则、语境吸收等因素的影响。

张利蕊、姚双云（2024）对话语标记"哪里"的位置分布进行了考察，发现了"哪里"常出现于四种位置，并分析了"哪里"表示实施恭维、修正、否定、客套、辩解的五种功能，同时认为该话语标记的互动功能来源于否定义滞留于礼貌原则的语用强化。

王羽熙（2024）对立场标记"谁懂"与"谁懂啊"进行了分析，认为其话语标记用法来源于疑问句，并经历了询问表疑、反问否定、立场情感、立场标记这一演化轨迹。

通过回顾前人研究，我们可以看到学者们对一些其他形式的"代词 +V"类话语标记进行了研究，以及对一些代词类话语标记"怎么"、"哪里"进行了分析，并探讨了这些话语标记的演化过程及形成机制等。本书发现对于"我 V"类话语标记，除了对"看"、"想"、"说"做动词的研究较多外，其他研究相对较少，且对除"你"或"我"之外其他代词与动词结合形成的"代词 +V"类情况的研究也较少，这也是学界需要关注的一些问题。

2.6 "代词 +V"类话语标记的形成机制

当我们对"代词 +V"类话语标记的形成机制进行研究时，发现学界在对不同个案进行分析时，常有观点的交叉。我们对此进行一些总结，这些观点包括"代词 +V"类话语标记的形成来源于词汇化与语法化、语用化、重新分析、隐显置换、类推、"征用"机制、主观化与交互主观化、最小认知动力、语言经济性原则、简化或缩减、语境吸收、语用推理、礼貌原则、语义滞留、韵律制约、隐喻与转喻等。当学界对个例进行分析时，基本上可以从以上观点里找到形成机制的一些答案。我们也认为以上这些原因中的一部分促成了"代词 +V"话语标记的形成。

我们以下对常见的几个机制进行分析。

语法化与词汇化是学者们讨论较多的角度,以下我们借助学者的观点来对其进行论述。王荔(2024)从词汇化与语法化的角度对"好个"进行了研究,认为"好个"经历了先语法化再词汇化的演化过程。其中"好"经历了从性质形容词到评注性副词的主观性增强的语法化过程,"个"经历了从个体量词到表示轻短语气的主观性增强的语法化过程。施仁娟(2022)认为元话语到话语标记是经历了语法化过程,在这一过程的早期词汇化可能发生作用,但元话语最终演变为话语标记还是语法化起了主要作用。以上是两种不同的观点,本书主要采用后一种观点,本书并不排斥先语法化后词汇化这种解释,董秀芳(2007)也提到语法化与词汇化可以有一致的演变结果,也可以在同一结构上相继进行,但本书研究的对象"代词 +V"类话语标记的形成大多数经历了较为明晰的语法化路径,因此本书主要用语法化来描述"代词 +V"类话语标记源结构的虚化过程,但我们同样需要指出的是在这一过程中结构的凝固化往往也需要词汇化的协助,通常词汇化出现于语法化前期,但也不排除出现在后期起到凝固几个虚化结构的作用。而对于"好个"的演化路径,我们也可以作这样的分析,表示性质形容词的"好"先经历虚化形成了带有评注性副词的功能,例如唐宋时期出现的"好相似"、"好笑",元明时期出现的"好伤感"、"好欢喜",此时"好"已经分化出一个基本义项,表示"程度深,并带有感叹语气",常出现在动词、形容词前。这一义项的"好"常能和数量短语"一个"搭配形成"好一个",而"好一个"的频繁使用逐渐虚化为"好个",其中"个"的概念义仍有一定留存,因此这一解释也可以用来说明词汇化常发生在语法化的前期。同时本书给出的补充解释是"好个"并没有完成语法化,至少不属于完全化的话语标记,其在句中仍会影响句子命题,例如我们看这样一个情景。丈夫对妻子说"我跟她是正经朋友关系",妻子回答"嗯,好个正经朋友关系,我多想了"和妻子回答"嗯,正经朋友关系,我多想了"相比,第一个句子的否定义非常明显,即使不用带语调,也能推测出妻子对"好个"后续命题的否定,但第二个句子的否定义却并不明显,因此两句话中是否出现"好个",会一定程度上影响命题的真值,我们基于此认为"好个"不属于完全化的话语标记。完全化话语标记的形成过程带有语法化和词汇化,并不代表两个结构分别经历语法化、再经历词汇化结合后必然成为完全化的话语标记,例如"我说"经历了词汇化与语法化,"你看"也经历词汇化与语法化过程,且两者都具有非完全化话语标记的功能。因此语法化与词汇化并不构成完全化话语标记形成的充分条件。此外，有些学者认为在用语法化和词汇化解释一些话语标记形成机制时会产生一些问题，并采用语用化来解释"我说"类话语标记的形成（殷树林，2012c）。

对于话语标记的语用化问题，一些学者有不同见解。张秀松（2019）提到"对话语标记的演化是语法化、词汇化还是语用化的结果，学界存在不少争论"，并认为学界对于话语标记化存在五种观点，分别是词汇化、语法化、语用化、非词汇化与非语法化，而是处在两者界面上的现象、后-语法化（即语法化的后续现象）。张文对语用化的解释为"词项或句段在具体语境中获得管理交际或标示人际互动作用的过程"①，并认为话语标记的形成是语用化的结果。我们认为张文所提出的一些观点具有参考意义，但我们需要注意到语用化与词汇化、语法化之间并非是非此即彼的关系。三者属于语言演变的三个重要方面，且观察角度是不相同的，语言是一种多功能系统，同一语言单位或许可以作为词汇单位、或许承担语法功能、或许具有语用功能，其在历时演变的过程中，可能在语法、词汇或语用方面都会发生变化。例如一些学者提到的"你看你"的重新分析及继续虚化，便可以认为是一种词汇化与语法化共同作用的结果，但语用化在其中有没有发挥作用？我们认为是有的。我们在分析时主要按照语法化路径来划分"代词+V"类话语标记的不同阶段，且主要谈到语法化对话语标记形成的影响，但并非否定语用化的作用。我们认为话语标记存在较高的语境依赖性，不同的语境会影响话语标记的不同功能，一些语境会促使话语标记的凝固与形成。我们思考一种情景：在一个崇拜月亮的远古部落中，每到夜晚所有人都聚集在一起，掌管部落信仰的大祭司，使用类似于"你看，我们尊贵的月亮"的语言结构来引导部落成员关注与聚焦月亮，长此以往则这一语境赋予了该结构中的"你看"一种表示尊重、崇拜的功能，这时我们认为语用化在其中产生了巨大作用。但我们需要注意，"你看"这一结构的该项功能的出现，并不否定它从源义到提示功能经历了语法化或词汇化，而且单单用语用化来解释，则无法说明有些话语标记为何存在极为丰富的语用功能。我们认为，正是因为一些话语标记的凝固与虚化，导致其可以出现在众多语境中来发挥不同的语用功能，而某一语境或相似语境中大量类似结构的出现，会通过高频浮现与语用化来固化这种语用功能。因此我们并不认为语用化与语法化或词汇化是相

---

① 张秀松. 话语标记化的性质之争 [J]. 外语学刊，2019（04）.

冲突的，它们是从不同角度来考虑话语标记演化的。正如邱述德、孙麟（2011）提到的，"从宏观视角观察，语用化和语法化、语义化（semanticization）共同构成语言的规约化"①，同时他们还指出三者存在明显不同的认知机制，语用化与语义化多采用隐喻和转喻的认知机制，而语法化主要采用隐喻的认知机制。此外话语标记是一种成员丰富的功能型成分，我们认为不能轻易断言话语标记一定来源于词汇化、语法化，或是语用化，否则这样极容易被其他学者使用反例来驳斥。

　　一些学者会从重新分析的角度来思考话语标记的形成机制。Harris & Campbell（1995）认为重新分析是语言结构形式层定型而语义层进行演变的一种内在机制。郑娟曼、张先亮（2009）在对话语标记"你看你"的形成机制进行分析时，提到该结构发生了跨层的语法化，并且认为"你看你 /X"是来源于话语标记"你看"引导的"你看 / 你 X"结构的重新分析，这种重新分析体现了受话者在责备语境中因对自身的关注而对发话者话语进行了重新解读，使得原先结构的语义关系在受话者认知世界中转变为另一种关系。例如"你看你胖成这样"，可以分析为"你看 / 你胖成这样"，也可以分析为"你看你 / 胖成这样"，当受话者被这样说时，会倾向于后一种解读。而随着这种结构的增多，使得一种新的语言现象出现，此时"你看你 X"只能分析为"你看你 /X"。例如"你看你，汤洒了一地"，只能分析为"你看你 / 汤洒了一地"，而不能分析成"你看 / 你，汤洒了一地"。孙利萍（2011）在分析"可不是"这一结构时，认为其属于多义形式，可以分为短语"可不是"与答语标记"可不是"，并认为其答语标记的用法是词汇化的结果，答语标记"可不是"的词汇化来源于"语义变化、重新分析、语言经济性原则及使用频率"②等多种因素影响。孙文指出，两个连用成分的词汇化一般要经过重新分析，"可不是"的产生便经历了由"可 +[不是 +X]"、到"可不是 +X"、到"可不是 + 语气词"、到应答标记"可不是"的重新分析的过程。孙文认为话语标记"可不是"由于经常出现在对话语境中表示应答，因此是答语标记，我们认为应答标记"可不是"其实就是话语标记，由于其线性位移性弱，我们认为其属于非完全化话语标记，与话语标记"就是"的用法有些类似。同

①邱述德, 孙麟. 语用化与语用标记语 [J]. 中国外语,2011,8（03）.
②孙利萍. 答语标记"可不是"的词汇化及其形成机制 [J]. 宁夏大学学报（人文社会科学版）, 2011, 33（01）.

时我们认为，重新分析是语法化、词汇化或语用化的一种机制，有些时候它更像是一种现象描述。

我们对隐显置换机制进行一些分析。曹秀玲（2010）在分析"我／你 +V"类话语标记时，认为这些话语标记是由主谓结构发展而来，其所处的句子中话语标记后面的内容原本是宾语小句，这些结构的话语标记功能的出现来源于主谓结构和宾语小句之间的隐显置换。同时曹文将"我／你 +V"类话语标记的"隐显置换"解释为"主谓结构降级为背景成分，而宾语小句上升为前景（foreground）成分"，并认为这种现象来源于"小句宾语本身可视为独立的表述单位，相比一般宾语而言，对其前面的主谓结构依存度较低"①，换言之，此时动词对其后的小句宾语的影响程度更低，加之语音的分隔及动词的范畴化，导致小句宾语逐渐升格为句子的主体，主谓结构则游离于句子结构之外，松散地依附于其后的小句宾语上。但需要我们注意的是，这可以一定程度上解释辖域在后的后倾型"我／你 +V"类话语标记，但对于一些前倾型话语标记的用法则没有做说明，例如"他又做错事了，你看"，为何"你看"可以出现在"他又做错事了"之后，是因为隐显置换后导致话语标记的线性位移性增强，还是因为语法化程度提高等因素导致话语标记线性位移性增强，即隐显置换是一种动因还是一种表现，这需要我们进一步思考。但需要承认的是，"我看这本书"和"我看他在认真看这本书"②这两句话中，动词的控制力度存在差别，前一句的"看"是具体行为动作，对象为客观实物，而后一句话的"看"虽然也是具体行为动作，但包含有"看到后思考判断这是一种什么行为"的含义，即"他在认真看这本书"不仅包含了观察者的观察，还包含了观察者的判断，因此我们认为此处判断义的存在一定程度可以弱化主谓结构的动词的控制力度，因为主谓结构后单独的宾语小句"他在认真看这本书"已经包含了一种判断义，省去"我看"也并非不可。

类推也是形成"代词 +V"类话语标记的一种重要机制。张德岁（2009）提到"'人称代词 + 感官动词'形成话语标记大都出现在明朝"，这些话语标记

---

①曹秀玲. 从主谓结构到话语标记——"我／你 V"的语法化及相关问题 [J]. 汉语学习, 2010（5）.
②"我看他在认真看这本书"中的"看"也是具体行为义的"看"，但带有了判断行为，若是不进行判断则无法确定"他"的行为是什么。单独的这一结构存在歧义，因此本书对此予以说明，此处的"我看"不是"我认为"的意思，而是表"我观察、我看到"等具体行为义。

的虚化经历和语用功能类似,"在用法上应该会相互产生一定的影响"。同时张文提到"语言内部这种类推作用是形成话语标记'你想'的一种语用机制"[1]。马国彦(2010)提到类推是引发虚化或语法化的机制之一。李蓉蓉(2022)对"当然了"标记化的形成机制进行了考察,认为"副词 + 语气词"的结构早已存在于现代汉语中,"当然(副词)了"的形成受到此类结构的平行类推。我们认为"代词 +V"类话语标记的形成也受到类推的影响,相同的代词会有类似的指称功能,这种功能会影响其后搭配的动词的虚化路径及构成的话语标记的语法化路径,而相同的动词也会影响不同代词与其搭配而形成的话语标记的语法化路径。我们可以将类推看作是一种认知模式,即相似的要素组合可能会产生相似的语义或功能,这种认知模式会潜移默化地影响我们在使用语言过程中对于相似结构的处理。但与其他具有明显类推痕迹的话语标记类(例如"X 的是"、"令人 X 的是"结构)不同的是,"代词 +V"类话语标记的显著特点是代词与其后动词的高频复现性,也就是说大多数形式的"代词 +V"类话语标记,其都会极为广泛地出现于日常口语中,即使人们不使用类推这一认知模式,很可能长久的语法化结果也会使得这些标记之间存在一定的语义和功能的相似性,因此难以证明这些话语标记存在相似特征多大程度上来源于类推机制的影响,但不可否认的是,类推作为一种基本的认知模式,其必然在相似结构的语义演化或功能演化的处理上发挥了作用。

谈到"征用"机制则需要了解语言学家 Heine 的接入语[2]语法思想(Heine,2013;Heine et al.,2013,2017;Kaltenböck & Heine,2011,2014),接入语法是区别于句子语法的概念,李思旭(2023)提到"Heine 从话语语法角度出发,将语法划分为以动词及其论元结构为核心、通过命题概念及小句组织语篇的句子语法,和基于话语情境的接入语法。Heine 认为"征用"机制是接入语的形成过程,"征用"可以将句子语法单元成分提取出来作为接入语单元,来满足交际需求"。同时李文也对这一观点进行了批判性思考,认为其对于汉语话语标记的形成的解释存在局限性,对于一些短语、小句形式的话语标记具有一定的解释力度,但对于词形式的话语标记则不能有效解释,李文认为这些词形

---

①张德岁.话语标记"你想"的成因及其语用修辞功能 [J].安徽大学学报(哲学社会科学版),2009(5).
②李思旭(2023)提到接入语包括话语标记语、概念接入语、称呼语、祈使语、感叹语、社会交际公式等具有人际语篇功能的话语结构。

式的话语标记是先词汇化后语法化的结果。本书认为"征用"机制对汉语一些"代词 +V"类话语标记的解释具有作用，但汉语不同于一些具有形态变化的西方语言，汉语注重语义表达，是一种意合语言，词是汉语中最小的能够独立运用的有音有义的语言单位，但汉语词的来源可以是基于语义的语素拼合、可以是基于隐喻或转喻机制的语义拓展、还可以是省略或规约化等。汉语中某些词形式话语标记的形成可能不是源于"征用"句子语法单元，而是词义弱化或重新分析等的结果，因此我们赞同李思旭提到的"征用"机制可以解释部分话语标记形成过程的观点。但正如施仁娟（2022）提到元话语标记（也就是话语标记）来源于元话语的标记化，其与 Heine 的一些观点是有相似之处的，我们也会发现很多话语标记是来源于刚开始较为复杂的句子结构，随后在漫长的演化过程中逐步将其缩短并规约化，包括我们下文分析的"你看你"、"不信你看"等结构也受到"征用"机制的影响，因此我们不能否认"征用"机制在一些话语标记形成过程中的重要作用。

对于主观化与交互主观化学界有众多研究，且这也并非话语标记领域的专属，朱立霞、张静（2024）在结合杨旭、王雅琪（2022）研究的基础上，提到"二十世纪以来对于交互主观化领域的研究，包含了三大范式，分别是历史语言学范式（Traugot，2003，2007，2010；等等）、认知—语用范式（Verhagen，2005，2008；Nuyts，2001，2012；等等）、会话分析范式（DuBois，2007；等等）"[1]。同时这些学者结合会话分析，认为交互主观性"产生于互动序列结构或会话序列组织，包括话轮结构、行动序列和修正"[2]。李宗江（2009）在分析话语标记"看你"时也提到了其形成的重要机制包括主观化与交互主观化。本书认为话语标记的主观化是言者将个人观点态度、情绪感受等主观要素融入语言表达的过程，交互主观化是在主观化基础上，言者试图与听者通过言语行为达成共识或产生共鸣，共同构建意义的过程。而话语标记不仅可以作为表达言者主观性的手段之一，还可以通过引导来同听者进行意义共建与情感共享。因此主观化与交互主观化在话语标记的形成及使用中，都扮演着重要的角色。同时需要注意的是，主观化与交互主观化，这既是话语标记的形成机制，也是他们的表现形式及功能。

---

①朱立霞，张静.语篇中交互主观化的三维研究框架 [J]. 外语教学，2024，45（3）.
②杨旭，王雅琪.交互主观性的 3 种研究范式 [J]. 外语学刊，2022，（4）.

　　我们来谈一下最小认知动力原则（principle of least cognitive effort）。人类往往倾向于采取最为省力或最为简单的方式来进行认知或交际活动。具体到语言使用而言，人们通常试图减少认知负荷，寻找最有效率的方式来传递信息，这也使得人们倾向于使用较为简洁及易于理解与记忆的语言形式来进行交流。从宏观上说，语言系统及文字系统的建立便是最小认知动力原则驱动所形成的，正是这些规约性的符号系统降低了人们的认知资源消耗，也正是人们广泛使用这种最能降低认知资源消耗的沟通方式来进行社会生产，使得在一定历史时期或某一地理区域内语言系统或文字系统保持一定的稳态性。现在的网络表情符号、二维码图形等的广泛使用，也一定程度上受到最小认知动力原则的支配，倘若当有一天人类可以进化到采用比语言与文字更简约的符号来进行交流，或是通过技术方式来实现思维的直接沟通时，则现阶段的语言文字可能会存在于那时的博物馆里，并逐渐消失于历史的长河中。最小认知动力原则可以说是驱动语言经济性与语法化、词汇化等的一切语言简化形式的根本动力，语言的稳态与演化也受到最小认知动力原则的支配。正是无数语言社团中的微观个体拥有着按照规约与简化两条路径来使用语言，才保证了宏观语言系统的稳态与其中一些突变及由突变逐步引发的语言演进。"代词+V"类的话语标记及其他一些话语标记的形成，也离不开最小认知动力原则的支配。但我们需要注意到，该原则影响下的语言并非一定是形式的简化，例如古代汉语相比现代汉语往往音节数量更少，而现如今使用更为西化的语言形式，实质上也与人们追求最小认知消耗相关，当采用更为系统性的（而非临时性的）简约形式时，人们往往需要更多的认知消耗去寻找合适的词语来保持语言的典雅性，字斟句酌以达到文通句顺的目的，而使用更为随意的现代汉语则系统性地降低了语言社团全体成员的认知负荷。当然最小认知动力原则是语言演进的一个重要影响因素，但我们也需要重视一些社会因素对语言演进的影响，例如"白话文运动"、"国语运动"、"推普工作"及文艺复兴与宗教改革后欧洲民族语言兴起而导致的拉丁语的衰落等。

　　语言经济性原则也受到最小认知动力原则的制约。语言经济性原则涉及语音、语法、词汇或语用等语言的多个方面，人们在发音过程中倾向于简化语音或对于某些常用结构弱读，从而产生音变，这也是很多话语标记产生弱读的原因；人们在语法使用过程中，也倾向于选取更为简约且约定成俗的结构，来减少冗余成分并促使句子的处理更高效；人们在词汇表达过程中，通常也会选取常用词汇来降低理解难度，因此有些常用的词会产生多个义项，话语标记的词汇化与语法化也受到经济性原则的制约；人们在具体语境中，类似的语境会采用一些相似的语言结构或语言风格，因此话语标记的人际功能呈现类型化特征，其某个人际功能适用于一系列类似的语境中。此外语言中一些构式的产生与发展，及一些构式呈现的多义性，都或多或少受到经济性原则的影响，但归根到底也是受到最小认知动力原则的支配。

简化与缩减，同最小认知动力、语言经济性原则和"征用"机制有密切关系。通常只有简化或缩减后的形式，语言使用者才更容易记忆并形成规约化，施仁娟（2022）提到的元话语标记化的过程便是句子或段落形式的元话语简化与缩减后的结果。"征用"机制也是从句子中提取语法单元成分来形成话语标记，其也可以看作是一种由句子到更为凝练的形式的简化或缩减。我们在后文分析的"不信你看"等话语标记，也受到简化与缩减的影响。有些话语标记存在完备语义模式，但在社会规约化的过程中，交际双方可以通过非完备语义模式来推测出完备语义模式，这也属于一种语义层面的简化或缩减。

语境吸收（absorption of context）是指语言使用者在理解或生成语言时，将语言表达置于特定的社会文化或具体语境之中，长此以往某些话语标记的一些功能的获得与语境产生了密切联系，并使得一些话语标记可能会与语境产生双向选择性，这也体现了言语的意义具有语境依赖性。发话者恰当合理使用话语标记有助于为受话者理解自身意图或语篇布局提供线索。卢顺英（2012）在对话语标记"这样"语法化的修辞动因进行分析时，认为其所具有的标示建议功能的获得与语境吸收有关，即所提建议的内容总会位于非话语标记形式"这样"之后，久而久之人们便会形成认知定势，听到这一非话语标记形式便自然而然地联想到后面可能会出现建议，因此这一功能便在语境作用下得以被话语标记形式的"这样"所吸收。曹秀玲（2010）在对"我V"和"你V"进行分析时，认为两者部分功能中和的前提是"你V"（不包括"你知道"）的祈使义被语境吸收。我们认为话语标记的源结构常出现的语境及其源义会影响话语标记的部分功能，同时我们也认为话语标记的形成与使用也会促进不同语法化阶段下的语境吸收。

当谈到语用推理时，便不得不提沈家煊先生（2004）阐述的关于语义演变的动因和机制的判断，沈先生认为"交际双方会话时会遵循一些基本的交际原则，而这些交际原则（尤其是'适量原则'）是语义演变的重要动因，而语用推理与推导义的'固化'则是语义演变的重要机制"①。杨万成、陈昌来（2023）对话语标记"我敢说"的生成动因与生成机制进行分析时，也采用了沈家煊先生的观点，并认为"话语标记'我敢说'的形成源于语义驱动，是从其源义'我有胆量说'经过语用推理获得语用意义'高度确认'的"②。我们可以看到，语用推理也是形成某些话语标记的机制之一。

礼貌原则也是"代词 +V"类话语标记的形成机制之一。梁凯、谢晓明（2021）在分析话语标记"又来了"时，认为"其立场表达功能与源结构'又来 +X+ 了'存在密切关系，源结构受制于语言经济性原则及礼貌原则而逐渐省略'X'，并在'又'的重复义及语境吸收的双重影响下规约成一个表达负面立场的话语标记"③。礼貌原则包含有一系列社交策略，其与面子理论有较为密切的关系，发话者使用"代词 +V"类话语标记，通常可以减少命令的直接性，并起到立场共建或语气缓和的人际功能。可以说一定程度上礼貌原则驱动了话语标记的形成与使用。

语义滞留（semantic retention）在"代词 +V"类话语标记的形成过程中，对其语义与功能的演进具有重要作用。史维国（2016）结合 Hopper 和 Traugott 的"语义滞留"原则理论对汉语进行分析，认为其具有语义功能与语法功能两种表现形式。史文认为"'语义滞留'是指一个形式从词汇项语法化为语法项时，语法项的语义和语法功能受到词汇项词汇意义的制约和影响，即词汇项的词汇意义'滞留'在语法项中"④。我们认为语义滞留不仅体现在语法项的语义和语法功能上，其在整个词汇项向语法项演变过程中都有所体现。我们以"你看"从行为义到认知义到篇章义的演变为例，其在行、知、言三种认知域之间投射时，都存在语义滞留，这也导致了其在表达"认知义"时也可以带有一定的"行为义"，因此我们在后文分析时认为其表达"行为义"为"主要表达行为义"，而非"仅仅表达行为义"。不同动词源义所引发的语义滞留也影响了不同类型的"代词 +V"类话语标记的不同功能。

至于隐喻（metaphor）与转喻（metonymy）方面，刘文正（2021）分析了

---

①沈家煊 . 语用原则、语用推理和语义演变 [J]. 外语教学与研究，2004（4）.

②杨万成，陈昌来 ."我敢说"的话语标记功能与认识立场表达 [J]. 当代修辞学，2023（4）.

③梁凯，谢晓明 . 话语标记"又来了"的立场表达功能及其形成 [J]. 湖北大学学报（哲学社会科学版），2021，48（3）.

④史维国 ."语义滞留"原则及其在汉语语法中的表现 [J]. 外语学刊，2016（6）.

先秦末期到唐朝以前"看"的语义变化，发现通过隐喻和搭配对象的扩大，使得"看"有了从具体到抽象、客观到主观、实体空间到心理空间的变化，从而具有了"观看、看望、阅读、估测、认为"等义项。同时刘文认为"阅读"义之前未发生语法化，语法化发生在"阅读"义产生后，同时由于双音韵律和诗歌节律等因素的影响，最终话语标记得以产生。刘文中也提到了重新分析，但认为重新分析的对象为"S 看 O"而非"主句 + 从句"。我们认为，所谓隐喻就是将两个本质上不同的事物进行比较，用其中一个事物来突出另一个事物的特征，如"时间就是金钱"、"效率就是生命"等便属于较为常见的隐喻。而转喻是通过一个与目标事物相关的概念来替代目标事物本身，通常两个概念之间具有临近关系，例如我们常用各国首都来代指国家，"白宫"来代指美国政府便是一个很好的例证。一些学者采用隐喻或转喻机制来解释话语标记的形成，从隐喻的角度来看，"代词 +V"类话语标记的演化过程可以看作是一种隐喻式表达，"你看"结构的认知域投射便可以视为一种隐喻，当我们使用隐喻时，其实质便是将源域的经验或结构隐射到目标域，从而帮助解释或表达目标域的某些特征，"你看"由行域到知域再到言域的发展历程便是隐喻在起作用。而"我想"从"思考义"向"猜测"、"联想"、"判断"义的拓展，便是概念转喻在发挥作用。沈家煊（2004）认为重新分析是概念转喻，因为其是从一个概念向另一个相关概念进行过渡。

以上是"代词 +V"类话语标记的一些形成机制，同时这些机制也会影响一些非"代词 +V"类话语标记的形成。以上内容是对常见的形成机制的概括论述，需要注意的是，话语标记的形成是复杂的过程，并非仅依靠这些形成机制，也存在一些其他的形成机制本书未能涉及，这也需要研究者们在研究的过程中进一步发掘与探索。

第三章 话语标记"你看"

对于这一话语标记学界已有较多研究，但往往受制于期刊篇幅，对具体例句的分析并不深入，且归纳性的总结较多，本书希望站在前人研究的基础上，继续对这一类标记进行一些讨论。同时该话语标记较为明晰的语法化路径，也有助于论证本书所提到的话语标记内部分类问题。

3.1 主要表示行为义的"你看"

"你看"通常包括三种语义类别，分别为主要表示行为义、主要表示认知义、主要表示篇章义（也称言语义）。表示行为义的"你看"不是话语标记，这一观点已经被学界认同。对于表示篇章义的"你看"，学界也普遍将其认为是话语标记，本书认为"你看"表篇章义时由于已经高度虚化，属于完全化的话语标记。有些学者则认为，一些表示认知义的"你看"也可以视为话语标记，我们认为这一阶段可以视为非完全化的话语标记。有些学者基于三域研究，认为"你看"的演进过程便是分别身处三种认知域，但事实并非如此，语法化及语义虚化过程是历时的语义与功能演进连续统在共时层面的投射，当"你看"表示行为义时其主要身处现实世界域中，但也存有逻辑推理域或言语行为域的一些特征；而当"你看"表示认知义时，其主要身处逻辑推理域中，但也留存了现实世界域的一些特征，并向言语行为域进行过渡；当"你看"表示篇章义时，其主要身处言语行为域中，但其依然留存有现实世界域的微弱特征，且逻辑推理域的痕迹也较强。因此我们所说的"你看"在某个阶段表示行为义、认知义或篇章义，其实应该更准确地说是"你看"主要表示行为义阶段、主要表示认知义阶段与主要表示篇章义阶段。这一表述不仅适用于"你看"，也适用于之后分析的"你看看"等话语标记。但为了与学界以往研究的术语保持相同，本书也遵从以往研究的规则，有时会将"'你看'主要表示行为义"写作"'你看'表示行为义"或"'你看'的行为义"等方式。

首先我们对"你看"主要表示行为义的情况进行分析。"你"作为第二人称代词，"看"读作去声时，本义为知觉动词，两者可以共同构成主谓短语。

　　（1）你看这张照片，有没有想起什么？

　　（2）等一会休息时，我给你看一本书。我们可以在书里找到我们要经过的国家的国名和历史。到过或者在这个国家居住过的人，已将他们耳闻目睹的事写在这本书里了。（CCL语料库）

　　（3）你看电影回来，记得把碗洗了。

　　在前两个例句中，"看"均表示"使视线接触人或物"，这是"看"最常用的义项。第一句话中"你看"引导受话者将注意力集中于所看之物，包含有命令之义。"我给你看"则包含发话者的主动行为，表示发话者将客观事物展示给受话者。在例句的语境中，"我给你看"不仅用于引导受话者注意发话者将要呈现之物，也包含发话者对于呈递动作的提前预告。例（1）中的"你看"通常表示立即发生的行为，发话者采用命令形式要求受话者在当下立刻关注某物，而例（2）中的"我给你看"可以表示立即发生的行为，也可以表示未来的计划，例如我们也可以说"等回到家后我给你看"、"等下周的时候我给你看"。

　　第三个例句里的"看"表达"观看、欣赏"之义，同时也包含"使视线接触人或物"之义。与此类似的搭配包括"看一场演唱会"、"看一会儿表演"、"看一场电影"等等。

　　（4）你看病的时候，要把所有情况跟医生说清楚，这样医生才能根据你的病情进行判断。

　　（5）你看问题一定不能钻牛角尖，如果不能全面看问题，很多时候就会本末倒置。

　　（6）你看这个办法能不能行，我看多半能成。

　　（7）她这一住院就是十几天，等明天你看她的时候，多带点水果去，可别空着手。

　　（8）你看我面子上，别再计较这事情了。

　　（9）你看出其中的端倪没有，就那点小把戏也就骗骗没脑子的人罢了。

　　（10）你看起来脸色不错，最近应该过得还好吧？

　　"看病"中"看"的义项为"诊治、治疗、使获得治疗"；"看问题"、"看这个办法"中"看"的义项为"观察并加以判断"；"你看她"中"看"的义项为"看望、探望、访问"之义；"看我面子"中"看"的义项为"顾及、重视、给予面子"；"看出其中的端倪"中"看"的义项为"看出、意识到";"看起来"中"看"的义项为"表面上看来、从外观或表象判断事物状况"。

3.2 主要表示认知义的"你看"

沈家煊（1997）提到三个认知域是（1）现实世界域，（2）逻辑推理域，（3）言语行为域，同时沈家煊（2003）也将其称为三种概念域（1）行域，（2）知域，（3）言域。在此我们将认知域等同于概念域，并不对三种概念域的称法做区别，即现实世界域可以等同于行域，逻辑推理域可以等同于知域，言语行为域可以等同于言域。曹秀玲（2010）在对"你V"进行分析时，谈到了"你V"的语法化路径，在"你V"从主谓结构向话语标记的演化历程体现了行域（现实世界域）、知域（逻辑推理域）、言域（言语行为域）三种概念域的演进方向，在语法化进程中"你V"自身语义逐渐弱化，程序义功能逐渐增强。在"你看"本义向话语标记过渡的过程中，产生表示征询的用法，用以对受话者的观点、意见、提议、看法等进行询问。这种用法通常出现在疑问形式中，且常可变换为"依你看"、"在你看来"、"你觉得"等形式。本书采用学界惯例，将这一种意义命名为"认知义"，曾立英（2005）也将其命名为"认识情态义"。同时需要指出的是"你看"并不是在三域之间严格切换的，其意义转换是一个连续统，例如杨一飞（2011）便结合方梅（2005）的研究，提出"你+感官动词"类的语义虚化连续统"实义动作→转为描述→泛化为服从/欣赏/表演→感观义有所虚化→实义动作小句泛化为观察/预判→提醒标记（感观动词）→语用标记（询问意见）→语用标记（强调话题并确证）"[1]，因此本书是按大致的三种语义类别来进行的分类。

（1）你看，我能做些什么有用的来帮你，你尽管说。

（2）你看，我这小作坊哪能和你那工厂比。

（3）你看我这小作坊，哪能和你那工厂比。

例（1）中的"你看"可以替换为"你觉得"、"依你看"或"在你看来"，强调发话者对受话者的询问，并展现关心及愿意提供帮助的态度。

例（2）中的"你看"虽然仍包含认知义，但并不表示询问，意在展现发话者的自谦态度。发话者通过对比强调了自身与对方相比之下条件的艰苦，包含有

---

①杨一飞.感观类话语标记语初探——以"你+感观动词"（看、听、说、讲、想、知道、认为等）为例 [J].福建论坛（社科教育版），2011（4）.

艳羡或自嘲之义。

例（3）中"你看"与例（2）类似，但其结构与焦点（方梅，1995；刘丹青、徐烈炯，1998）稍有不同。在例（2）中，"你看"引导了一个小句，小句主语是"我这小作坊"，若是"你看"重读，则对比焦点落在"我这小作坊"与"你那工厂"的比较上；若是"你看"非重读，则自然焦点落在"你那工厂"上。而在例（3）中"你看"后紧跟"我这小作坊"，引导受话者直接关注话题焦点"我这小作坊"这一对象，随后进行比较。例（2）中的"你看"中"看"的义项更接近于"观察并加以判断"，行为义更为明显，且通过强调整体比较，使得受话者更容易从宏观视角看待"小作坊"与"工厂"两者的差异，并进一步理解发话者的自谦。例（3)中的"你看"则较为直接地引导受话者关注具体细节"我这小作坊"，在进行比较之前便使用"你看"来突出话题焦点。由此也可以看出，尽管两个句子语义相似，但若是结构产生差别，其话语的焦点及意义也会产生一些差异。

姚占龙（2008）认为含有征询义"你看"的句子中，常会出现表示意愿的情态词语，句末也常出现语气词。这种用法使得"你看"在表达意见征询、状态确认或建议提出时，可加强话语的互动性和交际的针对性。

（4）你看，这个计划是不是可以进一步修改一下？

（5）你看，你把老师气成这样，是不是有点过分呢？

（6）你看，我们今天晚上一起去看电影，再去吃顿烧烤，怎么样？

（7）你看，上次我借给你了我的笔记，这次我能不能借用一下你的笔记？

（8）你看，今天会不会下雨呀，我这阳台的衣服还没收呢？

（9）你看，我给那盆花倒点水可不可以？

以上几个例句中，"你看"都表示征询义。例（4）使用"可以"表示请求许可，"是不是"强调征询含义，句首"你看"引导受话者对即将提出的问题及发话者的建议多加注意，通过"是不是可以"表达发话者对受话者修改计划意愿的不确定性，同时也包含了对受话者的期待，希望对方认可建议。通过增添"你看"使受话者介入，与发话者产生交互，从而使得整句话命令语气减弱，更为柔和。在例（5）中，"你看"引导受话者关注自身行为对老师的影响，通过"是不是有点过分呢"来征询受话者的评价。"呢"字具有商讨性，用在句子中既表达了对受话者的责怪，也增强了语气的柔和性，让受话者更容易接受发话者建议，认识自身所存在的问题。例（6)"你看"引导受话者注意发话者的计划，后续的"怎么样"

表示征询意见，两者的使用表达了发话者对受话者的尊重态度，使得受话者感知到被邀请参与讨论，从而更乐于接受邀请。例（7）中的"你看"不仅用于引导受话者的注意，还通过对彼此过往行为的提醒，为接下来的请求做铺垫。"你看"所引导的受话者对之前行为的注意，以及"能不能"所带有的较为礼貌且正式的语气，使得请求更显合理有据，"你看"的存在增强了询问的说服力。例（8）"你看"使得受话者对今日的天气状况予以关注，并通过"会不会"征询受话者对天气的预测。句中语气词"呀"增添了交际双方的亲切感，也展现出发话者的焦急，这为后文的抱怨衣服未收埋下伏笔。例（9）中，"你看"引导受话者关注浇水行为，并通过"可不可以"征询受话者的许可，同时也表达出对受话者意见的尊重。以上例句中"你看"皆表示征询义，结合表示意愿的情态词语和表示疑问的语气词，明确了发话者的征询、疑问或确认意图。

同时我们可以看出，表示征询含义的"你看"，往往具有引导受话者注意的功能，故而"你看"在做征询标记的同时，也往往作为提示标记。提示标记作为语言中引导受话者或读者对某个特定信息、行为、观点或话题予以注意的词或短语，通常在话语中起提示、强调与引导作用。例（4）"你看"引导的陈述形式中的疑问用法及在例（5）中表示认知义的"你看"，都可以视为提示标记。"你看"作为提示标记，其通常包含引导读者注意、组织话语结构、强调重要信息、促进读者理解、进行有效互动等作用。"你看"的提示标记功能，是"你看"从行为义向篇章义虚化过程中所经历的一种路径的结果。在此我们需要说明的是，我们将"你看"的征询功能纳入提及功能之中，并认为提及功能的出现也标志着"你看"拥有了非完全化的话语标记的属性。

3.3 "你看"主要表示行为义与主要表示认知义时的语法特征差异

在这里我们已经将主要表示认知义的"你看"视为非完全化的话语标记，因此这种对比已经包含了非话语标记形式与话语标记形式的对比，故而我们在进行完全化话语标记的讨论时，不再进行此类对比。后文分析"你看看"时也是类似的处理。

3.3.1 "你看"后所带宾语类型

"你看"承载行为含义之时，其蕴含着特定的动作实体，故此倾向接合名词性的宾语,偶尔亦可接纳动词性宾语或小句宾语。反之当其表示认知层面的意义,则不常与名词性宾语相匹配,却可引领动词性宾语、小句宾语或复句宾语,用以提示或征询意见。

（1）这本书不好看,你看那本书。

（2）那小女孩,你看跳得真不错啊。

（3）你看那个小女孩跳得真不错。

在例（1）所示的语境里,"看"一词蕴含的观看之义强调了对物体"书"的直接关注。而在例（2）中,"看"的动作转而聚焦于一个行为过程,即"跳得真不错"这一动作及其附属状态,隐约展现出一种提及的功能。例（3）中的"看"虽与例（1）具有相似的视觉含义,不过它的焦点是一个包含具体对象的小句——"那个小女孩跳得真不错"。观察其他包含表示行为意义的"你看"的例句,我们可发现"你看"后常伴随名词性、动词性宾语或小句宾语,有些情况下,宾语亦可省略,正如"这张电影票送给你,不过你看完了可得给我讲一下"这一表述所示,此处由于宾语"电影票"已经在前一分句被提到,已不属新信息,故在"你看"之后不再重复呈现,仍能使受话者维持理解的连贯性。

（4）你看,接下来我们做些什么呢?

（5）你看,发言稿要不要再修改一下?

以例（4）、（5）为例,"你看"表示认知义时通常不带名词性宾语,此时"你看"已逐渐虚化为提示标记或征询标记,主要功能是引导受话者注意、引出后续信息或征询受话者意见,而非具体指向某个对象,此时"你看"所带的宾语往往为一个结构完整的小句或结构更复杂的复句。

3.3.2 "你看"是否可以带补语

补语作为对动作的补充说明,通常用以描述动作的结果、程度、时地、状态或趋向等。"你看"在表示行为义和认知义时,其是否能带补语存在差异。

（1）你看清楚考试时间,可别又记错了。

（2）你看完电影了再给我打电话。

（3）你看起来气色不错。

（4）这本书你看几遍了?

（5）你看透她的心理,壮着你自己的胆量,你就算是恋爱大家!（CCL 语料库）

（6）求你看在老天面上,开了门,放我到屋里来躲一躲雪吧!（CCL 语料库）

（7）离那么远，你看得清黑板吗？

表示行为义的"你看"后可以带结果补语、状态补语、趋向补语、数量补语、程度补语、时地补语、可能补语等。不同类型的补语对"看"的动作加以补充说明。"你看"表示认知义时，通常其后不带有补语。

3.3.3 "你看"是否可以带动态助词

（1）你看过这本书吗？

（2）你看完电影了吗？

（3）你看着气色不错。

动态助词"着"、"了"和"过"常被称为时体成分，此论点被诸多学者接纳。当"你看"蕴含行动义时，它常被用来刻画具备时间或状态特征的具体行为。正如曾立英（2005）在其研究中指出的，"看"一旦结合了动态助词"着"、"了"或"过"，则凸显动作的本质，使得"动性"提升而无法表示认知义。如例（1）所示，"看"这一词与动态助词"过"相匹配，结合语气词"吗"，表达了对动作是否为既往经历的疑问。例（2）中的"看"同样表示具体的行为动作，通过与结果补语"完"及动态助词"了"共现，结合语气词"吗"，共同表达了对动作是否完成的问询。例（3）的"看"承载了"显现、呈现"的含义，形成一种连续的状态，故能够与动态助词"着"相容。

（4）你看，我们接下来应该怎么完成老师交代的任务？

（5）你看，这个方案可不可以再深入研究一下？

（6）你看着，他再这么下去迟早有一天吃大亏。

例（4）、（5）中的"你看"作为虚化后的提示标记或征询标记，主要功能是引导受话者的注意或意见征询，此时"你看"所表示的具体观察行为大大削弱，其后所接的信息往往要求听者准备回应、专注处理或提出见解。刘月华（1986）的研究指出，当"看"用以传达"说话人看法"时，动态助词及补语无法出现在"看"之后。例（6）展示了一个特殊的例子，"你看着"这一结构即使携带了动态助词"着"，但这一用法可解读为一个固定表述（或是一个非完全化的话语标记），意在指示听者对特定情况保持持续性的关注。相似构造有"你瞅着"和"你瞧着"等，值得注意的是，此类结构不容许动词的重叠形式，仅能使用动词的非重叠形式，如"你看看着"或"你瞧瞧着"等结构便属不合规则之列。例（6）情境下的"你看着"兼备行为与认知的双重含义，我们可以将其视为提示标记①，其功能为引起受话者对发话者判断的关注。"你看着"作提示标记时内含祈使意义，既着重表达了对受话者维持"注意"动作的持久性要求，同时凸显出发话者的判断是一种必然结果。

3.3.4 "你看"后是否可以停顿或加语气词

（1）你看那个人，他在干什么？（后接具体宾语）

（2）你看清楚了，可不能瞎猜。（后接补语）

（3）你看，看完了再给我打电话。（省略具体宾语"这部电影"）

当"你看"表示行为义时，其后续往往需搭配宾语或是补语，有时则可能出现宾语省略的情况。当该结构配以明确的受事成分即具体宾语时，其间一般不容许停顿或加上语气词，因为这将削弱"看"的直接指向性，对句子的完整性造成干扰。例句（1）、（2）展示的正是"你看"引领宾语及补语，完成动作的完整叙述，如若于"你看"之后引入停顿或语气词，势必会中断"看"的指向性，进而影响整句的流畅性。

在例（3）中，我们发现此句存在停顿，但这种停顿并未影响句子的连贯性。通常此句话出现在话轮之中，作为承接上句的回应，"你看"后虽然省略了具体宾语"这部电影"，但"你看"本身便是一个结构完整的带有指令功能的小句，并不与其后小句构成语法上不可分割的关系，同时这种停顿也有效地引导和强调了后续指令。

（4）你看，能不能下个月再把这笔钱还给你？

（5）你看，这篇文章你还需要多改改才行。

（6）你看啊，这种情况咱们也不是没遇到过，犯得着生这么大气吗？

当"你看"表示认知义时，其后往往不伴随具体宾语或补语，而是扮演着引导、提示或征询的功能。这种情形中"你看"之后有时可带有停顿或加上语气词，这种语言结构之间的停顿，不仅为受话者提供了反应的时间，也能引起受话者的注意。值得注意的是，有时受话者在口语中会有意加重或延长"你看"的读音，以此提升话语的表现力。倘若语气词"啊"被嵌入句中，则"你看"不仅仅是发挥引导或者提示功能，同时也通过更为口语化的表述，强化说话者的表达力度，缩短交际双方的心理距离，同时加深了语言表达的情感内涵。

---

① 也可以称为提及标记。

3.3.5 "你看"是否能被删除

对于表示行为义的"你看"是否可以删除，我们分情况讨论。

（1）A：你看那个人鬼鬼祟祟在干什么呢？

B：谁知道呢，以前从没见过他，提醒大家小心点。

删除"你看"后：

A：那个人鬼鬼祟祟在干什么呢？

B：谁知道呢，以前从没见过他，提醒大家小心点。

（2）你看好了，我要开始表演了。

如例（1）所示，此处的"你看"出现在日常会话情景中，此处"你看"具有着真性祈使义，行使着引导关注的语义功能，即使删除也不影响句子的核心语义信息及命题含有的提示功能。但例（2）这种形式的"你看好了"，"你看"属于更大接入语单位的一部分，具有完句功能，一旦删去则会导致句法与句义产生混乱。我们认为，当"你看"出现在口语交际中表示引起注意和强调某个对象或动作行为，且"你看"不影响句子的句法自足性时，在这种情况下删除"你看"并不会影响主要信息的传达，但可能会削弱强调的力度。

接下来我们对于表示认知义的"你看"是否可以删除进行讨论。

（3）你看，能不能下个月再把这笔钱还给你？

删除"你看"后：

能不能下个月再把这笔钱还给你？

（4）你看，这篇文章你还需要多改改才行。

删除"你看"后：

这篇文章你还需要多改改才行。

（5）你看啊，这种情况咱们也不是没遇到过，犯得着生这么大气吗？

删除"你看"后：

这种情况咱们也不是没遇到过，犯得着生这么大气吗？

在上述例句中，"你看"这一结构作为征询标记或提示标记出现于句中，扮演着引导、强调与提示接续成分的功能，其不干涉后续语句的命题真值。换言之，移除"你看"后，句子的核心意义维持不变，但倘若真的去除这一结构，则原句所拥有的引导与商榷功能会有所减弱，问询的语气也有更显强硬。

3.3.6 "你看"与"把"字句结合的形式异同

表示行为义的"你看"通常用来描述具体实际的观看或观察动作。其中一些与"看"有关的句子可以通过"把"字句转换为带有处置义（有观点认为这是一种主观处置义）的句子。

（1）你看清楚了，我可没骗他钱。

修改：你把这看清楚了，我可没骗他钱。

（2）也许，当你看透彻一件事后，你会发现，原来错的，是自己。

修改：也许，当你把一件事看透彻后，你会发现，原来错的，是自己。（BCC语料库）

例（1）中"你看清楚了"表示让对方仔细观察某件事情，从而做出自己的判断，"你"、"看"分别充当小句"你看清楚了"中的主语和谓语，"看清楚"为动补结构，其中的宾语省略。转换后的句子使用"把"字句，宾语"这"前置于"看"且不可省略，把字句的使用强调了对宾语"这"的处置行为。例（2）中"看透彻一件事"表示深入理解某件事情，这里的"看"表示"观察并加以判断"。主语是"你"，谓语是"看"，宾语是"一件事"。使用"把"字句进行转换后，宾语"一件事"前置于谓语"看"，从而强调了对"一件事"的透彻理解。我们可以看到，"把"字句是对某个对象（宾语）的强调，在转换时会使得原句的主谓结构"你看"发生离析，同时借助介词"把"将宾语置于"你看"之间，从而突出动作对宾语的处置。但是我们发现，当使用把字句的时候，"把"后的宾语一般不能省略，我们认为这是由于"把"字会要求其后面的内容成为话题焦点，这便使得后续内容一般无法省略。实际上"你看清楚"除了引导观察外，还有一种祈使义，要求受话者去执行判断的行为，有时这种意图来源于自证心理。

（3）你看他把桌子弄得一团糟。

在之前的两个例句（1）、（2）中，当使用"把"字句时，处置对象为动作"看"的对象。而在例（3）中，"看"的对象为小句整体"他把桌子弄得一团糟"，处置义存在于小句之中，而非是对小句之外"你"的处置。小句强调了"他"对"桌子"进行的处置行为，处置结果为"弄得一团糟"，"你看"则作为提示标记，在句中起着引导注意的作用。故而例（1）、（2）需要将"你看"离析，例（3）则不需要。

（4）你看，他把房间打扫得很干净。

在例（4）中，我们可以看到相比于（3），"你看"的语义更为虚化，主要功能并非是具体的观看动作（虽然仍有一定的动作义），而是提示受话者关注"他把房间打扫得很干净"这一事实，"你看"主要起到引起注意与引导理解的作用。

（5）你看，我们把这个方案讨论一下怎么样？

（6）你看，你把这个方案再改改可以吗？

在例（5）、（6）中，"你看"同样主要起到提示和引导的作用，用于引导受话者对后续提议的关注，这种提示功能使得例（4）、（5）、（6）中"你看"都不再是具体的观看行为，而是转化为一种具有认知义的提示标记。例（5）中的"你看"用于引导受话者进入讨论状态，强调发话者提出讨论建议后，期待受话者的应允。句中存在典型的"把"字构成的小句"我们把这个方案讨论一下"，"你看"作为带有征询义的提示标记，并未介入小句，而是作为小句之前的引导成分，强调后续动作的必要性与期望性。例（6）中的"你看"，其同样具有提示与征询意见的功能，用于引导受话者关注"你把这个方案再改改可以吗？"这一请求。"你看"的存在，使得请求更显礼貌与委婉，减弱了命令语气，使得受话者更易于接受。"你看"同样未介入"把"字构成的小句"你把这个方案再改改"，而是作为小句前的引导成分。由例（3）至（6），此处借助"把"字句我们可以看到"你看"的语义逐渐由实际的行为义向认知义中的提示标记发生转化。在"你看"逐渐标记化的过程中，其表示"具体观看行为"的语义逐渐虚化为表示认知义的提示标记，在句中起引起注意、提出建议或请求应允的作用，从而增强句子的互动性与礼貌性。

3.3.7 "你看"与否定形式的结合

表行为义的"你看"，其往往带有具体的行为，通常可以同否定词语如"没"、"没有"、"不"、"别"等结合，用于对行为动作的否定。

（1）你看清楚了没有？

（2）你看不看这本书？不看给我看。

（3）你别看那个人，他很讨厌别人盯着他。

（4）你别看他脸上笑嘻嘻的，其实他心里难过极了。

（5）你没（有）看到那个标志吗？

例（1）中，否定形式"没有"置于句末，发话者通过"没有"来询问受话者动作"你看"的状态是否实现或是结果是否完成，此处的"清楚"属于状态补语，这句话也可改成"你看清楚了吗"。例（2）中，否定形式"不"用于询问受话者是否想实施"观看"这一动作，此句采用"V不V"的疑问方式来询问对方意愿。例（3）中,否定形式"别"用于劝告受话者不要进行该动作,否定词"别"具有强制性或命令性,有些学者认为"你别看"属于话语标记时,其源义类似于例（3）中的"你别看那个人"中的"你别看"。例（4）中,"别"同样是一个否定词,在表示劝阻的同时还进一步表示提醒,"别看"并非是禁止受话者不看"他",而是劝阻受话者不要被表面现象所误导,提醒受话者进一步思考事情本质。这里需要特别说明的是"你别看"同样也具有浮现成为话语标记的能力（张金圈,2016）,我们认为该结构是否能作为成熟话语标记存疑,但至少其意义已经发生了一定程度的虚化,本书倾向于认为它是一个非完全化的话语标记。例（5）中,否定形式"没"或"没有"用于询问对方是否没有进行"观察"或"注视"这一动作行为,该句的"没有"包含了发话者的假设,发话者依据当前情景对受话者的行为进行判断,通常"你没（有）看到NP吗"这样的形式也含有责怪或提醒义。

表示认知义的"你看"主要用于提示、引导、征询或建议等。当与否定词语结合时,主要用于否定其后的引导的小句,而并非否定"你看"本身。

（6）你看,这样做不太合适吧?

（7）你看,咱们这样做没有什么问题吧?

（8）你看啊,这都几号了,别再拖了。

（9）你看,我没说错吧? 他是不是个混蛋。

在以上四个例句中,"你看"都具有提示或征询功能。观察例（6）可知,否定词语"不"用于驳斥小句所指向的行为的正当性。转至例（7）,我们可知否定词语"没有"否定的是小句暗含的潜在疑虑。聚焦于例（8）,我们可知否定词语"别"意在阻止受话者拖延行为的持续。最后我们观察例（9）,否定词语"没"出现于反问句中,"你看"与之共现,共同彰显发话者对先前判断的确信态度。

我们看到表示行为义的"你看",在与否定形式结合时可用于否定具体的与"看"有关的行为,否定形式可以围绕"你看"本身来进行。我们也可以用否定词等来否定看到的内容,即否定形式也可以出现在后续内容中,如"你别看他现在没掉眼泪,之后肯定哭得比谁都厉害"、"你别看他现在没什么钱,将来准能干出一番大事业";而表示认知义的"你看",在与否定形式结合时主要用于否定所引导的小句中的内容,否定形式通常出现在提示内容中,其引导成分"你看"的提议、提示、引导与征询功能依然存在。但我们需要指出,"你看"作为提示标记也可以形成否定形式如"你没看"、"你别看"或疑问形式"你看到没"等（通常需要加上停顿）,这种否定形式或疑问形式也并非表达否定或表示疑问,而是形成一个新的提示标记。

3.3.8 "你看"与状语的结合

表示行为义的"你看",当与状语结合时,能通过状语修饰与"看"有关的动作本身,也可以借助状语描述所评价对象本身的动作。

（1）你认真看,有没有看到一排小小的字。

（2）你都看完好几天了,还不把书还给我。

（3）你看他认真做事的样子多迷人。

（4）你看他把这些书都看完了,速度真快。

（5）你看,这些作业就他认真写了。

（6）你看,我把这些作业都写完了。

例（1）中,状语"认真"修饰动词"看",强调观看行为的方式,整句话既带有命令语气,也带有一定的协商性,要求受话者以认真的态度去观察。例（2）中,状语"都"强调时间之久,表明受话者已经完成观看行为多日,按理来说应当及时还书,但却违反常态招致发话者的不满,从而突出了时间长短对发话者情绪态度的影响,"都"字含有发话者明显的责怪与不满情绪。以上两句中状语都直接修饰"看",虽然语义并非都指向"看",但其语法上与"看"紧密相接,构成状中结构。例（3）、（4）中"你看"的提醒义增强,行为义减弱,状语修饰的是小句中的主语动作。例（3）中,状语"认真"修饰动词"做事",强调的是评价对象的行为特征,突出评价对象的吸引力。例（4）相较于例（3）,其中"你看"的提醒义更强,状语"都"修饰动词"看",与补语"完"一起,强调动作的范围和完成度,引导受话者注意被观察者的行为结果,"你看"在起到引导作用的同时,其后内容"他把这些书都看完了"属于提供给受话者的例证,目的在于让受话者易于接受发话者对评价对象做出的关于"速度"的评价。例（5）、（6）中"你看"成为提示标记,指引受话者注意其后内容。例（5）中,状语"认真"用以修饰评价对象"他"的动作行为,引导受话者关注"他"写作业的态度,突出与其他人的对比和发话者对其的评价。例（6）中,状语"都"修饰动补结构"写完",强调动作的全面性和完成度,引导受话者注意完成任务的结果。我们可以看到,当随着"你看"的语义逐渐虚化时,"你看"能被状语修饰的能力越来越弱,但无论是否虚化,状语都可以用以描述观察或评价对象的动作行为。

3.4 主要表示篇章义的"你看"

"你看"逐渐从具有实在意义结构转变为行为义削弱而语法功能或语用功能增强的成分的过程是"你看"的语法化过程。在此过程中,通过语义扩展与功能强化,"你看"经历了从最初主要用于描述观察行为的具体行为义阶段向主要用于引导受话者注意及征询意见等功能阶段的过渡,当最终语法化完成后,"你看"丧失(或仅具有微弱的)观察行为义,而成为一种纯粹的语法工具,转化为一种完全化的话语标记,引导受话者注意、提示(有时也可征询意见,但相比征询标记更为虚化)。这一语法化的过程也伴随着词汇化,即短语随着使用时间延长及使用频率增加,会逐步形成一个较为稳固的词汇,这一过程在语法化的三个阶段中都有体现,但主要存在于第二阶段与第三阶段(第二阶段更为明显)。由于"你看"的引导、提示、建议与征询功能在第二阶段表示认知义时便有所展现,因而一些学者对于"你看"在哪个阶段成为话语标记存在不同见解。本书认为在处理这种争议时,我们需要明白"你看"由行为义到认知义再到篇章义的语法化路径,其次我们需要承认功能扩展与语义演变的渐进性,即"你看"的功能扩展阶段(本书所写的第二阶段),其认知义功能已经展现出来,我们可以认为此时它已开始具备话语标记的某些特征,这一阶段既有具体的行为义,也展现出部分话语标记的功能,直到纯粹话语标记阶段才最终完全转化,因此第二阶段我们认为其属于不完全化的话语标记。但需要再次指出,阶段划分只是为了方便我们大体了解语法化的大致路径,但这个路径是由成千上万的句子所呈现的整体聚类特征,"你看"从具体行为义到认知义再到篇章义的转化是一个渐变的过程,是随着使用频数的逐渐增加而浮现出来的语法性质,因而这种观察行为义是逐渐丧失的过程,而非严格按照阶段来划分。例如"你看,这个方案是否可行"和"你看,我们接下来怎么做"两句话结构相似,但在前一句话中"你看"可以认为附带有"看"的动作,而在下一句话中,"你看"更多的是作为提示功能。因此,"你看"的语法化历程属于连续过程,其并非严格按照三个阶段来划分,一些句子中的"你看"可以处于两个阶段之间,其功能和语义在不同语境中存在渐变与重叠,具体语境和使用频率某种程度上决定着"你看"的功能和语义的表现。有时,在一些语境中,"你看"可能同时具有观察行为义和话语标记功能,这种具有话语标记功能的"你看"是否属于话语标记,不同学者见解不尽相同,本书将其处理为非完全化的话语标记,这种多角度的讨论有助于我们理解"你看"的语法化路径及其不同场景下的功能与语义表现。

　　本书在第一章便提到了话语标记的界定条件①，本书所提到的完全化话语标记"你看"，具有以下一些特征：语法化程度较高、句法上独立性强、不充当句子成分、概念意义几近消失、删除不影响句子命题真值、能实现较高程度的句法位移、允许停顿或弱读、具有一定主观化、引导受话者或读者理解、具有元语用性。同时我们将概念义削弱的"你看"分为具有话语标记功能的非完全化话语标记"你看"与语法化程度较高的完全化话语标记（也可称之为纯粹话语标记）"你看"。本章以下部分我们所提到的话语标记"你看"大部分为语法化程度较高的完全化话语标记"你看"。但也需要说明的是，表示征询与提及的非完全化话语标记"你看"已经一定程度上展现了话语标记的一些特征，因此在一些语境下其与完全化话语标记的区别从字面上来看可能形式相同，但在自然语流中，可以通过音高、音长、音强、语气、语境及非语言行为进行区分，例如曹秀玲（2010）在研究中发现"你/我 V"类话语标记在表示征询意见、劝慰、责备、警告等不同语用功能时，它们的语音呈现由弱渐强的序列。但因书面形式的限制本书无法展示这一具体差异，以下提供的一些主要表示篇章义的"你看"的例句可能从形式上看难以与主要表示认知义的"你看"区分开，但在自然语流中则会感受到一些差异（下一章研究的"你看看"也存在类似的问题）。

3.5 完全化话语标记"你看"的句法位置

　　正如之前所讲的话语标记的一些特征，话语标记"你看"的句法位置具有较高的灵活性，其在句首、句中或是句末都有可能出现，有时也可以独立成句，其不同的分布位置体现了语用功能的多样性。以下我们对完全化话语标记"你看"的句法位置进行一些探讨。

3.5.1　位于句首

　　当"你看"位于句首时，通常用以引导受话者注意，有时也可以开启新的话题，这种用法在口语语料或是笔语语料中都常出现。处于句首位置的"你看"，可以通过明确提示受话者，从而实现引导受话者思考的作用。"你看"通过语音的停

---

①严格来说第一章提到了话语标记的特征，学界往往根据这一特征来判断有些结构是否属于话语标记，但像一些口头禅或感叹词也具有类似的特征，但我们现在讨论的是一个虚化路径较为清晰的"你看"，因此话语标记的特征也可以用来做界定条件。另外第一章我们也提到了完全化话语标记与非完全化话语标记所对应的严格条件与不严格条件，这些可以帮助我们更准确地进行界定。

顿或是重音，可以使得受话者迅速关注某一对象或发话者即将阐述的后续内容，与此同时也提高了交际双方的信息传递效率。

话语标记对口语具有一定的依附性，"你看"出现于口语的频率也很高。当"你看"出现于口语中时，其可以帮助发话者更加自然地引入话题，或是将当前话题转换至另外一个话题，这种用法通常伴随着重音的产生（有时也表现为弱读）或语调的变化。而当"你看"出现于笔语语料时，虽然"你看"没有语音变化作为辅助，但其位置分布依然可以提示受话者"你看"后为作者强调的内容（有时这像是一种话题焦点），从而辅助读者能快速聚焦句中信息，并增强书面交流的逻辑性与连贯性。

一、位于单句句首

（1）你看，你们怎么这点事都做不好？

（2）你看，你这像话吗？我们是团队，各扫门前雪这怎么行。

（3）你看你说话方式真的得改改。你不要动辄批评别人，这很让人反感。

例（1）、（2）、（3）中，话语标记"你看"均位于单句句首，且都表现出较为强烈的情绪色彩，其后所引导的小句是整句的焦点信息。例（1）中，"你看"引导的句子中包含着反预期事态，发话者对受话者未能达到预期感到不满，"你看"在提醒受话者注意的同时，表达了发话者的责备，并引导受话者注意自身的不足之处，删掉"你看"并不影响句子的理解，但会减弱责备的语气。例（2）中，发话者对受话者"各扫门前雪"的自私行为感到不满，甚至是愤怒，发话者通过"你看"来传达自己的情绪，删除"你看"后，句子的核心意义不变，但责备的语气会有所降低。采用"你看"同样是为了引起受话者的注意，且"你看"与"你"连用，虽然中间存在停顿，但也增强了责备的语气。例（3）中，发话者对受话者的说话方式提出批评与建议，"你看"用于引导受话者关注并及时改正自身说话方式中存在的缺点，避免动辄批评别人。虽然删除"你看"并不会改变句子的原始意义，但会使得建议的语气有所减弱，情感表达的力度也会相应降低。

二、位于复句句首

（4）你看，如果你早点开始准备项目方案，咱们现在也不会这么紧张。

（5）你看，既然老板都同意了，那我们也别多考虑了，就按照这个方案执行吧。

（6）你看，我一直提醒你凡事多注意，现在出了这么大的乱子该怎么办？

例（4）、（5）、（6）中，话语标记"你看"均位于复句句首，主要起引导受话者注意、强调前因后果或表达责怪埋怨情绪的作用，其后所引导的分句是整句的焦点信息。例（4）中，发话者通过"你看"引导受话者关注当前形势并反思自身所存在的问题,同时也表达了对受话者没有提前准备的责怪。此句中删除"你看"虽不影响受话者对句子的理解,但会减弱句子的语气,降低表达效果。例（5）中，发话者采用"你看"引导受话者关注前提条件"老板同意"，随后其提出执行当前方案的建议。此处的"你看"起到引导与总结的作用，配合复句的关联词"既然……就"，既强调了提议的因果逻辑，也提醒受话者避免节外生枝。删掉"你看"后，句子的逻辑结构仍然完整，但引导效果会有所减弱，商讨语气也会有所减弱。例（6）中，发话者通过"你看"引导受话者注意前面行为对后面的影响，表达了发话者对受话者不听从建议的责怪埋怨，同时也体现了发话者对当前局面既感到被动，又感觉无奈。"你看"在此起到提示、警告与表达不满的作用，并强调了事情的缘由在于受话者不听从劝告，从而发话者将责任归属于受话者。删除"你看"后，句子的基本意义不发生改变，但责备与埋怨力度会有所减弱。

3.5.2 位于句中

"你看"作为话语标记不充当句子成分，存在与否不影响句子命题真值，因此当句中出现"你看"时，通常表示前后分句的衔接，以及借助"你看"进行停顿，引起受话者注意并增强情感表达效果。

（1）你一直不认真对待工作，你看，现在出了多大的问题。

（2）他总是不按时完成任务，你看，现在大家对他意见蛮大的。

（3）天气预报说今天会下雨，你看，果然下雨了，还蛮准的。

（4）大家都挺辛苦的，别老说你委屈，你看，小李天天加班都从不抱怨。

例（1）、（2）、（3）、（4）中，"你看"均位于句中用以衔接复句，起到引导、强调、提示等作用。复句句中的"你看"，通常前后使用逗号或停顿等方式与前后两个分句隔开。例（1）中，发话者对受话者长期不认真工作的行为进行回顾，接着使用"你看"强调当前问题的严重性，通过停顿让受话者注意并反思，同时表达对受话者行为的批评与责备。例（2）中，发话者陈述评价对象"他"未按时完成任务的频率之高与时间之长，接着用"你看"引出同事们的不满情绪，"你看"及句中停顿意在引起受话者的注意，并引导受话者进行判断，突出了大众对评价对象的负面印象。此句前后分句具有因果关系,因此句中也可加上连词"因为"、"所以",但"所以"的位置既可以出现在"你看"之前，也可以出现在"你看"之后，可以构成"因为他总是不按时完成任务，所以你看，现在大家对他意见蛮大的"，也可以构成"因为他总是不按时完成任务,你看,所以现在大家对他意见蛮大的",但由于连词功能的影响,出现在"你看"之前与"你看"之后时,句义存在细微差别。对于前一个句子,从形式上说"所以你看"中"所以"与"你看"两者共同凝聚成了既表衔接也表因果联系的一个成分,从内容上来说正是因为"他"的行为,发话者才邀请受话者进行观察与判断;对于后一个句子,从形式上来说"你看,所以……"的衔接则由"你看"与"所以"分别承担,"所以"用以表示因果联系,从内容上来说发话者并非因为前述原因而提醒受话者,而是让受话者更注重前述原因产生的结果,因此前者突出了提醒的"因",后者强调了提醒的"果"。例(3)中,"你看"前是发话者提到的背景信息"天气预报预测",接着用"你看"及句中停顿引起受话者注意,并对实际情况的应验做出强调。此句中,话语标记"你看"起着提示作用,强调了天气预报的准确性,并带有认可的态度。例(4)中,发话者提出"大家都很辛苦,你也不要常抱怨"这一主张,使用话语标记"你看"列举小李的例子来对自身主张提供佐证信息。通过强调小李的表现,"你看"及其句中停顿不仅表达了对受话者持续抱怨的不满,还通过将受话者与小李的优良表现进行对比,希望引起受话者反思。

通过以上例子我们可以看出,"你看"作为完全化话语标记有时可以出现在复句中,起到引导受话者注意前后分句逻辑关系、强调背景信息、进行前后对比或提醒受话者自我反思等作用,以及表达发话者责怪、埋怨、无奈等情感态度。当删去"你看"后,分句间的逻辑关系保持不变,且基本意思仍可被理解,但句中对受话者的强调与引导效果则可能大大降低,使得发话者与受话者之间的情感互动以及发话者的情感表达力度都有所减弱。

3.5.3 位于句末

一、位于单句句末

话语标记"你看"位于单句句末时,通常用于对前述内容的总结或对前述评价、观点、阐述等的强调,引发受话者对前述内容进一步的思考,并引导受话者按照发话者预期进行理解。

(1)你有钱,可是老天叫你断子绝孙。活该啊,你看。(BCC 语料库)

(2)这件事我们已经尽力了,你看。

(3)他总是这样,不听别人的意见。这次真的要出大问题了,你看。

例(1)、(2)、(3)中,"你看"均位于单句句末。例(1)中,发话者通过

"你看"来强调前句内容。"你看"与小句"活该啊"共同构成对前一句子的评价，表达发话者对评价对象的嘲讽，同时也带有幸灾乐祸的意味。我们可以看到，这两句话中，"你看"虽然出现在第二句中，但其并不仅是作用于本句命题，还可以跨句作用于前一个句子，故而其辖域不仅存在于当前句中，可以说"你看"之前的内容都可以视为其辖域。例（2）中，发话者借助"你看"提醒受话者回顾之前的经历，同时也表达了无可奈何的情绪。"你看"在此起到提醒强调的作用，通过建立互动关系，使得安抚效力更强。例（3）中，发话者通过"你看"来提醒目前所面临的严重后果，但其强调内容不仅在于"这次要出现大问题"，也在于强调正是因为"他"以往的固执才招致如此后果，句中包含了对评价对象"他"的否定与无奈，以及对当前状况的担忧。此句中"你看"的辖域也不仅是前面的"小句"，如例（1）一样跨越句子作用于前一复句。此句"你看"在增强句子总结与批评效果的同时，也引导受话者对"可能出现的大问题"进行关注。由此可见，完全化话语标记"你看"在不影响本句命题真值的情况下，其管辖与引导范围却可以超越当前命题本身。我们认为这是由于句法上虽然每个结构都可以分成独立的句法与语义单位，但依靠句法及语义关系所搭建的句子，其表达的情感态度却并非是能独立分开的单位，虽然在长对话或长语篇中情感会发生变化，但较短的句子或句子之间情感难以发生骤变，具有连续性与跨句作用能力。而话语标记"你看"可以充当情感的标识，指引受话者回顾或注意前后的情感，因情感态度贯穿的内容是跨句的，因此具有导向性的话语标记也具有跨句性作用。

二、位于复句句末

话语标记"你看"位于复句句末时，通常用于对整个复句内容进行强调与总结或在评价之后引起受话者的注意与思考。

（4）目前的状况比较复杂，我们已经讨论了很久，各种方案都考虑过了，且咨询了很多技术人员的建议，现在还没有找到合适的解决办法，你看。

（5）他一向做事情很认真，并且也特别努力，不管遇到什么困难都能坚持下来，这次果不其然他又成功了，你看。

（6）刚开始大家都说这个计划很难完成，基本上所有人都在抱怨，但是只有他最终坚持下来，顺利完成了既定的目标，你看。

例（4）、（5）、（6）中，"你看"均位于复句句末，主要起到总结前述内容与引导受话者思考的作用。例（4）中，发话者首先总括介绍当前局面，并随后详细阐述引发这一局面的具体原因与细节，阐述讨论过程的长期性与采取措施的多样性,并对以上内容进行总结与评价,即"没能寻找到合适的解决办法",采用"你看"对所述内容(尤其是对总结评价)进行强调,表达了发话者对解决目前复杂状况的无奈。此句可用于向相关人员介绍当前情景及寻求帮助等场合,"你看"在增强句子的总结与强调效果的同时,也具有一定程度的协商性与互动性,并弱化自身(或团队)的责任,从而使得受话者在深入理解当前问题棘手程度的同时,产生某种程度的同情,而让发话者免于被处理或受惩罚,或是为发话者提供物质支持或情感支持。例(5)中,发话者通过"你看"对评价对象的努力态度与成功经历进行强调与总结,并表达了对评价对象持之以恒精神的赞赏与对成功结果的欣慰。话语信息中除了表示赞赏与欣慰的情感信息外,"你看"的出现也提醒受话者对话语中的因果逻辑与时间顺序信息予以留意,进而突出评价对象成功的必然性与发话者预测的准确性。例(6)属于转折复句,发话者开头交代"大家认为计划难以执行及严重的抱怨情绪"这一背景信息,随后采用连词"但是"进行转折,在对比中突出了评价对象的坚持不懈精神,并暗示了结果取得过程的艰巨性。连词"但是"与"你看"共同出现,突出了对比效果,增强了发话者的赞赏语气。此句话中,"你看"用于句末,起到了对前述内容的总结与引导受话者深入思考的作用,除了使受话者关注与共情评价对象本身之外,也试图让受话者从他人经历中汲取成功经验。

3.5.4 独立成句

当发话者表达惊讶、高兴或痛苦等情绪时,可以用叹词单独构成一个句子,来传递情感态度。例如当出现以下情景:在一个阳光明媚的下午,小李同小张去公园散步,此时小李指向不远的一棵树,树上有一只松鼠正在爬来爬去,小张在听到小李的指引后,脱口而出"哇!",脸上露出惊喜和兴奋。在这种情境下,叹词"哇"可以单独出现,并能配合非言语行为来传达较为丰富的情感信息。而完全化的话语标记,其概念义基本消失,认知义也会削弱,成为一种语法功能增强的成分,这种成分在句内或话轮内部体现一种不参与句子的核心句法结构且起到组织衔接话语的特性,并且常游离于句子主干之外,呈现一种边缘化的特征,正因为这种句法上的独立性,使得一些情况下其可以单独成句,用以行使一种言语互动及表达情感的语用功能,与叹词的独立使用情形有些相同。这时我们可以看到这样两种独立成句的情况,一种是居于话轮之中,衔接上下两个分句,一种是在交际之中单独形成一个话轮。以下我们对这两种情况分开讨论①。

一、居于话轮之中

我们所说的"居于话轮之中"是指当出现"你看"独立成句时，话轮内部仍然有其他小句或复句出现。当位于话轮之中时，"你看"前后可以出现小句或复句（不一定要求前后同时出现，但必须有一端出现）。

（1）A：听说今天小王足球比赛赢了。

B：你看！（停顿）我说什么来着，准赢好吧。

（2）A：听说今天小王足球比赛赢了。

B：我说什么来着，准赢好吧。你看！

（3）A：听说今天小王足球比赛赢了。

B：我说什么来着，准赢好吧。你看！（停顿）我不猜都知道。

以上三个相邻对的情景基本相同，背景是小王足球比赛赢了，两人对这一信息进行交流与评价。三句话中"你看"都存在单独的句调，分别对应了"你看"在非单句话轮中的三种情况，可后加句子，前加句子，或前后加句子。

二、单独形成话轮

非话语标记形式的"你看"也可以用于单句，如设想一个情景：小王和小李黄昏时在湖边散步，小王突然看到天空中粉色的晚霞，此时欣喜之情溢于言表，用"你看！"来提醒小李共同欣赏这一景色。在这一情境中，"你看"具有提醒功能，但这种功能更多的是来自于其行为义，此句为一个结构简单的真性祈使句，发话者要求受话者产生切实的观察行为。完全化话语标记的"你看"因通常带有主观性与交互主观性，因此常出现于互动情景，此时可能出现多个话轮，而"你看"可构成互动情景下的一种表达情感态度的简短应答。这种情形常出现于电视节目或访谈中，主持人在嘉宾长串语流中，使用较为简短的"你看"来表示自己的认同或倾听。

（4）A：今年企业效益怎么样？

B：往年来说企业效益都是很好的，但最近这几年市场份额下滑，尤其是行业出现很多新的公司来抢占市场份额，竞争压力越来越大。

A：你看。

---

①但需要指出的是，学界对独立成句且高度虚化的"你看"的讨论较少，本书认为这种形式具有语义虚化和高度语法化特点，因此将其视为话语标记。

B：但我们企业也不会坐以待毙，现在加大了产品研发，有一些产品正陆续投入市场。

A：李总您还是很有想法的。

上述对话设定之情景乃一主持者发问以引领参与者回应，而嘉宾因对此话题饶有兴致，滔滔不绝，然主持人为表倾听之意与构建互动氛围，在嘉宾倾诉抱怨时则插入"你看"来表达情感反馈，此时"你看"的出现并非为抢夺话轮，而意在促进会话过程中双方的情感互动，从而维持会话的顺利进行。

3.6 完全化话语标记"你看"的语用功能分析

主要表达行为义的"你看"概念义较强，主要发挥概念功能；主要表达认知义的"你看"其概念义虽然削弱，但概念义在一些情形下仍然存在，此时结构的概念功能削弱，语篇功能与人际功能逐渐显现；主要表达篇章义的存粹话语标记"你看"，概念功能几近消失，主要发挥语篇功能与人际功能。

当"你看"作为完全化话语标记时，其在句中可以起到引导与提示的作用，使得话语前后更加连贯且易于理解[1]。这种对于受话者思维的引导，可以协助受话者按照发话者预期的方向进行理解，并突出发话者所想展示的核心信息，从而辅助受话者领会发话者的意图、观点、立场或情感，进而在具体语境中实现与发话者的元认知交互（或称主观化的交互）。无论是在陈述事实、表达情感、表现立场、展示意图，还是提出建议时，"你看"常能起到强化表达效果、突出核心信息、协助话语连贯等功能。

"你看"自身的句法独立性不影响句子整体句法结构及内部的句法关系，在会话话轮中该结构扮演着关键角色，对话轮的启动、承接与延续等皆有所助益。"你看"有时接合连词、叹词或语气词，使得句子内部的语法关系及逻辑关系更显完整，便于听话一方准确把握说话一方欲传递之信息。而此类话语标记的使用对二语学习者更趋地道自然地表达汉语有所裨益。

---

[1]以下探讨的内容主要是围绕完全化话语标记"你看"进行的，但也会带有一些对非完全化话语标记"你看"的探讨，同时我们也要指出非完全化话语标记"你看"所具有的提及与征询功能我们也会涉及，在下文中我们有时会将其统称为话语标记。

3.6.1 语篇功能

以下我们从话轮与话题两个角度谈论"你看"的形式连贯功能与内容连贯功能。

3.6.1.1 形式连贯功能

话轮作为会话的基本结构单位，一个完整会话通常包括两个及以上的话轮，发话者与受话者通过话轮的转换实现角色的互换。刘虹（1992），李悦娥、申智奇（2003）等学者都指出，会话过程中说话者在任意时间内连续说的话语称之为话轮，话轮的终止或结尾以发话者和受话者（即参与会话的交际者）的角色互换或各方的沉默等放弃话轮的信号为标志。本书认为完全化话语标记"你看"可以用于话轮的开启、承接及延续等。

一、开启话轮

话语标记"你看"可置于句首开启话轮，借此引导受话者注意并引入或开启新话题。发话者在使用"你看"的时候，亦为听话者接受新信息提供了短暂的反应时间以调整其认知状态，在这段时间内受话者的注意重新集中，并开始留意到发话者的强调意图，按照引导来思考或判断即将呈现的信息。当"你看"用于开启话轮之时，除置于句首之外也可以于之前缀以叹词或连同其他话语标记共同使用，"哎，你看，我说什么来着……"便是一典型例证。但无论采用何种形式，其核心功能在于预示新信息的呈现，为实现会话的顺利开启做准备。

（1）你看，今天的议程会非常紧凑，大家都很忙，我们也得抓紧时间。

（2）父亲："你看，孩子这个学期的成绩不太理想，老师都给家里打电话了。"

母亲："那我们是不是该给他找个补习老师了？"

例（1）中，"你看"位于句首，用于开启话轮，引起受话者的注意。发话者通过"你看"这一话语标记来预示即将展开新的话题，即"当天的议程安排"。发话者使用这一话语标记，为受话者提供了接受新信息的思考时间，使受话者能够快速理解发话者想传达的重要内容的同时，也让受话者为接下来繁忙的行程安排做心理准备。整句话包含着催促的语气，"你看"也是为了让受话者理解这种紧张气氛，并做好心理预设，为后续的提议"我们抓紧时间"做铺垫。发话者使用"你看"在起到提醒作用的同时，也展示并巩固了两者的现实社会关系。"你看"的出现来源于交际双方的共同合作关系，以及交际双方与团队其他成员之间的关系，也就是说在当前场景中，话语标记的选择会受到这些社会关系的制约，基于客观的社会关系，发话者在此情境下也仅能选择为数不多的话语标记来进行引导，例如"你看"、"我说"、"你想啊"等有限的几种形式，而之所以选择"你看"，是因为其源结构的指称义及祈使义在话语标记中产生了语义残留，这是一种最为直接也最为常用的提醒方式，因此语境及交际双方背后的社会关系会优先选择"代词 +V"中的代词，在确定好代词后，其引导注意的功能也会限制后续动词的选择。原句也可以使用"你注意"这一结构来进行提醒，但与之相比，"你看"具有更为虚化的语义，这种源义的消退也使得"你看"所带有的协商性大大增强，语气也会比使用"你注意"时更缓和。我们可以认为语境及社会关系对于发话者使用什么样的话语标记具有一定的选择性，而"你看"的引导功能会使得其在这种选择中被选中的概率增大。以上便是我们对此句话中位于句首的话语标记"你看"的功能进行的分析，并对为何选择"你看"做出了一些解释。

例（2）中话语标记"你看"同样位于句首用作话轮启动，父亲通过"你看"在启动话轮的同时也开启了话题，引导受话者"母亲"注意孩子的期末成绩问题，意图使母亲快速聚焦于受话者所想传递的信息，并为父亲接下来试图与母亲讨论解决孩子的问题做铺垫。"都"的使用包含着对评价对象的责怪，"你看"后紧跟着评价对象"孩子"，在引起受话者"母亲"注意的同时，也包含着对评价对象的关心与在意，并间接提醒"母亲"及自身对"孩子"所负有的责任。

从以上两句我们可以看出，当"你看"位于在句首时，通常具有启动话轮并开启话题的功能。同时"你看"的出现也为构建或巩固发话者与受话者之间的互动关系提供了共同的心理空间，并可以让受话者在这种共同的心理空间中一定程度上按照发话者的意愿来对彼此的互动关系进行回应。这种互动关系的产生一方面来源于两者客观的现实社会关系，另一方面来源于临时进行的互动行为。而这种互动关系与后续命题自带的功能也会反过来限制句首话语标记的选择。

另外，从以上两句我们可以看出"你看"发挥启动话轮及开启话题功能时，属于辖域在后的单向辖域，在这两句中话语标记的辖域皆为发话者话轮中除过"你看"以外的部分，而这种话语标记前置的现象，会减少受话者的认知消耗，受话者仅需要按照时间顺序来对发话者的自然语流中含有的命题进行思考，不用进行回溯或判断前后两种成分关系，符合最小认知动力原则，因此话语标记"你看"出现在句首的情况最多①。

---

① 我们认为，大部分话语标记出现在句首也在某种程度上受到最小认知动力原则的制约。

二、承接话轮

承接话轮系指在会话进程中某一说话者接过前一说话者的话轮并对前述话题作出回应。这一行为既是对先前话题的反馈，也是在理解该话题的基础之上为话题延续提供前提。承接话轮对于维持会话形式的连贯性、确保交际的流畅性具有不可或缺的重要意义。

话语标记"你看"在承接话轮中也起着重要作用。在某些语境下，"你看"可能仅仅作为一种简要的应答而存在，而非用以引发后续话题，此情境中的"你看"不能轻易省略，我们分析的"你看"独立成句且独立构成话轮的情况便是如此。在一些语境中，当发话者使用"你看"来承接上一个话轮时，其意图也是为了给受话者提供指引，辅助其理解发话者即将论述或展示的其他内容，此时"你看"在发挥承接功能的基础上，也起到连接前后话语的作用。

（3）窦文涛：你是不是猪流感？

梁文道：是这样的，我一去医院跟医生一说我整个过程，病症，他说别验了，就是，肯定是。

窦文涛：你看。

梁文道：他说因为香港已经很大规模地爆发了，他说如果你再去政府医院再验，很花时间，直接吃药就回去休息吧，隔离了，别出门了。（MLC 语料库）

（4）警察：小姐，我们找到了你丢失的包，并抓到了偷窃的犯罪分子。

女士：你看，我就说是被人偷走的吧，他们还不信我。

在例（3）中，我们看到此处的"你看"单独形成了话轮，这种用法一般出现在口语交际之中，且常出现于非正式交流之中，例如一些电视节目等。例（3）为我们理解这种用法提供了一种很好的情景，主持人在访谈嘉宾阐述话题时适时地插入"你看"，可以起到回应嘉宾观点或表示耐心倾听，从而有助于维持两者的会话持续性。在这些情况下，"你看"可以理解为"你看吧"、"你瞧瞧"等含义。此时的"你看"不能删除，若是删除则会影响会话的连贯性，并使得会话缺少承接与过渡，也会使受话者质疑自己所阐述内容是否被另一方有效接收。但不能删除不代表不可以替换，因为此处的"你看"基本上是没有什么概念意义的，因此可以使用具有类似功能的词语进行替代，例如"嗯"、"唉"、"啊"、"对"或"确实"等。此处"你看"不仅起到承接与过渡的作用，也是在引导受话者或是在场观众留意前述内容，并提升交际对象在阐述过程中所获得的重视感。使用"嗯"、"唉"、"啊"或"确实"等可能会显得过于简略，既无法体现主持人的关注，也可能会使受话者感觉被敷衍,"你看"则体现出主持人的认真倾听与耐心引导。

在例(4)中我们看到,"你看"作为位于继动话轮句首的话语标记,起到了承接话轮的作用。"你看"起到了连接并延续话题的作用,女士通过"你看"引导警察注意她之前所说的内容,与警察提供的信息形成呼应。同时"你看"也起到确认与强调的作用,女士通过"你看"向警察确认自己先前的判断,并强调了判断的正确性。这里女士采用"你看"既是对警察提供信息的确认,也是为了建立与警察的互动关系,通过警察调查判断的权威性,消除"他们"的质疑带来的内心不安。通过使用"你看",女士既承接了警察的话轮,对前述内容进行有效回应与强调,也表明对自己被"他们"怀疑的不满及对警察找到包的满意。"你看"在形式上连接了前后话语,并增强了交际的互动性。若是删除"你看",则缺少了责怪、埋怨与肯定之义,也缺少了话轮交替过程中的流畅性与互动性,但并不会影响话语的核心信息。

三、延续话轮

延续话轮是在承接话轮基础上进行的,在前后双方维护原有话题的基础上,发话者试图基于先前话题进行延伸、补充或更为深入的探讨。话语标记"你看"在延续话轮的过程中,同样有助于保证话轮的连贯性。

(5)甲:我觉得这个计划有很多问题,有一些风险没有考虑,要不我们再讨论讨论。

乙:你看,我们已经花了这么多天来研究了,还是没有找到更好的解决办法,我觉得不如就先按照这计划来办,遇到什么事再随机应变。

在例(5)中,"你看"用于承接前一句话,并引导受话者对接下来所阐述内容予以关注。乙通过"你看"对甲所提出的建议"我们再讨论讨论"做出回应,明确已经收到甲所提供的信息与建议,但同时引导甲关注已经进行的大量工作,阐述所做的工作呈现边际递减效应,进而强调目前所面临的困境,同时为后续论述"按此计划来并随机应变"提供依据。"你看"在形式上确保了话轮的延续,始动话轮(会话一方首先发起的话语部分)中甲提出的观点乙无法接受,故而乙需要继动话轮(另一方的回应)来应对甲的提议,因此这种话轮延续的需求是话语标记出现的条件之一,"你看"中"你"用来提醒甲留意接下来的论述,"看"则提醒甲对判断进行思考,"你看"的存在也是乙对彼此过往经历进行回忆的手段,同时也使得对话具有商讨性,这种协商性与两人之间的合作身份及既往经历密切相关。若是删去"你看",会使得乙的回应略显突兀和生硬,缺乏逻辑上的连贯性,但并不影响句子核心意义的表达。

以上三个例子可以看出，"你看"若作为一种承接与延续话轮的手段，则通常位于继动话轮之中，既可以作为独立句子进行话题回应，也可以置于句首引发后续内容。但无论"你看"发挥的是承接功能还是延续功能，其都代表着当前说话人对前一话轮的回应，并拥有了对此次话轮的掌控权。若是如例（3）中的"你看"一样独立成句，则"你看"的辖域为辖域在前的单向辖域，辖域跨越两个话轮，包括"你看"之前的窦文涛的提问"你是不是猪流感？"及梁文道的回答。若是如例（4）中的"你看"一样，说话者在获得话轮的掌控权后维持话轮的进行，并维护与受话者之间的互动关系，则"你看"的辖域为跨话轮的后倾型双向辖域，前一辖域为警察所说的话，后一辖域为女士在"你看"后发表的评论。此对话中"你看"的两个辖域跨越话轮，且语义关系偏向于后者，也即为后方的辖域与话语标记的联系更为紧密，且对于理解话语内容更为重要。其在形式上我们也可以看出，"你看"与第二个辖域是处于同一话轮内部，共同构成话轮的承接、话题的延续及论证的形成。若是如例（5）中的"你看"一样，说话者在接过话轮后继续作出评论，则"你看"的辖域为后倾型双向辖域，辖域包括甲、乙两人的论述。

3.6.1.2　内容连贯功能

施仁娟（2022）提到，会话中的话题是句子中被讲述的人或事，与述题相对应，并阐述了话轮、话题与话语标记的辖域之间的多种可能关系。

话题的连贯对于交际顺利进行有着重要作用，但有些时候说话人可能会有意迫使话题转换、中断、找回或扩展。

话题转换是将会话从一个话题转移至另一个不相关的话题，说话者可以通过更改讨论方向或更换讨论内容来实现话题的转换。

话题中断现象盖因说话者遭遇干扰，致使正在展开的话题被暂时搁置或停止。此类干扰可归因于主客观两大范畴，包括外部环境干扰、心理状态波动，抑或是交际模式的影响等，也可能由于发话者意图重新整理思路以求更深入地论证、或是因为体力或精神状态欠佳而主动选择中断话题。

话题找回①通常发生于交际的某一方发现话题偏离原定轨道或偏离自身预期，从而及时对话题进行调整，使得话题重新返回既定的轨道。这种偏离可能来源于说话者长时间交流引发的身心疲劳、元认知监控失效或思维逸散，也可能源

---

①方梅（2000）将这种情况解释为背景信息前景化。

于交际时说话者跳跃性的语言风格及思维方式，或是交际双方的情绪扰动或话题枯竭，有时也包括外界因素的干扰。

话题转换或中断，通常为说话人遇有无法作答、不宜作答或不愿作答之情形时所行之举。话题扩展则是在原有话题基础上，说话者冀求讨论若干相关或近似话题，以使讨论更趋丰富深入，进而获取更多与先前话题相关的信息。

但无论是话题的接续、转换、中断、找回或扩展，交际双方的互动关系依然存在，故而依然需要话语标记来辅助会话的顺利进行或（暂时）结束，此时说话人在交际时会采用元认知监控，对会话本身进行有意识的调节，从而维持交际双方彼此之间的人际关系。以下我们从话题角度出发，对话语标记"你看"的内容连贯功能进行探究。

一、开启话题

（1）你看，这天说下雨就下雨，这也没带伞，该怎么好。

（2）妈妈：你看，今天作业又写不完了吧，让你天天玩？

女儿：妈，今天老师布置作业太多了，这也不能怪我。

在例（1）中，话语标记"你看"用于话题的开启。发话者通过"你看"引导受话者的注意，预示新的话题"突然下雨，且没带伞"即将展开。在此例中，发话者论述天气突变以及未带雨伞所造成的不便，通过"你看"引起受话者的关注和共情。发话者使用"你看"不仅成功引入了新话题，还为接下来的讨论提供了明确的方向，与此同时在话语中也隐含了埋怨与责怪的情绪，此处并非是对受话者产生的不满情绪，而是对评价对象"天气"所造成不便的埋怨。但是这种不满情绪发话者并不想一个人承受，试图通过语言发泄情绪或寻求安慰，因此"你看"在行使开启话题功能的同时，也兼有着人际互动功能。可以认为，某种程度上发话者希望受话者在接下来的话轮中提供解决办法或产生共情。

同样，在例（2）中，妈妈通过"你看"开启话题，表达对女儿作业完成情况的不满，并表达了对女儿的批评、责怪与嘲讽。话语标记"你看"使得女儿立即意识到妈妈的关注和担忧，从而进行回应和解释。"你看"与语气词"吧"共现，加强了责备的语气，引导受话者对发话者的情绪进行准确理解，并使受话者产生反省心理。而受话者在听到这种不满情绪之后，也产生了相应的委屈情绪。我们可以看到话语标记"你看"虽然基本不包含概念义，但一些情况下也承载着发话者的情绪并影响着受话者的情绪，其在辅助话题开展的过程中也促进了交际双方的情绪互动。

二、接续话题

（3）甲：我感觉现在的很多艺术作品都看不太懂，是我落伍了吗？

乙：你看，也不是说只有你有这种感觉，很多我也看不懂。我个人认为很多所谓的艺术家都名不副实，我觉得真正的艺术大家是画让大家都看得懂的作品。

在例句（3）中，话语标记"你看"用于话题的承接与延续，确保了对话内容的连贯性和逻辑的一致性。甲提到自己对当前的一些艺术作品存在困惑，乙通过"你看"承接了甲的话轮，并进一步论述自己的观点。"你看"不仅用于乙对甲观点的回应及确认，还引导甲注意自己对艺术作品的一些看法。乙并未直接回答甲"落伍没落伍"这个疑问，而是用"你看"表示认同，对甲的疑问进行简洁否定。话语标记"你看"的使用，不仅使得话轮衔接更为连贯，也为进一步深化讨论内容做出铺垫，从而帮助受话者更有效地理解发话者的态度和观点。乙借助"你看"获得继动话轮掌控权的同时，确保了信息与情绪的顺利传递及交流的有效互动。

三、转换话题

（4）甲：你现在手头宽裕吗，要是宽裕的话借我两千块钱，下周还你。

乙：小事小事，之后转给你。对了，你看这最近哈尔滨很火，下个月没事的话咱们去玩玩呗。

在例（4）中，话语标记"你看"用于话题的转换。当甲向乙提出借钱的请求时，乙做出了应允。同时乙认为此话题的讨论无须再深入进行，应当结束，便采用"你看"引导甲注意新话题的产生，进而将话题巧妙地从借钱转移到哈尔滨的旅游热潮上，顺势提出了下个月一起游玩的旅游计划。"你看"不仅起到终止上一话题的作用，也实现了原话题到新话题的自然转化，从而为原本缺乏讨论性的话题提供了新的讨论方向和讨论内容，使会话信息量增多的同时，也引导受话者朝自己预期方向进行思考与讨论。这种转换使得对话不至于因原有话题的单一而陷入停滞，通过引入新的讨论内容，使得双方交流的空间大大拓宽。

四、找回话题

（5）甲：五一咱们去广州玩吧？

乙：可是广州最近不是一直下雨吗，或者我们去重庆玩一趟。

甲：那我带上我妹去，我去问问她。

（片刻后）

甲：你看要不我们还是去广州吧，我妹说她去过重庆了。

乙：那好吧。

我们前面谈到有时交际双方因为生理、心理或外界等因素，使得话语会随着意识流动而无法按照既定轨道进行，此时交际的某一方会采取元认知监控的方式通过话语标记等方式对双方认知进行调控。在例（5）中，话语标记"你看"的作用在于对话题的找回。甲和乙在讨论旅行计划时，甲首先建议去广州，但乙对甲的建议存在疑虑，希望改去重庆，甲同意乙的建议并询问妹妹意见。此时话题产生了中断，当甲重新返回话题时，需要将已经中止的话题重新拉回原先所讨论的去广州旅行计划上。"你看"这一话语标记在帮助甲有效找回并重启中断话题上发挥了重要作用，使得对话回归到既定轨道。甲通过使用"你看"，不仅承接了前一个话轮的内容，同时也确保了双方话题的一致性和连贯性。甲在得知妹妹的答复后，产生了两难，答应乙去重庆的行为与妹妹不愿去重庆的观点产生了冲突，于是甲对初始观点进行了重复。若是仅仅简单重复会显得话语过于生硬，因此甲使用了话语标记"你看"，试图与乙进行商讨，而"要不"的存在进一步增强了话语的商讨性。这种"你看"所带来的交互关系，使得受话者更易于接受发话者的观点，虽然乙并不情愿，但是依然在这种友好的互动氛围中接受了甲的建议。虽然本句话中"你看"与后续内容没有形式上的分隔，但在口语中通常会产生弱读或是停顿，这种找回话题的功能使得对话在必要时进行调整，避免偏离主题的同时确保了交际双方的互动性与交际过程的有效性。

五、扩展话题

（6）甲：我们公司最近涨工资了，晚上下班请你一顿。

乙：好啊，你看之前你们部门要提拔你当经理你怎么不愿意，不然工资更高。

甲：当经理那可就忙死了，我晚上哪还有时间陪你去吃饭。

话题的扩展通常是对与原先话题有关的话题进行讨论与挖掘，这是在延续话题的基础上进行的过程，交际双方扩展会话内容的信息容量而又不至于使话题产生偏移。在例（6）中，话语标记"你看"用于对话题的扩展。甲提到公司涨工资的背景，并对乙发出邀约，乙通过"好啊"做出应答的同时，紧接着使用"你看"引导甲关注与原先话题有关的新话题，对甲涨工资的心喜情绪产生共鸣的同时，也表达了对于乙不接受提拔的疑惑并试图探知背后的原因。"你看"这一话语标记在会话中起着引导、揣测、推进及扩展话题的作用，这一扩展使得对话更为深入，围绕原先话题的信息也更为丰富，同时还使得受话者在与发话者建立互动的同时主动提供与原话题有关的信息。"你看"帮助交流双方在原先话题的基础上向更广泛更深入的方向延伸,从而在话题扩展的过程中起到了关键作用。

3.6.2 人际功能

话语标记"你看"具有一定的主观性,发话者可以借助"你看"实现语篇功能的同时,表达一定的人际功能,即将自身的主张、观念、情感、意图在沟通中传输给受话者。"你看"不仅是发话者自身的元认知在话语中的体现,同时也在引导受话者了解发话者的元认知体验。施仁娟(2022)提到,这种引起受话者情感共鸣,产生与发话者共情的过程,称之为"元认知体验上的交互"①。

3.6.2.1 情感表达

话语标记"你看"可以用于表达对事件的主观态度,从而让受话者感受到发话者或积极或消极的情感态度。

一、抱怨与责备

(1)你看,每次都是你忘记带钥匙,搞得我们都进不了门。

我们可以看到,例(1)反映出发话者对受话者反复忘记重要事件"带钥匙"而产生强烈的不满,"你看"不仅增强了发话者的语力,也在提醒受话者注意自己的错误及错误的长期反复性。

此处"你看"之用法构建出会话双方的在场性并折射出会话以外的社会关系。此种社会关系会影响会话双方在话语中的关系,为二者提供产生会话的可能性。即便二人属于非等级性的社会关系,蕴含抱怨与责备之义的"你看"的存在亦会在临时会话中构建出非对等的上下位关系。"你看"所具有的抱怨与责备功能可视为调整话语中双方地位及权力关系的工具,通过责任归因,言者实现了交际中上位者角色的转换,此转换促使言者拥有了训诫、命令与迫使对方省思的权力,并促使受话者及时反思调整自身行为。

本书认为,这种抱怨与责备对象需要视具体语境而定,有时是对自身的抱怨,有时是对受话者的抱怨,有时是对未参与交际的听话者的抱怨,有时是对不在场的他者的抱怨,有时也仅仅是虚指,并无实质的抱怨对象。

二、不满与愤怒

(2)你看,这么简单的事情你都没办法搞定,还想做什么大事,我真是受够了。

例(2)中,发话者通过话语标记"你看"强调了受话者处理结果的失败,

---

① 施仁娟. 基于元话语能力的汉语话语标记研究.[M] 浙江:浙江大学出版社,2022.

并表达了自身不满与愤怒的情绪。"你看"将受话者的注意力集中于自身的失败上，并通过"这么"与"都"来强调任务的简单，形成了鲜明的对比，也表达了对受话者"眼高手低"态度的不满。

"你看"于此不仅用以批评具体行为，更寓含一种以小见大的整体性否定。言者企图经由琐细之事，对受话者的能力与想法进行全面驳斥。而"你看"构建了临时权力关系，在这一关系中言者得以行使训诫或评骘之功能。此种临时性上下位关系，令处于上位角色的言者获得了评骘权力，并能使得自身愤怒情绪更为强烈。"你看"所包孕的情感取向，亦对受话者产生影响，使其感受到来自言者的责难并承受心理压力，从而促使自我反省以改善不足之处。

"你看"、"这么"和"都"等词，使得情感在语言中得以显化（也称之为情感的言语化），并与句尾评价"我真是受够了"形成逻辑上的照应。这种极性的情感表达方式，不仅会对当前的交际氛围产生影响，还可能对受话者的心理产生持久性的影响。

三、嘲讽与调侃

（3）哎哟，你看这最近街上年轻人穿的衣服，真是越来越"时尚"啊。

在例句（3）中，话语标记"你看"设置了一种对比性框架，来引导受话者注意当前年轻人的服饰潮流，进而表达对当前评价对象的调侃与嘲讽。叹词"哎哟"用来在开篇表达感叹，仅仅是一个"哎哟"，受话者就可以感受到强烈的语气色彩，因此"哎哟"也为下文的情感表达做了铺垫，只是这时的"哎哟"不结合语境，则无法了解其具体的情感倾向。"哎哟"与"你看"共同起到引导与提醒的作用。这句话也可以反映出纯粹话语标记某种程度上具有叹词的一些性质，这也是为什么有些学者在研究的过程中，会将叹词视为话语标记。

话语标记"你看"紧随叹词出现，且没有明显的停顿，将受话者的关注引向"最近街上年轻人穿的衣服"，并通过"真是越来越'时尚'啊"这一反语实施评价功能，从而表达了对当前年轻人穿着的讽刺与调侃。话语标记"你看"在起到强调和引导作用的同时，通过与反语的结合，增强了情绪表达的功能，体现了发话者对评价对象的否定、讽刺与调侃。

"你看"于此情境之中充任调节权力关系的工具，然而评骘对象与言者并未置身同一时空，故话语中的权力关系对评骘对象并未构成实质影响，而主要是言者意图彰显其评价权力。

若是把原句改为"哎哟，你看你最近穿的衣服，真是越来越'时尚'啊"，则评价行为会直接作用于评价对象，此时发话者通过"你看"来与交际另一方产生元认知交互，这种调侃中隐含的权力关系相比原句会更弱。原句发话者对年轻人的调侃更多的是体现自身的审美优越，并借助嘲讽与调侃展示自己对传统审美的坚持，因此嘲讽的意味更强。而当修改后，由于交际双方客观社会关系的制约，需要维护彼此的积极面子，因此修改后句子的嘲讽意味减弱，而调侃意味加强。这种调侃也是一种维护彼此关系的工具。

四、厌烦与排斥

（4）你看，你又在抱怨什么，真是烦死了。

例（4）所示情境中，话语标记"你看"用于表达言者对受话者抱怨之举的厌倦反感。"你看"通过引导受话者的注意，强化了发话者对受话者负面情绪的感知，并在话语中构建评骘框架。言者藉由"你看"将受话者之注意集中于其自身的抱怨行为，使此行为成为话语之焦点，在凸显抱怨行为引发言者厌倦的同时，亦以"又"字强调此行为之反复性。"你看"与"又"的结合，在语义上突出行为之反复性，并在情感上放大厌倦排斥情绪，同时交代背景信息。而结尾的"真是烦死了"则直接通过评骘，使得"你看"的情感指向显化为评骘言语，并与话语标记形成前后呼应，从而共同完成评骘与情感表达框架的构建。

"你看"、"又"与"真是"三者的结合，使得发话者的情感表达具有因果逻辑与层次性，力度随着话语的延伸而逐渐增强。如果改为"你又在抱怨什么，你看，真是烦死了"，则会破坏这种情感表达的层次性与逻辑性，"你看"会变为更为纯粹的提醒受话者注意发话者情绪的工具，"你看"后缺乏指向的具体事件会让受话者出现预期的断裂，在削弱表达力度的同时，也会让受话者的注意不能聚焦，此时便需要将"你看"改为"你看你"，才能使句义更为通顺。但"你看，你又在抱怨什么，真是烦死了"中的"你看"与"你又在抱怨什么，你看你，真是烦死了"中的"你看你"存在功能上的不同，"你看"相比"你看你"的责备义更弱，且指向反复抱怨的行为，而"你看你"则直接指向动作行为的受事，因此责备力度更强。

五、无奈与惋惜

（5）你看这个项目搞了几次都没成功，我们的努力可能要付之东流了。

在例（5）情境中，话语标记"你看"用于表达言者对当前情形的无可奈何与惋惜遗憾。"你看"将受话者之注意集中至项目屡次尝试而屡遭挫败这一事件上，通过强调如此挫败之反复性，引导受话者进行判断与思考，从而为论述"我们的努力恐付之东流"提供依据，以期借此论证增强言者情感表达之效果。

"你看"不仅引发受话者对真实事件的关注，还引发情感上的共鸣。"你看"构成了一种情感表达框架，也为交际双方建立了一个共同空间，在这一共同空间中，发话者向受话者传递自己的情感体验，试图引导受话者拥有与发话者相同的情感体验，从而完成元认知交互。

同时我们注意到该句中含助动词"可能"，言者所表达之内容不仅限于当前观察与判断，亦通过当前的反预期事态预示对未来的预期，由此可推知发话者如此说法之目的是为了让受话者未来更易接受失败的可能。此亦可视作一种独白，用以抒发言者心中强烈的无奈与惋惜之情。

此句虽尽显无奈与惋惜之深，然发话者藉由"你看"二字，亦在试图构建含受话者在内的社会支持系统，在此氛围中受话者基于对现状之理解及对未来之研判，从而达至与言者情绪共鸣之效果。此种由话语标记构建的互动关系，不仅是言者在当前情境中寻求情绪共鸣，亦是为未来交际及计划调整提供更为充分的准备条件。

六、欣赏与赞誉

（6）你看人家一上来就表演了个绝活，那草书，写得真是地道。

在例（6）情境中，话语标记"你看"用于引导受话者留意评价对象所展示之绝技，话语中包孕了言者的赞赏与推崇之情。话语标记"你看"在此语境中，通过赞誉之表达，强化了言者对表演者书法技艺的认可。发话者借助"你看"将受话者的注意集中于技艺上，使得这一技艺成为对比焦点，有助于受话者聚焦主要信息。"你看"的这种引发注意之功能，亦为后续发话者表达欣赏与赞誉做出铺垫。"那草书，写得真是地道"，发话者直抒胸臆，明确赞誉之所在，且辅之以细节描绘与实例佐证，使情感之表达愈显真实生动。"地道"为口语化特征较为明显之词，与"你看"共同构筑描绘之生动性及交际之互动性，受话者在发话者构建的此种互动氛围中，更易于接纳发话者之见，并完成主观化交互。

七、认可与同意

（7）你看认不认真一下就能看出来，你这方案改来改去现在总算是有模有样了。

在例（7）情境中，话语标记"你看"之作用在于彰显发话者对受话者认真态度之嘉许，并蕴含对受话者努力成果之认可。此句话中发话者冀图藉由"你看"以引导受话者关注自身态度、既往行为及所获成果，亦寓有激励受话者勤勉工作之意涵，并提醒受话者省察往日之行径。

此处"你看"后引导一个复句，但前一个分句却没有主语，本书认为一方面是由于这里的主语与话语标记"你看"的代词"你"相同，若是加上则会显得赘余。且第二个分句中的大主语同样为"你"，受话者可以通过第二个分句来推知第一个分句的主语。同时从语境来看，发话者是直接同受话者交谈的，即使不加上主语受话者也知道发话者在指自己，第二个分句中具有领属关系的大小主语中大主语"你"也可以省略。同时本书认为，因第二人称代词所构成的"你看"、"你想"、"你说"等，其在引导命题时，命题中的第二人称代词很多都可以省略，我们认为这种省略是由于命题中人称代词的指称功能一定程度上融入话语标记之中的结果。而我们后文分析的话语标记"你看你"，却刻意复现了"你"，因此其要求受话者自我审视的功能会更加强烈。

我们再回到这一句，发话者通过"你看"来引发评论"认不认真一下就能看出来"，不仅强调了受话者认真工作的态度，还暗示了受话者过去的态度存在问题，并为接下来表明受话者当前取得的成果已经被发话者认可与同意做铺垫。后续的"你这方案改来改去现在总算是有模有样了"将这种认可更具体化，"有模有样"在此是一个模糊表示，这种同意并非是完全同意，一方面"有模有样"是基于与受话者前期工作的对比而得出的，因此发话者其实仍存在一些轻微的训诫意图，使用这一模糊表示既是避免受话者骄傲，也是为之后继续要求受话者改进方案留有空间。

我们可轻易辨识出，交际双方在客观世界中具有上下位之权力关系，而藉由"你看"所构建的评骘框架亦反映了此等客观现实世界中的权力关系。"你看"在话语中不仅强调了此种权力关系，亦使受话者实施评骘之能力得以强化。此上下位关系既是话语之中评价与被评价关系，亦为现实世界之中审视与被审视关系。此评骘框架在展现权力关系与评骘能力之余，亦藉由权力关系增强了认可同意之效果，以使受话者在被评价时更易基于下位者角色而产生被认可的满足感。此亦为许多教学场合中，教师惯用"你看"来批评或提醒学生的原因所在，盖因在中国文化背景下，师生之间存有天然的非对等关系，故无论是训诫抑或是安慰，皆可通过此种言语中的权力关系来扩大其实施效果。

3.6.2.2 寻求认同或寻找共鸣

发话者在同受话者进行交际的过程中，说出的话语往往具有主观性，发话者试图构建共同空间来分享彼此的情绪体验，促进个人的主观性判断成为双方的共识，并获得受话者对自身观点或提议的认同，以及获得相应的情感支撑。在一些情境中，"你看"可以辅助发话者寻求受话者的理解或认同，促进受话者对发话者产生情感共鸣。这一功能与上述所讲的认可与同意的功能有些相似，其实这两个功能都是基于"提醒"这一根功能衍生出来的相对立的功能，一个是发话者表达对受话者的认可与同意，一个是发话者寻求受话者的认同与共鸣，本质上来说这两个是提醒功能在不同权力关系（或基于需求而产生的临时性权力关系）之间的分化。

（1）这最近天气变得这么冷，你看这办公室是不是该放个取暖器什么的。

（2）"你怎么治好的？"小伙子焦急地询问。"说来话长了，半年前我也得了这种皮肤病，医院说没法治，后来，在医院门口我遇见一位同志，他说他有祖传的药，特别有效，我开始没信，吃了几瓶，真管用，你看这不快好了吗？"中年人兴奋地述说着自己的病史。（BCC 语料库）

在例（1）中，发话者通过"你看"来引导受话者注意"天气变冷"这一现象，为后续提出"在办公室放置取暖器"的建议做铺垫。"你看"将受话者的注意集中在两者共同感知的"天气变冷"的现象上，引导受话者自行做出（与发话者期望相同的）判断，并以此为基础提出建议。通过"你看"，发话者试图在交际双方的共同体验上建立一个共同空间，使受话者更容易与发话者产生情感共鸣，并认同发话者的想法及主张，从而促进双方在情感与认知上达成一致。

在例（2）情境中，中年人藉由"你看"这结构引导小伙子注意其皮肤病之康复状况，意图增强叙述之说服力与可信度。发话者借"你看"展示可感知、可判断之结果，此处的"你看"具有一定源义的语义滞留，其所指涉对象不仅为话语内部之信息，亦包括要求受话者关注客观世界之信息。同时发话者借助"你看"引导的"这不快好了"，与前述所讲的"开始没信"构成了鲜明对比，此中不仅展现康复所致心情愉悦，亦隐含"药物效果卓著"这一信息，并期望获受话者之认同。

3.6.2.3 表示强调或提醒

我们在上述分析中，可见诸多语句中"你看"均承载着强调或提醒之功能，从"你看"的行为义向篇章义过渡过程中，其强调与提醒之义均有所体现。"你看"在发挥强调功能时，常会借助具体语境引导受话者对事实予以关注。

（1）他说的那些话都是一些闲言碎语，你看有多少人信他呢。

（2）你看有时候我都不知道该怎么处理这些麻烦事，人情世故的这些东西还得学习学习老李。

（3）你说我能不生气吗，你看他都三十好几了，一天天还没个正形。

例（1）中发话者在"你看"之前阐发议论，认为"他"所说的话都是闲言碎语，"你看"是基于此议论进而强调对人物的评价，由对"他的话"的评价转移到对"他"的评价，"你看"与句尾的语气词"呢"共现，通过反问形式来促进受话者思考并认同发话者的情感与观点。

例（2）中"你看"用于引导受话者对发话者"不知如何处理麻烦事"进行关注，强调自身对于人情世故的欠缺及面对这些情况的为难，进而突出发话者向老李学习的意愿及对老李的佩服。

例（3）情境中，"你看"意在彰显言者之不满与无奈情绪。两个话语标记共现于此句，分别为居句首之"你说"与居句中之"你看"。"你说"直接引出受话者之生气态度，而"你看"则在强调发话者情感态度之时，亦讲明了情绪产生之因由。发话者藉由"你看"所接续内容，以具体例证来强化情感表达之效果，并隐含着对评骘对象"三十几岁仍不成熟"的批驳。

综观上述三例，"你看"于句中不仅能发挥强调与提醒之功能，且时常与其他话语标记、语气词等共现，进而增强句之语力，提升情感表达之效果。

3.6.2.4 解释说明或举例

"你看"用于提醒或引导功能时，其后所出现的内容有时可能是发话者希望受话者注意到的事例，这些事例的出现用以增强受话者论证的力度或情感的强度，有时也可能是对前边论述更详细的解释。

（1）你这一天天真是懒死了，你看那对门老李，在家就闲不住。

（2）让你平时认真写作业你不写，你看这几道题不都是作业里的原题吗。

（3）现在这物价又涨了，你看这一斤苹果比之前贵了不少。

例（1）情境中"你看"在引导受话者注意之余，亦为受话者提供了具体例证，并设置了一种对比情境以强化言者之批判力度。言者通过"你这一天天真是懒死了"直陈己见，表达对受话者怠惰行为的批评，继而藉由"你看"这一结构，提供对比例证，促使受话者依据他人行为省察自身。"你看"通过提供具体例证与设定对比情境，增强了言者之论证力度，不仅提升了句之语力，亦为批评提供了合理依据。

例（2）中"你看"提供了与作业相关的事例，来论证发话者督促受话者写作业的正当性，从而在强调对发话者不满的同时，也为这种不满提供了逻辑上的合理性。发话者通过"你看"来引导"这几道题不是作业里的原题吗",从而为批评提供了具体的例证,也使得批评的原因更为具体化,"你看"强调了句中的因果逻辑:因为认真写作业,所以与作业相似的题目没做对,并导致考试成绩不理想,最后引起发话者的批评。"你看"增强论证力度的同时,也强化了对受话者逆反行为的指责效果。

例(3)中与例(1)类似,发话者在句首提出中心论点,随后借助"你看"引导受话者对具体事例予以关注,并为论点提供论据。"又"字的使用提醒受话者"涨价"并非是一次性,而是经历了多次,进而表达对物价多次上涨的不满情绪。通过"你看"引导的"苹果涨价"例子,引起发话者对价格变化的关注,并为前述论点"物价上涨"提供支撑。"物价"指的是商品的价格,包含各种类型的商品,"物价上涨"是一个上位概念,包含水果价格上涨、大宗商品价格上涨等。发话者是基于所观察到的客观现象做出判断,这种判断又受到自身主观性的影响,即使是周边所有的商品价格发话者也未必能完全关注,发话者之所以产生气愤与抱怨情绪多是来源于"购买苹果进而发现苹果涨价"这一事实,苹果作为日常消费中常见的水果类型,其涨价会影响发话者对生活水平的担忧,并由此引发对其他商品价格上涨的判断。这种判断多是基于发话者的主观认知所形成的,并不一定能反映客观事实,但发话者借助"你看"则是希望自身的主观性借助具体实例来让受话者共同感知,而发话者所要表达的更多的是对于"苹果"价格上涨所引发的不满,"物价又上涨"则是将这种不满扩大化并增强抱怨效果。

3.6.2.5 发出请求或寻求帮助

(1)"你忘了我是做什么的?"真是,华亮至此恍然大悟,老陈不是建筑工程队的包头吗。如果他肯先垫付资金盖校舍,那不一切问题都解决了。怎么刚才就没想到这里呢?"嘿,真是糊涂了。既然这样,我也不客气了,盖校舍的事你看能不能帮我一下?""没问题。工程我来做,可以先帮你垫付资金。不过你村的情况我清楚,以后用什么钱来还我?"老陈这一问,他有点发毛,以后用什么钱还,确实是个问题。转了转脑子:"明年村里企业有钱赚了,这就好办了。"(BCC语料库)

在例(2)中,两人围绕盖校舍的问题展开讨论,在老陈的提醒下,华亮意识到老陈的身份及其具有解决后续资金的能力,随即使用"你看"来引导老陈对接下来请求的注意,并连同"能不能"一起,增加了话语的协商性。发话者使用"你看",试图构建交际双方的共同立场,从而拉近发话者与受话者之间的关系,提高请求行为被受话者接受的可能性。同时"你看"在情感表达方面既包含有发话者的急迫性，也反映出发话者对受话者的尊重态度。在这一请求语境中，发话者通过"你看"构建了一种上下位的权力关系，发话者主动居于权力关系的下位来达到示好效果，从而试图让受话者理解这种等级关系并做出应允。"你看"构建的权力关系受制于交际双方寻求帮助与施加帮助的社会关系，无论"你看"是否存在，二者的这种社会关系也不会消失，但从上文中我们看出受话者本身便有施加帮助的意愿，因此"你看"的出现既有助于构建更为亲密的互动场景，也起到顺水推舟邀请受话者提供帮助的效果，从而为"请求与应允"这一必然产生的行为提供形式上的帮助。

在此我们对"你看"这一结构进行总结。"你看"的演化经历了主要表示行为义、主要表示认知义、主要表示篇章义三个阶段。我们认为"你看"主要表达行为义时不属于话语标记，主要表示认知义时属于不完全化的话语标记，主要表达篇章义时属于完全化的话语标记。本章探讨了非话语标记的"你看"与话语标记的"你看"之间的一些语法特征差异。本章对完全化话语标记"你看"的句法位置进行了分析，认为其可以出现在句首、句中、句末及独立成句。本章从话轮与话题角度出发对"你看"的语篇功能进行了研究，本书认为在语篇功能方面"你看"存在形式连贯与内容连贯两方面作用。我们对"你看"的形式连贯功能与内容连贯功能进行了分析，认为"你看"在形式连贯方面可以起到启动话轮、承接话轮与接续话轮等作用，在内容连贯方面可以起到开启话题、接续话题、转换话题、找回话题与扩展话题等功能。同时本书认为"你看"在人际功能方面可以发挥情感表达、寻求认同或寻找共鸣、表示强调或提醒、解释说明或举例、发出请求或寻求帮助等作用。具体到情感表达方面，发话者可以借助"你看"表达消极情绪或是积极情绪。在消极情绪方面，"你看"可以用来表达抱怨与责备、不满与愤怒、嘲讽与调侃、厌烦与排斥、无奈与惋惜等；在积极情绪方面，"你看"可以用来表达欣赏与赞誉、认可与同意等。

第四章　话语标记“你看看”

　　学界对于“你看”的研究较多，但对于“你看看”作为话语标记的系统性研究较少。在我们先前分析“你看”的过程中，我们将其语法化历程主要分为三个阶段，分别是主要表示具体行为义阶段，主要表示认知义（认识情态义）阶段，以及高度语法化的主要表示篇章义的阶段。在具体行为义阶段，“你看”多是与“看”密切相关且带有实际意义的动作；在扩展认知义阶段，“你看”的功能逐渐虚化，逐渐带有话语标记功能；在高度语法化的篇章义阶段，你看完成了语法化后成为一种话语标记，具体的行为义基本消失。

　　本书以为，“你看看”与“你看”虽具有相似的语法化路径，然其语法化历程相较“你看”而言亦存有些许差异。较之“你看”，由于“你看看”的“看”使用重叠形式，令其在表征具体行为义时即蕴含商榷之意，且此种情形多现于口语之中，致使“你看看”的行为义更易脱落而演化成为话语标记。此外“你看看”音节数目相较于“你看”更多，第三音节“看”之弱读可能性随之增大，故其形成更为独立的语法结构之概率亦相应提升，此为影响其语法化的重要因素之一。

4.1 主要表示行为义的“你看看”

　　在行为义阶段，“你看看”不仅可在语法上与句内其他成分结合成为更大语法单位，亦可承载实际的概念义。“你”作为指示代词，“看”作为知觉动词，“你”与重叠形式的“看看”之组合为行为义的语义表现提供了充分条件。在真实语料中，我们可发现“你看看”作为具有实际动作含义之结构，既可现于口语交际之中也可现于书面表达之内。

　　（1）我不在家的时候，你看看书或者玩玩电脑，不要出去也不要给陌生人开门。

　　（2）等会儿你看看楼下展厅里靠近出口的那幅画，我总感觉是不是之前在哪里见过。

　　例（1）情境中“你看看”由指示代词“你”与动词重叠所形成的短语“看

看"构成，其中"看看"之后接合宾语"书"，"看看书"与"玩玩电脑"形成并列结构，共同构成对听话者之指令。"你看看书"这一结构中，主语为"你"，谓语为动词重叠形式"看看"，宾语为"书"，此结构乃典型的主谓宾结构，"你看看"是作为更大语法单位的一部分。以语义观之，"你看看"表示一种具有实际意义的观察行为，较之"你看书"而言，"看看"蕴含了话语中的商讨性与非强制性，从而减弱了句中命令性语气，令听话者更能感知到言者之关怀。以语用功能观之，此结构具有祈使功能，表达的是发话者对受话者在未来短暂时段内的具体要求。

例（2）中"你看看楼下展厅里靠近出口的那幅画"是具有真性祈使功能的分句，"你看看"的用法与上例类似，是由代词"你"与动词重叠形式"看看"构成的主谓短语，并与"楼下展厅靠近出口的那幅画"构成更大的主谓宾结构。"看看"用于表达发话者对受话者接下来较短时间内实施观察行为的请求，并起到强化观察行为的作用，意图让受话者仔细观察而非随意浏览。

上述二例之所以择用"你看看"而非"你看"，盖因二者在语义及语用层面存有微妙差异。"看看"相较于"看"，由于动词重叠形式及最后音节的弱读特性，使得其命令语气更为缓和，更适宜于体现关怀、亲昵与商讨之情境。若选用"看"，则其强制性较强，与相关情景的氛围不符，难以适配此类情境之需求。

（3）你看看这张照片，有没有想起什么？

（4）你看看这部电影，内容很有意思。

（5）你看看这个方案有没有问题，如果有问题，我们再改。

（6）周末你看看咱爸去，咱好久都没回去了，我这还一时半会儿走不开。

（7）下周你看看医生，问问医生你这牙怎么回事。

（8）你看看他是怎么做的，然后你也试试。

（9）你看看明天的天气预报，咱们再决定出行计划。

（10）你看看其中有没有端倪，我怀疑他在拿什么小把戏骗人。

以上我们对"你看看"中"看看"的义项进行列举。先前我们分析了"你看"中"看"的一些常见义项。本书认为"看"的大部分义项在"看看"中也会出现，不过"看看"往往带有商讨性或关怀性含义。

在例（3）中"看"表示"使视线接触人或物"，且本句话中"你看看"具有引导受话者注意并期待受话者作出反应的功能，包含有命令的语气；例（4）中的"看看"表达"观看、欣赏"之义，同时也包含"使视线接触人或物"之义；例（5）中的"看看"表示"审阅并做出判断"；例（6）中的"看看"表示"看望、探望、

81

访问";例（7）中的"看看"表示"诊治、治疗、使获得治疗";例（8）中的"看看"表示"观察并加以判断";例（9）中的"看看"表示"预期的观察行为"。

与"你看"略有差异之处在于，我们可说"你看出其中的端倪没有"，却不可言"你看看出其中的端倪没有"，然而"你看看其中有没有端倪"则为可接受之表达，本书认为"看出"中的"看"表示"看出、意识到"，是一种完成体，而"看看"所表示之建议行为通常不宜用于表达完成体，盖因其不具有"看出、意识到"之义。我们也可言"你看起来气色不错"抑或"你看着气色不错"，却不可言"你看看起来气色不错"或"你看看着气色不错"，故而我们以为"看看"亦不具备表达进行体之功能，无法用于表示"表面上看来、从外观或表象判断事物状况"之涵义。此外我们亦可说"你看在我面子上"，而不能说"你看看在我面子上"，故而我们认为"看看"一般不能与"在"共现，无法表达"顾及、重视、给予面子"之义。

此外我们需要注意，"看看"通常可以和指示代词"这"引导的指量短语搭配，而较少和数量词"一"引导的数量短语搭配。我们可以说"你看看这本书"、"你看这本书"、"你看一本书"，而不能说"你看看一本书"；我们也可以说"你看一会儿书"、"你一会儿看看书"，而不能说"你看看一会儿书"；我们还可以说"给你看看这本书"、"给你看这本书"、"给你看一本书"，而不能说"给你看看一本书"。以下我们对这些现象进行分析。

首先我们讨论"你看看"、"你看"与"这"的共现问题：指示代词"这"具有明确的特指性，而"看看"的缓和性建议功能，使得其与受话者之间的关系较为紧密，因此可以使用特指眼前事物的指示代词"这"与之搭配，构成"你看看这本书"、"你看看这幅画"等结构。"你看"同样具有建议功能，但命令语气更强，当所指事物接近发话者与受话者时，也可以借助"这"的特指性来对眼前（或周边）事物进行指示，构成"你看这本书"、"你看这幅画"等。

其次我们讨论"你看看"、"你看"与"一"的共现问题："你看看"构建的交际双方近距离语境及所要求动作发生的短期性，难以与表示非特定指向的数量词"一"引导的名量短语搭配，否则会导致语义的不协调，因此无法构成"你看看一本书"、"你看看一场电影"；"你看"可构建近距离语境，也可通过较强的命令或建议语气取消这种近距离性，同时其对受话者完成动作的时间并无要求，因此"你看"可以与数词"一"引导的名量短语搭配，构成"你看一本书"、"你看一场电影"，虽然这种用法较少，但我们也可以提供一些例句加以说明，例如"如果心静不下来的话，你看一本书，或者你看一场电影，就可以放松很多"，在这句话中"你看"并不需要构建交际双方较短的心理距离，也并不要求受话者在短期内完成"看"的动作，因此可以使用非特定指向的数词"一"。

接下来我们讨论"你看"与"你看看"同时量短语的搭配：我们可以说"你看一会儿书"，而不能说"你看看一会儿书"，"一会儿"表示一个相对较短的时间段，但其仍具有时间上的连续性，"看看"表示的是发话者期望受话者短期内产生与"看"相关的行为，而非指行为持续的短期性，"看看"一定程度上可以认为是将"看"从无界动作变为有界动作，而时量短语同样具有限定动作时间界限的功能，这两种功能在同一个结构中产生了冲突，因而"看"可以与表示时间段的时量短语搭配，而"看看"却不能。不过在一些口语场景中，我们可以说"你一会儿看看书"，这句话等同于"你等会儿看看书"。

最后我们讨论"给你看看"与"这"、"一"的共现问题："给你看看"同样缩短了发话者与受话者的心理距离，构建了交际双方近距离语境，因此其可以与表近指性的指示代词"这"共现，从而使得"给你看看这本书"这句话能成立。"给你看"也可以具有同样的功能，因此也可以构成"给你看这本书"。由于"一"的非特定指向性，使得"一本书"可以具有在场性，也可以不具有在场性，当说到"给你看一本书"时，这本书可近可远，通常还未出现在受话者的视野里，例如"下课了给你看一本书，上星期刚在书店买的，还是崭新的呢"，而"给你看看"具有片刻内实现"看看"这一动作的要求，需要"看看"的受事出现在交际双方的视野中，因此我们不能说"给你看看一本书"。"给你看"这个动作与"你看"同样没有时间的限制，而"给你看看"也同"你看看"一样，具有动作实现即时性的限制。对于"给你看"与"你看"来说，受事是否具有在场性需要依据具体语境判断，但"给你看看"和"你看看"却通常需要受事具有在场性。

4.2 主要表示认知义的"你看看"

沈家煊（2003）认为"你V"的语法化经历了行域、知域、言域三种概念域过程，本书同样认为"你看看"也经历了这三种语法化阶段，在第一阶段概念义最强，程序义最弱；第二阶段的概念义逐渐减小，程序义功能增强；在第三阶段，概念义基本消失，程序义功能最强。与"你看"可以变换为"依你看"、"在你看来"、"你觉得"不同，"你看看"基本不能进行此类变换，且其征询功能不如"你看"，更多的是发挥提示功能，因此其语法化第二阶段与第三阶段的界限更为模糊，从而使得有些学者仅将其语法化过程分为非话语标记与话语标记两种阶段。我们将主要表示认知义的"你看看"视为非完全化的话语标记。

（1）你看看这件事我们该怎么处理。

（2）你看看他这个人生气起来真是不管不顾的。

（3）你看看这个周末忙不忙，不忙的话我们一起去顺德玩一趟。

（4）你看看这鬼天气还怎么去露营。

（5）你看看，这份报告写得可真是不错。

在例（1）所示情境中，发话者藉由"你看看"以导引受话者对"这件事"予以关注并思考。"你看看"虽蕴含一定行为义，然其主要展现认知义，强调的是让受话者观察并判断如何解决当前事件。

在例（2）所示情境中，发话者冀图借助"你看看"以导引受话者关注评价对象之秉性。虽刚开始"你看看"接合的是"这个人"，但通过后续例证可知发话者是希望让受话者观察此人，并进一步判断此人的性格特质。

例（3）中，"你看看"用于提示受话者对自己的时间安排进行检查，为后文发出邀约提供基础，"你看看"在此句中主要用来引导受话者判断时间日程，主要发挥的是提示功能，发话者通过"你看看"也表达了发话者重视与受话者之间关系的维护，相比于命令性更强的"你看"，"你看看"所营造的温和交际氛围使得话语的协商性更强，也更容易让受话者答应发话者的邀约。

例（4）中，"你看看"用于引起受话者对当下糟糕天气的关注，发话者藉由具有怨怼之意的"怎么"进一步加深此番言辞中的沮丧之情，此句不仅彰显出发话者对于天气状况之评判，亦为引导受话者思索既有筹划能否顺遂。此句"你看看"虽表露出要求受话者观瞻现状的行为义，然更深层次则蕴涵唤起受话者之共情并表达发话者之抱怨的认知义。

例（5）中，"你看看"之用，首要是为吸引发话者之关注，并彰显受话者对此报告之认同。较之前三例，此句中'你看看'与后文之间具有形式上的停顿，使提醒之功能愈发显著，认知义亦更为突出，虚化程度更甚。言者藉由"你看看"希图与受话者建立共同之立场，在唤起受话者注意之际，亦令自身的主观性得以共享于此共同立场之中，以唤起受话者之共鸣。是故此句中的"你看看"便承载了一定的话语标记功能。

4.3 "你看看"主要表行为义与认知义时的语法特征差异

4.3.1 "你看看"所带宾语类型

同表示行为义的"你看"一样,"你看看"表示行为义时可以带上具体宾语或小句宾语。当其表示认知义时,通常带有的是小句宾语。

（1）你看看那份作业,上面有没有写谁的名字。

（2）你看看那小姑娘,字写得真不错。

在例（1）所示情境中,"你看看"之"看",意谓视线相接于物,其行为直接指向具体的受事"那份作业"。"看看"在表达命令之时,亦弱化了语气之生硬。

至于例（2）,"你看看"之"看"同样表观察动作,其指向之对象从语法层面观之乃"小姑娘",然我们结合前后文义可知,真正的观察对象实为"小姑娘写字"之行为。

（3）你看看,这教室需不需要重新布置一下?

（4）你看看,这份表格还需不需要再修改。

在例（3）情境中,"你看看"不再确指特定对象,而是某种程度上虚化为提示标记,发话者借此结构意在提醒受话者检视情况并判断是否需重新布置。"你看看"其后接合小句宾语,此时"你看看"已由具体行为义转化为引导受话者思考的认知义。

在例（4）情境中,"你看看"亦起提示作用,其后接合小句宾语,以引导受话者检视表格内容并判断是否需要进一步修改。

以上两例中"你看看"之转变,彰显了其从直接指令至间接引导之过渡,其在句中所承载之涵义,更多地体现为触发受话者的反思与评估过程,而非单纯指向行动的执行。

4.3.2 "你看看"是否能带补语或动态助词

与"你看"不同,"你看"表示具体行为义时通常可以带上补语或动态助词,而"你看看"无论是在表示行为义或是认知义阶段,都不可以带上动态助词。"你看看"这一结构,通常具有祈使功能,用于对某人的建议、请求或提醒。"看"的动词重叠相当于一种命令或建议语气。这样的动词重叠结构通常不需要补语或动态助词来辅助其语义或语法的完善。补语作为补充说明谓语的成分,通常用于描述动作、结果、状态和程度等,而动态助词"着、了、过"则用于对动作的时、体进行修饰。"看看"作为"看"的重叠,既完成了对动作怎么样的描写,也完成了对动作时、体的约束。因此,其不需要与补语、动态助词发生关系。

4.3.3 "你看看"后是否可以停顿或加语气词

与"你看"类似,表示行为义的"你看看"后通常不停顿,也不加语气词,而表示认知义的"你看看"后可以停顿或加语气词。

(1)你看看这道题目,我算了半天都没算出来,是不是题目有误。

(2)你看看你的房间,乱得跟猪窝似的。

在例(1)所示情境中,"你看看"其后接合宾语"这道题"以引导受话者对宾语予以关注,言者借此表达其欲确认该题目是否存在错误之意图,若于其间插入停顿或语气词,则会破坏句之语法结构,影响表达之连贯性与明确性。

在例(2)所示情境中,"你看看"同样直接指向动作之受事"你的房间",此时"你看看"之行为义较为显著,言者冀图促使受话者关注房间之状况,故此处不宜添加停顿或语气词。

(3)你看看,这个问题如果从另一个角度考虑,就很容易解决。

(4)你看看啊,这酒店不提前预订,现在都快没有了。

在例(3)所示情境中,我们可见"你看看"的停顿并不致破坏原有句法逻辑,亦无损语句内容之连贯性,反而停顿之存在会赋予受话者一定时间以接纳信息,从而增强表达之效果。

在例(4)所示情境中,我们同样可感知到停顿之存在会令发话者之提示更为显化。"你看看"其后辅以语气词"啊",言辞之间,平添口语之韵味,并增益语言之感染力,此种表达方式有益于促使交际双方在感情层面更为贴近,即便言者抒发埋怨之意,亦不至于过于生硬。

4.3.4 "你看看"是否可以被删除

(1)你看看,看完了过来找我。

删除"你看看"后:

看完了过来找我。

(2)你看看你儿子做的"好事",真是把人给气死了。

删除"你看看"后:

你儿子做的"好事",真是把人给气死了。

于此两句之中，"你看看"皆用于口语交流，表达对受话者执行与"看"相关动作之要求。例（1）中，整句包含两项命令，其一为"你看看"，其二为"看完了过来找我"。前后两动作具实际之概念意义，且先后顺序存在时间关联，故"你看看"不可省略。例（2）中，"你看看"中的"你"与被评价对象"你儿子"在话语之外存在社会关系，发话者因此要求受话者观察并判断其子之行为。此种外在联系亦转化为话语中责任归属关系。正因父母对儿子具有监护职责，发话者方寻求应为不良行为负责之人，故此句引入"你看看"既为引起话题，亦为要求受话者进行实际之观察，故不可省略。

（3）你看看，能不能不要再做这样的蠢事？

删除"你看看"后：

能不能不要再做这样的蠢事？

（4）你看看，这种小场面你就慌了，你忘了咱之前干了多少惊天动地的事情。

删除"你看看"后：

这种小场面你就慌了，你忘了咱之前干了多少惊天动地的事情。

在例（3）中，"你看看"具有征询与指责的功能，"你看看"不与其后小句中的语法成分发生关系，"你看看"删掉并不影响句子的核心内容。例（4）中"你看看"有调侃与安抚的功能，同样并不介入其后小句的语义，删除也不影响句子逻辑。但是若例（3）、（4）中的"你看看"删除，则其提示或商讨等功能会有所减弱。

4.3.5 "你看看"与状语的结合

表示行为义的"你看看"与"你看"，都可以与状语结合，从而实现对谓语的修饰。

（1）你认真看看这本书。

（2）你好好看看这幅画，是不是他画的。

（3）你看看人家，天天把家里收拾得整整齐齐的。

（4）你看看人家努力学习的样子，你能不能也学一学。

（5）你看看，他也太认真了吧。

（6）你看看，这些工作就他一个人在认真做。

例（1）中，状语"认真"修饰"看看"本身，强调发话者希望受话者"看"的过程能够细致认真。例（2）与例（1）类似，状语"好好"对"看看"进行修饰。两句话都带有命令语气，相比使用"你认真看"、"你好好看"，原句的协商性更强，语气也更为温和，但与此同时发话者不仅需要受话者在短时间内完成"看看"的动作，也对动作的实现方式提出要求。"你……看看"中的状语除了"认真"、"好好"，也可以使用一些其他词语例如"你多看看"、"你也看看"、"你常回家看看"、"你去学校看看"、"你可以看看"等。例（3）、（4）中，状语并不直接修饰"你看看"，而是修饰"你看看"的受事对象，通过"你看看"与修饰受事对象动作的状语相结合，从而引起受话者对受事对象行为特征的关注，并为这种命令提供了合理的支持。例（4）相较于例（3），"你看看"所引导的观察对象有所不同，例（3）中发话者更聚焦于评价对象"人家"，后一分句为这一评价提供论据，并表达了希望受话者以评价对象为榜样。而例（4）中发话者更聚焦于评价对象的某一具体行为，至于对评价对象认真学习以外的行为，并没有关注到，同时也在提醒受话者应当学习评价对象的行为。例（5）、（6）中，"你看看"是表示认知义的提示标记，通常不能直接受状语修饰，因其提醒功能更强，多来引导受话者对后续内容进行关注。例（5）中，状语"太"修饰评价对象"认真"的程度，"你看看"引导受话者对这种态度进行关注，"太"所表现的主观性较强，发话者采用"你看看"希望受话者能够对这种主观性予以认同。例（6）中"你看看"同样起到引导受话者观察的作用，"就"与"认真"共同凸显了评价对象的工作态度良好，"就"的使用也让评价对象与其他人形成对比，"你看看"借助这种对比框架，完成对受话者注意力的引导及对评价对象的赞扬。同"你看"类似，当"你看看"的语义逐渐虚化时，"你看看"被状语修饰的能力也逐渐减弱，但无论表达行为义还是表达认知义，其所观察与评价对象的动作行为都可以被状语修饰，并且这些状语可以同"你看看"共同构成凸显框架或对比框架，增强"你看看"的主观评价功能。

4.3.6 "你看看"与"把"字句结合的形式异同

"你看看"与"你看"蕴含行为义时多用于描述与"看"相关之具体行为，但"你看看"置于"把"字句的情形则与"你看"存有差异。"你看看"可离散于把字句中而形成"你把 NP+ 拿 / 带 ......+ 回去 +（状语）+ 看看"或"你把 NP+ 状语 + 看看"，反观"你看"则通常无法离散形成"你把 NP+ 状语 + 看"这一结构。

（1）你把这幅画拿回去看看。

（2）你好好看看这幅画，到底是不是真的。

修改：你把这幅画好好看看，到底是不是真的。

在例（1）中，我们可以看到"你看看"被离散成"你把 NP+ 拿 / 带……+ 回去 +（状语）+ 看看"，这一结构类似于"你回去后（其他状语）看看 NP"。从"你看看"到"你把 NP+ 拿 / 带……+ 回去 +（状语）+ 看看"最大的变化在于"看看"动作的推迟，及新动作"拿 / 带……回去"的加入。此句话中发话者希望受话者对同一个受事"这幅画"采取两个动作，一个是"拿回去"，另一个是"看看"，一个受事对应的两个动作，采用"把"字句表述较为经济，也容易突出"把"字后的焦点信息。在例（2）中，原句为"你好好看看这幅画"，修改后为"你把这幅画好好看看"，我们可以看到状语"好好"修饰的始终是"看看"这一动作，"把"字句将宾语前置后，使得受话者更易于关注发话者所想让其关注的对象，这种结构的转换也更突出宾语被处置的含义。对比"你看看"，我们发现"你看"一般无法形成"你把 NP+ 状语 + 看"，例如"你好好看这幅画"不能改成"你把这幅画好好看"，之所以如此，本书认为这两句话中"看"的意义为目光与物体的接触，"把"具有将宾语焦点化的作用，这种焦点化使得事物在话语中具有在场性，同时"把"字的处置义也要求宾语被处置，即对宾语相关的动作有时、体等限制，这种在场性及对动作的制约与"看看"本身动作的即时性及其所构成的近距离语境相切合，并且"看看"能提供时间信息，因而我们可以说"你把这幅画好好看看"。但对于"你好好看这幅画"，这里的"看"持续时间较长，无法构成近距离语境，同时动作本身既没有即时性、也不提供时、体等信息，因此其无法与"把"字句适配，但若是我们说"你把这幅画好好看一遍"、"你把这幅画好好看清楚"、"你把这幅画好好看完，再跟我讲"，此时关于动作的信息更为丰富，动作本身由无界成为有界，则这些结构在语法上及语义上可以成立。

（3）你看看这只猫，差点把咱家的鸡从鸡圈里叼走了。

（4）你看看，他把厨房收拾得多整齐。

在例（3）中，"你看看"用于引导受话者注视"这只猫"，"把"字的处置对象为受事"咱家的鸡"，通过"把"字凸显受事所受的影响，进而强调"这只猫"所带来的破坏性行为，在要求受话者对评价对象进行关注的同时，也表达出责备与不满的情绪。在例（4）中。"你看看"的评价对象为小句整体"他把厨房收拾得多整齐"，不同于上句"把"字句的施事与受事处于分离状态，此句中"把"字句的施事与受事存在于同一小句中，因此此句"你看看"的提醒功能更强，属于提示标记，并拥有一定的话语标记特征。

4.3.7 "你看看"与否定形式的结合

"你看看"表示行为义时的否定形式与"你看"存在差异,"你看看"可以和否定词语"没"、"没有"、"不"等结合,但一般不与"别"结合,且结合形式也与"你看"有所不同。

(1)你没(有)看看那本书吗?

(2)你不看看那本书吗?

我们可以看到,"你看看"不能构成"你看看……没有?"、"你看看不看看……"等形式,也不能同"别"结合在一起构成"你别看看……"。"你看看"的否定形式通常为"看看"前加否定词"没"、"没有"或"不"。但是使用"没(有)"或"不"进行否定时存在一些差异,在例(1)中"你没(有)看看那本书"询问的是受话者是否完成这一动作,此处发话者并不确定受话者一定没有看过,而是预设其"没看"并产生疑问,但在例(2)中"你不看看那本书吗"询问的是受话者是否有意愿完成这一动作,此处发话者已知在当前时空下(不涉及既往行为)受话者未看此书,并对其原因产生好奇。需要指出的是,"你不看看"也具有发展成话语标记的潜力。

(3)你看看他,应该是没有洗脸吧。

(4)你看看,他不知道该怎么做了。

经分析可知"你看看"无论是表示行为义还是认知义,都可引导否定形式。在例(3)中发话者藉由"你看看"期望使受话者注目于"他"及其面部之不洁,句中否定词"没有"乃是对受话者未行"洗脸"之举而作的否定。在例(4)中"你看看"用于接合后续小句,促使受话者注目于评骘对象难以应对的窘态,其中否定词"不"用以否定心理动作。由此观之,第二句中"你看看"的概念义渐次削弱,而其提醒功能则愈发显现。

4.4 主要表示篇章义的"你看看"

"你看看"于语法化之第三阶段,概念义基本消失而留下了较强的程序义。

在"你看"和"你看看"语法化的过程中都伴随着词汇化进程,施仁娟(2022)提到语法化侧重于使语言单位的概念意义朝功能意义演变,词汇化侧重于语言单位的凝固性增强,使较为松散的语言单位逐渐凝固成黏合度较高的语言单位,两者在话语标记形成过程中都发挥作用,但最终演变主要是语法化发挥作用。

本书认为"你看看"的词汇化同"你看"类似,主要出现于语法化第二、三阶段(第二阶段更为明显),当"你看看"完成语法化后其与"看"有关的观察义几近消失,但从初始阶段便存在的提醒与协商功能则得以保留且被强化。第三阶段我们将其称之为纯粹话语标记或完全化的话语标记,本章以下部分所提到的话语标记"你看看"大部分为完全化话语标记。

对于高度虚化的"你看看",我们可以看到:语音上其通常与其他语法单位存在书面形式上或自然语流上的停顿;语法上其语法化程度较高,具有一定的独立性且能实现一定程度的句法位移;语义上其概念义基本消失而程序性意义较强,不对后续话语命题内容增加新信息,但为话语理解提供引导或制约作用;语用上其主要行使程序功能,体现为语篇功能与人际功能。

4.5 完全化话语标记"你看看"的句法位置

"你看看"与"你看"的句法分布类似,可以分布于句首、句中或句末。

4.5.1 位于句首

一、位于单句句首

(1)他由耳中掏出一小块泥饼来,"你看看,连耳朵里都可以种麦子啦!还腥臭啊!灰土散了之后,可倒好,你又开了小染房,花红柳绿的挂这么一院子破布条!我顶讨厌这湿漉漉的东西碰我的脑袋!"(CCL语料库)

(2)过了两天,我又去看俞先生,小陈也在那里呢。一看师徒的神气,我就知道他们犯了拧儿。我刚坐下,俞先生指着小陈的鞋,对我说:"你看看,这是男人该穿的鞋吗?葡萄灰的,软梆软底!他要是登台彩排,穿上花鞋,逢场作戏,我决不说什么。平日也穿着这样的鞋,满街去走,成什么样儿呢?"(CCL语料库)

以上两句话中"你看看"都位于单句句首,起到引导注意与表达情感的作用。

在例(1)中"你看看"主要发挥程序功能,用以引起话题并引导受话者之注目,发话者藉由"你看看"将受话者的注意引向评价对象"耳内掏出的泥饼"并传达厌恶之情绪,此种情绪在夸张修辞作用下,及"你看看"同具有画面感的词语相呼应下而得以强化,此处"你看看"的引导范围已超越单句本身而贯穿于整个句群。

在例(2)中置于句首的"你看看"同样发挥程序功能,俞先生借助"你看看"引导"我"对小陈鞋子的注意,随后发表关于穿鞋的看法并表达对于小陈穿鞋不合规矩的不满情绪,"你看看"的辖域涵盖了从"这是男人该穿的鞋吗"一直到结尾"成什么样儿呢",引导范围同样跨越单句而至整体句群,辖域内部构成对比以强化发话者的批评力度。

结合以上两句话,可见"你看看"所作用的话语内容有时会超越其所引导的单句本身而贯穿于多个句子或是整个句群,在这些句子中置于句首或语段起始位置的"你看看"作为辖域在后的单向辖域话语标记,可用以介绍话语背景信息抑或引起受话者注意,还可以建立互动关系以表达言者情感与立场。

二、位于复句句首

(3)却说沛公当时可巧见有一位美人,正在投井,急忙奔上前去,一把将她的身子抢着抱住,顺便搂入怀内,就向井栏上一坐,边温存着,边问她道:"你这位美人,何故轻生?你看看,这般的花容月貌,一跳下井去,岂不是顷刻就玉陨香销了么?"(CCL 语料库)

(4)病鸭心里默演对话:"你这小子还不晓得李老爷有多大势力?轻看我?你不放心哪,我给你一手儿看看。"他略微一笑,说出声来:"你不干也好,反正咱们把它拿过来好了。咱们有的是人。你帮忙好了。你看看,我说不叫赵次江干,他就干不了!这话可不用对别人说。"铁牛莫名其妙。病鸭又补上一句:"你想好了,愿意干呢,我还是把场长给你。"(CCL 语料库)

例(3)与(4)中,"你看看"都出现在复句句首,其主要功能仍是行使程序功能,促使会话形式与内容连贯,并发挥注入情感表达或提示警醒等人际功能。例(3)中位于复句句首的"你看看",通过引导受话者关注自身的容貌优势,强调发话者对于这种容貌优势的珍惜与赞赏,并暗含对受话者的责备与怜惜情绪,进而为自己的失礼行为寻找证据支撑。"你看看"虽在此处位于复句句首,但也处于整个句群的中央,属于后倾型双向辖域话语标记,既承接上句对于美人的质询,也衔接下句所阐发的论述,"你看看"之前的辖域与之后的辖域话题不同,辖域一的话题是询问轻生的原因,辖域二的话题是对美人容貌的夸赞与怜惜。发话者的话语重心从话题一向话题二转移,"你看看"便是实现这种话题转换的手段。例(4)中,"你看看"同样位于复句句首发挥程序功能,主要起到引导与强调的功能。病鸭在同内心对话后,抑制不住内心的情绪,通过"你看看"引导受话者铁牛关注病鸭的权力,并强调其对赵长江的影响力。"你看看"同样居于此句群中央,属于拥有前后两个辖域的后倾型双向辖域话语标记,充当话语重心从前向后转移的手段。"你看看"不仅展示了发话者的自信,也通过其提示功能增强后续内容的说服力。以上两个例句我们可以看到,"你看看"在句群中出现时,其辖域可以涵盖"你看看"之前与之后的话题,并起到辅助话语重心转换的作用,作为位于复句句首的后倾型话语标记,其语义重点也往往在"你看看"之后的辖域。

4.5.2 位于句中

（1）洪敬良的故居,早已沉没在湖底下了。一个老城不见了,而在梅山水库旁,沿着史河两岸,一个崭新的金寨县建成了。那儿街道房屋完全是按照设计画样建筑出来的,那儿每一块建筑木料还散发着森林的芳香,夜晚是万家灯火,早晨的屋顶有如红色波涛,一座座新的工厂正在诞生,你看看,年轻的人掌握着新的车床,而打铁的铁锤在叮当震响,那熔铁炉里的火焰呀,就像人的生命的火焰一样欢腾跳荡。（CCL语料库）

（2）这句话触到孙昶痛处,一下跳起来,不由分说把车间主任打了一顿,冲出厂门,登上火车,跑到青海省的格尔木找"哥们"去了。他在外地游荡了3个多月之后,生活无着,终于回来。师回喜登门找孙昶:"小孙,你看看,出门也不招呼一声,大伙正等你哩!"孙昶感到无地自容,说:"师厂长……我,我错了,你处置我吧。"（CCL语料库）

例（1）、（2）中,"你看看"位于复句句中,连接前后分句的同时提示前后两部分的语义关系,并发挥促使衔接连贯的语篇功能作用。这两句话中的"你看看"属于后倾型辖域话语标记,语义重点在"你看看"之后。发话者（作者）借助"你看看",引导受话者（读者）对语流中出现的新信息予以关注并促进受话者理解发话者的语义重点的转变。"你看看"在起到语篇功能的同时,也起到了增强情感表达与解释说明的人际功能。在例（1）中位于句首的"你看看"主要起到引导的程序功能,复句前半部分详细描绘了金寨县老城消失新城建立的情况,通过对具体细节从"街道"到"新房屋"又到"新工厂"等富有诗意的描写来勾画出新城繁荣的景象。"你看看"将受话者的注意力从宏大的场景描写引向更为具体的人物及场景,通过刻画年轻人在工厂中奋力干活及生产设施开动的具体图景,使得画面更为聚焦,且更有助于辅助受话者产生身临其境的感觉。"你看看"在此句中也起到了辅助描写画面切换的作用,在宏大场景描写向微观场景描写的转换过程中,"你看看"引导受话者视线的转换与聚焦。我们可以看到这里的"你看看"出现于书面语而非自然口语中,相较于自然口语我们发现书面语中的"你看看"有时所带的辖域更广,且句群中的文学化描述与"你看看"的口语化表述非但没有产生语体冲突,反而能起到拉近受话者与发话者的距离,建立互动关系且增强表达效果的作用。

在例（2）中，"你看看"同样居于复句之中，与上个例句不同的是，本句是口语环境而非书面语环境，因此"你看看"所出现的复句较为短小，相应的辖域范围也更小。我们可以看到例句中"你看看"将原本的主谓结构"小孙你出门也不招呼一声"拆散，"你看看"中的"你"并不做"出门也不招呼一声"的主语，由于"你看看"发挥提及功能时已经出现了"你"，因此原本应为"小孙，你看看，你出门也不招呼一声"由于语言经济性的制约，第二个"你"可以省略。我们可以看到这句话中"你看看"前出现了称呼，在语料库中这种用法较为多见，"称呼 + 你看看"这种形式常出现于口语之中，受话者通过对发话者的名字或身份等直接提及，并借助"你看看"来引导受话者再次注意，而这两种提及会加强句中的引导功能，称呼与"你看看"之间往往存在停顿，这种停顿使得发话者在呼唤受话者后，让受话者进行短暂思考，这种短暂思考也为后续"你看看"的提出做了铺垫，称呼的存在既包含发话者的礼貌，也包含话题引出功能，因此本书认为"你看看"在此句中既是话题的一部分，也发挥引出后续话题的作用，"称呼 + 你看看"使得引出话题功能与提醒功能以及互动关系的建立功能相比单个的"称呼"或"你看看"更强，同时其隐含的责备情绪也更为明显。

4.5.3 位于句末

位于句末的"你看看"通常起到强化情感的人际功能作用及结束话题的语篇功能作用，往往此时"你看看"前面部分表达发话者的观点态度或是展露自身情绪，而使用"你看看"对这种情绪或观点进行强化，并通过提示发话者回顾前述内容，对整体内容进行总结。

（一）"你看看"位于单句句末

（1）我都说了好几遍了你怎么还是不明白呀，你看看。

例（1）中的"你看看"位于单句句末，辖域为"你看看"之前的部分，属于前倾型单向辖域话语标记。前半句话表达发话者对受话者未能准确理解自身话语的不满，及发话者对于自己反复解释行为的不耐烦，在阐述观点并表达情绪之后，发话者借助"你看看"进一步强化这种情绪表达，并试图引起受话者对先前经历及当前状况的关注，在表示责备之外也期望受话者对自身原因进行反思。

（二）"你看看"位于复句句末

（2）这次会议我反复强调要充分准备,可是你连最基本的数据都没有整理好,现在项目进度要被严重耽误了，你看看。

在例（2）中，"你看看"位于复句句末，同样属于前倾型单向辖域话语标记，辖域内容为发话者陈述会议的重要性及对受话者进行指责，并告诫可能发生的严重后果，辖域内部的情感色彩较为强烈，含有因重视会议而产生的焦急、对受话者不听劝告的埋怨以及对项目即将被耽误的懊恼与担忧，采用"你看看"对整体陈述中的情感表达进行强调，并引导受话者对自身问题进行反思。此句中"你看看"具有较强的人际功能，本句话反映了发话者与受话者客观现实及句内的上下位关系，"你看看"起到的是展现与强化交际双方上下位关系的功能，通过强调错误归属及施加批评行为，发话者得以在互动中占据上位，从而使得听话者能在这种上下位关系中进行自我反思并改进后续行为。

无论"你看看"存在于单句句末还是存在于复句句末，若是没有后续语段的情况下，其都属于前倾型话语标记，辖域内容都在"你看看"之前。辖域在后的"你看看"由于其引导的成分在时空顺序上也是后继出现，其符合思维的线性顺序，因此受话者并不难以理解后续的话语信息。而辖域在前的"你看看"，受话者需要通过一定的注意来回溯前述内容，因此需要耗费更多的认知资源来进行理解。而发话者之所以期望受话者消耗认知资源来实现对辖域内容的回溯，一方面是在会话过程中当信息过多时可能会引起受话者注意分散，另一方面是受话者在论述内容的信息传递结束后情绪并未完全消失，其情感表达的惯性促使话语继续产生，但由于其身份或是话语信息量的限制，因而采用缺乏实际概念意义但可行使程序功能的"你看看"来进一步完成情绪表达。

4.5.4　独立成句

同"你看"一样，"你看看"独立成句也可以分为居于话轮之中与单独形成话轮两种情况。

一、居于话轮之中

（1）A：孩他爸，小刚把人打了，现在人进医院了。

B：你看看！（停顿）这臭小子，又惹出大祸了！

（2）孩他爸，小刚把人打了，现在人进医院了。

B：这臭小子，又惹出大祸了！你看看！

（3）孩他爸，小刚把人打了，现在人进医院了。

B：这臭小子！你看看！（停顿）又惹出大祸了！

以上三个相邻对的情景基本一致，背景是孩子把人打进医院了，妈妈转告父亲这一情况。三句话中"你看看"存在独立句调，成为单句。例（1）、（2）、（3）分别对应了"你看看"处于句首、后接句子、处于句末、前接句子、处于句中、前后都接句子三种情况。

二、单独形成话轮

（4）A：对于您在拍摄新电影期间，有没有遇到特别具有挑战性的事情，很多观众都很好奇，您能分享一些体会吗？

B：其实演好这一角色便是一个很大的挑战，我不仅要研究角色的心理、琢磨角色的台词，还要每天锻炼使体型来符合人物设定，白天背剧本，晚上跟剧组熬夜开会讨论。为了扮演好这一角色我还去亲身体验了一把当地的生活。

A：这可真是下了苦功夫啊！

B：有时候导演一个镜头拍摄十几遍，人都快要崩溃掉了。

A：你看看！

B：不过现在回想起来，每一滴汗水都是值得的，电影上映后一片叫好，观众都很认可我的演技，我当时就想，所有的努力都值了。

综观上述会话之情境，主持人引导嘉宾作答，嘉宾与主持人互动时，讲其昔日拍摄经历娓娓道来，主持人需适时应答，以示其正耐心聆听，同时亦提醒观众留意所述细节。主持人援用"你看看"适时插入彼方话语中，不仅促进了交际双方之良好互动，维系了对话之顺畅进行，亦实现了与现场观众或节目观众之互动效果。

4.5.5 其他形式

（1）戈：这不逼到这份儿上了嘛。不说也不行啊，不懂也得装懂。

牛：老陈，你看看，你看看。还说人家哪。咱自个儿问题倒先暴露出来了。打铁需得本身硬，育人先得自个儿红。我看呢，咱们先得端正一下自己的思想。要不然，怎么引导群众走正路啊，还不得走歪了？哼，陈世美除了根儿，那潘金莲再泛滥成灾，不更乱套了？（CCL 语料库）

（2）宋庆龄与孙中山之间，除了共同的理想信念，也有平凡温馨的生活，有夫妻间的温暖与体贴。孙先生的菜烧得很好，宋庆龄也会烧很多好菜，他们常常交换着烧菜。宋庆龄说起过，有一点别人永远比不过她，要是有点什么病痛，孙先生是医学博士出身的。她充满自豪地说："你看看，你看看我找的男人。"她如

果要认真地给孙先生记录一些东西，孙先生总要她舒舒服服地坐着，怎么习惯怎么去做。（CCL语料库）

（3）老头跟屋里正骂街呢"这个事没完，明天我就去，这个事我找他去。"正闹着呢，老太太过来了，"哎哟！门开了，驴回来了！老头别骂街了，别骂街了，驴回来了。"老头噌就起来了，"好先生！给先生扬名。啊！这是活神仙！啊！这是活神仙！你看看，你看看，我说吃药就管用吧，这驴这不就回来了吗。太好了！"老太太一瞧，"哎哟！老头子，驴是回来了，这笼头可没回来。"（CCL语料库）

在例（1）中话语标记"你看看"既存在于句中，也存在于句末，其重复性结构具有不同于单个"你看看"的特殊语用功能。在戈与牛的对话中，牛首先使用称呼来引起老陈注意，其次两次使用"你看看"，来作为引导与强调。叠连形式的"你看看，你看看"整体构成了一个具有强调引导功能的标记，尽管此标记并不常见，但其实际的概念功能基本没有，而是主要行使引起话题与启动话轮的语篇功能及提醒注意的人际功能。"你看看"的重复使用，意在吸引老陈注意的同时，引导老陈注意自己的问题。两个"你看看"连同后续辖域中的批评指责，强化了这种不满情绪。在此句群中同时还存在另外一个话语标记"我看呢"，同两个"你看看"构成了逻辑与情绪上的层次性，两个"你看看"向老陈指出"咱自个存在问题"，正因为此问题的存在为随后借助"我看呢"发表建议提供了逻辑上的支撑，并使得"我看呢"所引导的情绪表达效果更为强烈。其中话语标记"我看呢"起到了提供建议与表达自身观点的人际功能作用，使得牛的立场更为明确。牛在使用"你看看"指出问题并表达批评的同时，并非是想止步于"咱自个儿问题倒先暴露出来了"这一批评指责，随后其使用了"打铁需得本身硬，育人先得自个儿红"来引出自己的观点"咱们先得端正一下自己的思想"，并随后继续阐述了自己观点的正当性，指出若不践行自己的观点则会导致"无法引导群众并使得群众无法走正路"，这一论证具有层次性，情感表达力度也逐渐增强，从而使得发话者自己的观点更具有说服力。此句话我们可以看出，"你看看"的引导功能可以配合其他话语标记来强化，并在表达批评责备之余引入发话者自身观点。

例（2）中，同样出现两个"你看看"，但与上一句不同，此句中两"你看看"分属语法化不同阶段。第一个"你看看"属话语标记，承担人际与语篇功能；第二个"你看看"则具具体行为义，处于语法化初始阶段。此句中，"你看看"在句中与句末之重复使用，既引起受话者关注，亦借助第二个"你看看"要求其视线转向评价对象。尽管第二个"你看看"中的"你"可能为虚指，非实际受话者，然仍起到要求观察判断之作用。第一个"你看看"在引起话题之同时,亦表达发话者之钦佩与仰慕,侧面反映夫妻生活之温馨体贴。此句为作者对宋庆龄之引述,书面语中之口语引用增强描写之可信度,且起衔接上下文与表达观点之作用。故两"你看看"不仅在原句中发挥提醒作用,亦在整个语篇中起到强调,增强论述之真实性,帮助读者更生动地体会所描写人物之生活场景。

在例(3)中,话语标记"你看看"同样使用了重复形式,其中一个位居句首,另一个位居句中,我们也可以认为两者构成一个位于句首的更大的话语标记"你看看,你看看"。而之所以能形成更大的话语标记,是因为这句话中两个"你看看"的程序功能几乎一样,但两者的合用则使得情感表达效果更为强烈。这段内容出自相声小品表演,极具口语化的色彩增添了表演的生动性。此段内容前半部分描写老头发火骂街的场景,随后讲述老太太带来了好消息,小品相声通过这种方式形象展现了日常生活中的矛盾及转折。在中间部分"蹭"字展现了老头因驴回来而发生的情绪突变,为后文的赞叹提供了情绪基础。两个"啊"字的使用同样展现出老头对发生意料之外事件的激动情绪。"啊!这是活神仙!"也使用了重复形式,这种重复意在增强话语的情绪表达效果,也反映出发话者因情绪激动而影响到认知方式,这种话语的重复发生在极端情形之下,发话者往往被外在事件影响而使得自身的话语组织功能受到了限制,因此会采用较为简短的叹词及结构上的重复来表现其情感状态。而这种语句的重复也对接下来的"你看看"产生了压制效果,迫使结构简单及概念义消失的话语标记同样产生重复。发话者采用这样的语言表现形式,是受制于情绪所影响的认知与话语功能,而小品相声表演能勾画这种场景也侧面反映了表演者对语言艺术的把握。同时我们可以看到发话者在使用结构重复的"你看看"后,后续话语虽然简短,但并未再次产生重复,这也一定程度上说明"你看看"不仅用于吸引受话者的注意,同时也有助于发话者借助其停顿功能来重新组织话语。话语标记"你看看"在自然口语中的概念义消减,但其依然占有话语中的空间位置,并在现实时间序列上占有一小段时间,而这也为发话者提供了反应空间,可以使得发话者的情绪与认知状态稍有恢复。同时"你看看"后通常需要发话者发表一些论述来表达自己观点,因此其也迫使发话者的语言组织能力回归正常。但我们也注意到,即使发话者借助"你看看,你看看"调整了语言组织能力,可以继续生成逻辑完整且具有一定信息量的内容,但随后的语句受制于尚未完全恢复的语言组织能力及发话者语言表达水平,因此仍然较为简短且带有较强的主观性,例如语气词"吧"、"吗"与"了"便是对发话者后续语言组织能力与自身主观性的反映。由此我们也可以看出，"你看看"不仅是具有引导受话者的功能，在某些场景下也有助于发话者对于话语进行组织，为后续内容的表达获取一定的反应时间，同时当发话者在信息未传递完毕时使用"你看看"这一结构，会迫使话语持续推进并要求发话者对后续新信息的组织与阐述方式进行思考。

4.6 完全化话语标记"你看看"的语用功能分析

本书认为"你看看"的概念功能基本消失，而语篇功能与人际功能则较为显著，认为"你看看"表示行为义阶段其概念功能较强，但同时也存在一定的语篇功能及人际功能；而随着"你看看"进入第二阶段表示认知义时，其概念功能削弱，语篇功能与人际功能增强；当"你看看"进入第三阶段表示表篇章义、成为纯粹话语标记时，其主要发挥语篇功能和人际功能，而概念功能几近消失。

4.6.1 语篇功能

类似于对"你看"语篇功能的分析，以下我们继续从话轮与话题两个角度谈论"你看看"的形式连贯功能与内容连贯功能。本书认为"你看看"具有开启话轮、承接话轮及延续话轮等功能。

4.6.1.1 形式连贯功能

一、开启话轮

"你看看"常可用于句首开启话轮（或称启动话轮）以引起受话者注意或为接下来情感表达做铺垫。如上文分析"你看看"有时可重复连用构成更大的话语标记结构来增强引导能力，有时可以与称呼共同使用来为受话者提供反应时间。

（1）甲：小李，你看看，这次咱们公司的新产品市场反馈非常好，用户评价都很高。

乙：确实，多亏了经理您坚持判断，才让这个产品顺利上架，而且咱们的研发团队也给力，大家的努力没有白费。

（2）妈妈：你看看，你这次期末考试怎么又没考好？（随后儿子沉默不语）

（3）甲：你看看，今天这交通状况怎么这么糟糕，到处都在堵车。

乙：没办法，早高峰总是这样，大家都在赶时间，要不前天我怎么迟到了呢。

在例（1）与例（2）中，"你看看"作为位于句首的话语标记，能够有效地吸引受话者注意，在开启话轮的同时，也期待受话者予以回应。例（1）中的"你看看"与称呼语共同使用，提醒受话者对发话者接下来会话内容予以注意，并为后续的情感表达做出铺垫。这种称呼语与话语标记的共现，也反映了两者的社会关系，而这种社会关系会迫使受话者在听到发话者提示后需要做出一定的回应，甲使用"你看看"表面上是引导小李关注新产品的市场反馈并对此进行赞扬，实质上是期望通过新产品的市场表现来展现自己的功绩，而小李（可以推测出其为甲的下属）也在这种提醒中准确领会甲的弦外之音，受制于两者的上下位关系，小李必须做出回应且需要对甲进行肯定。因此我们可以看出"你看看"发挥启动话轮的作用，有时也与交际双方的社会关系息息相关，而受制于这种社会关系，"你看看"不能更换为"您看看"等话语标记。因此一些场景下，当发话者预料到受话者会做出回应（且必须做出回应）的时候，采用"你看看"可以凸显发话者与受话者之间的社会等级关系。而且在本句话中我们可以看到尽管从形式及内容上"你看看"引导的似乎是辖域中"产品反馈好，用户评价高"，而在更深层次的语义上确是提醒受话者关注发话者本身，采用"你看看"而建立的这种互动场景并非是为了维护交际双方的关系，而是在于建构一种具有等级性的互动关系，在此互动关系中彰显自身的权威性。

例（2）中我们提供这样一种场景，妈妈说："你看看，你这次期末考试怎么又没考好？"，随后儿子沉默不语。在这样的场景中，发话人与受话人具有天然的由亲情构成的社会等级关系，尽管这种等级关系存在，发话者可能期望通过"你看看"提醒这种等级关系，并迫使受话者承接话轮，但受话者也可能因心理或生理因素而拒绝承接，此时虽然"你看看"发挥了启动话轮的作用，但未必会有继动话轮的出现。我们也可以对此进行更多的探讨，此种现象的产生可能包括以下一些原因：可能发话者期望通过这种方式强制受话者回应，但这种强制性对受话者带来恐惧与压力，使得受话者采取静默方式应对并表现出对这种强制性与批评态度的不满；也可能发话者预想到受话者在这种方式下并不会做出回应，有意使用这种责备功能较强的说话方式来行使批评功能，用"你看看"也仅是提醒受话者注意此后的批评内容；抑或是发话者并没有预想受话者是否进行回应，而是主要表达自身的不满情绪，也即虽然形式上来看"你看看"具有启动话轮的功能，但从实质上来看发话者可能存在期望话轮继续、期望话轮不继续或未预想话轮是否继续等情况。因此我们认为，"你看看"提供了启动话轮的条件，但至于受话者是否愿意承接话轮，则一定程度上受制于两者的具体交际情景及社会关系。有时这种启动话轮的强制性反而给受话者造成一定的心理压力，而使得受话者拒绝话轮的轮替。由于 "你看看" 具有的社会关系提示功能，其在一定情境中包含有商讨功能，在一些情境中也包含有一定的否定及负面情绪输出功能，受话者使用 "你看看" 启动话轮的同时，需要配合后续话语中提供的情绪或内容等信息，才能使得受话者愿意承接话轮，从而使会话行为顺利进行。例如我们将妈妈说的话改为 "宝贝，你看看，为什么这次期末成绩不太理想呀，是在学校遇到什么困难了吗？"，此时 "你看看" 虽然仍含有一定的指责义，但商讨关怀义更为凸显，受话者在这种关怀氛围中更愿意承接话轮。

在（3）中，"你看看" 同样具有启动话轮的功能，并且我们可以从语境中推测两人共处一起且极有可能共同乘坐交通工具出行，面对共同的场景发话者预估受话者可能会产生与自己相同的情绪状态，因此使用 "你看看" 来启动话轮的同时也试图建立与受话者共同的立场，从而引起受话者的情感共鸣。"你看看" 在行使语篇功能的同时，也发挥着人际功能，甲采用 "你看看" 也暗含了抱怨焦虑的情绪，"怎么"、"这么" 与 "到处" 等词凸显了这种情绪，并连同 "你看看" 一起增强了话语的情感表达力度。而 "你看看" 也在提醒受话者注意糟糕的交通状况的同时，试图将发话者的主观性与受话者进行共享，这种共享的倾向促使了话轮的生成。我们可以判断出并非是话语生成后发话者的情感才产生，而是在话语生成之前这种情感便已形成，情感推动着主观性的产生，进而促进了话语的生成。发话者往往通过 "烦死了" 或 "哎呀" 等较为简短的语言手段来表达自己思维中难以克制的情绪状态，但此处我们可以看到发话者采用的是 "你看看" 而非是更简单的结构（如使用 "你看" 来单纯表达抱怨），因为发话者的情绪推动着其通过会话或抱怨来消解这种情绪的困扰，发话者希望获得共鸣或是社会支持来使得自身的主观性与共同场景中的人共享，因此发话者也希望受话者有话轮的承接行为并做出回应，"你看看" 便是推动发话者承接话轮行为产生的手段之一。事实上，话语中的其他信息也印证了发话者存有期望得到回应的意愿，例如文中 "怎么" 的出现既包含了抱怨义，同时这种疑问形式也一定程度上反映了发话者期望受话者因疑问而做出回应。因此此句 "你看看" 在形式上具有启动话轮的功能，在实质上发话者也有期望受话者承接话轮的意愿。我们也可以看到，此处受话者进行了回应并完成了与发话者之间会话角色互换，说明受话者理解了发话者的这种沟通意愿及抱怨情绪，并同时对受话者进行了安抚，而随后提供的例证 "前天我迟到了" 既是对早高峰交通情况的说明，也是用过往经历来实现对受话者的安慰。此句话中所展露的两者社会等级关系并不强烈，"你看看" 的责备功能并非作用于受话者，受话者也并非因客观的社会等级关系而需做出示好性回应，而是基于礼貌原则及发话者的预期对发话者进行回应。结合以上三个例子我们也可以看出，当交际双方存在社会等级关系时，"你看看"有时可以强化或提醒这种关系，具有迫使会话延续的功能（尽管受话者并不一定会做出回应），而当社会等级关系不存在或较弱时，"你看看"则可以构建临时性的互动关系，并通过发话者期望或交际双方的立场共建来对受话者承接话轮做出提醒。

二、承接话轮

上文我们对"你看看"开启话轮功能进行了分析，"你看看"同样在承接话轮中发挥着重要作用，有时其可以单独成句，用以对前述话轮作出回应，有时也可以在回应的基础上继续开展讨论。

（4）立新：不是，这环保妹刷牙了吗？我就说，支持环保事业，甚至于身体力行，自己上街做宣传，这是好事，这应该提倡，是不是？人家这姑娘做得挺好的，这劝阻什么的，适当地，比如说她想一些辙，给这些个听她话的这些人也是为环保做贡献的这些人一些奖励，这也可以。但是，这个方式我觉得真是值得商榷，你给什么不行，你非得，是吧。

初阳：这更多可能是一个炒作，背后肯定有推手在炒作。

立新：你看看你看看，初阳看问题一针见血。

左左：这对小情侣人家就说了，就算是，感觉像是在作秀在炒作，但是想想这事倒也不是一个坏事，所以也就相互一笑就算了。

立新：对呀，她炒作的话她也没宣传什么呀，她除了宣传环保之外，她也没说卖什么呀。（MLC 语料库）

例（4）中"你看看"采用叠连形式成为一个更大的话语标记，作为对上一话轮的承接，并引发关于上述话题的评论。本段对话共由五个话轮构成，分别是"立新提到环保妹的问题并表述自己的看法"、"初阳通过评论表达自己对背后炒作的看法"、"立新使用话语标记承接初阳的话轮并给予高度评价"、"左左对这对小情侣的行为作出进一步的评论"、"立新回应并支持左左的观点，进一步解释自己对环保妹的看法"，"你看看你看看"出现在第三个话轮中，用以引起嘉宾（或观众）的注意，此处的话语标记是话轮转换的关键所在，这一形式在起到引导功能的同时，也起到推进话题的功能，并表达了发话者钦佩赞许的态度。同时这一话语标记也临时构建了交际双方的评价与被评价的权力关系，由于此句话不仅发生在两个人的讨论中，还有第三人（或观众）的存在，所以发话者也并非只是向被评价方展示其评价权力，同样也向其余说话者或倾听者做出展示，这种展示的背景在于"初阳能一针见血地指出问题的关键所在"，而立新通过"你看看你看看"予以肯定的同时，也避免让其他受众认为自己先前的分析不到位或不正确，此处话语标记的使用不仅能掩盖自身分析的（可能出现的）不足并挽回面子，还能建立对（即使是观点正确的）被评价者的临时性的上位关系，进而展现自己的话语支配能力，并引导话题的走向。

此前我们也见到过"你看看，你看看"（即中间有停顿）的形式，这里我们不妨探讨一下话语标记"你看看"的叠连形式"你看看你看看"①，及为何会出现"你"同"看"结合构成话语标记时的内部动词重叠形式是"你看看"这种形式，而非是"你看看看"②、"你看看看看"。曹秀玲（2010）谈到去范畴化是语法化的必然结果之一，"我 V"和"你 V"的范畴性特征保留主要体现在动词自身重叠（你VV 等）、动词带宾语（你 V 你等）、否定形式留存（你不 / 别 V 等）三种形式，"我 V"和"你 V"的再语法化包括话语标记内部的动词自身重叠（你 V 你 V）、动词重叠 + 标记重叠（你 VV 你 VV）、与不同的语气词共现（你 V 吧、你 V 啊）等，并提到范畴特性保留与再语法化受到语势增强与弱化两种机制的影响。本书认为"你看看你看看"虽然可以看作一个整体的话语标记，内部是话语标记"你看看"的重复，但其依然可以在语音上切割成两个"你看看"，即发话者在自然口语中会下意识地在第一个"你看看"后进行停顿，第一个"你看看"中第二个"看"的轻声形式提供了停顿的基础，至于为何"你看"可以变成"你看看"而不能变成"你看看看"或"你看看看看"，本书认为原因在于"你 V"与"你 VV"可以视为两种构式，这两种构式已经能满足受话者引起他人注意的功能，无须再增加"你 VVV"这一形式，且重叠形式的弱读条件会反过来制约重叠形式的形成。Bybee & Scheibman（2001）通过研究发现语用程度升高有时会造成语音弱化。我们认为话语标记"你看"中"看"可以重读也可以弱读，"你看看"中的"看看"通常是第一个"看"重读而第二个"看"弱读，但至于"你看看看"中的重读与弱读形式如何，则可能会产生多种排列，这并不符合发音过程中的简约性原则。但有一些情况也可以出现"你 VVV"形式，例如"让你说说说，说个不停"、"让

①王海峰教授(2024)在北京大学授课时提到这种现象可以视为一种重复的修辞,张文贤教授(2024)在北京大学授课时将这种现象称之为"叠连"。
②此种形式存在但一般不是话语标记。

你看看看，看个够"，在这种"让你 VVV"的构式中，三个 V 都是重读形式，不用考虑构式中语素的弱读条件，且"V"与"V"之间会有停顿，这种结构对"V"个数的要求存在限制，有时其可以等价于"让你 V"，例如"让你说，说个不停"、"让你看，看个够"，但极少出现"让你说说，说个不停"、"让你看看，看个够"，本书认为这种现象不能出现的原因在于"你看看"本身具有三种不同语法化程度的意义，已经具有规约化的用法，若是进入表批评的"让你 VV"结构则可能引起歧义。"让你看看"并非不能成立，如"让你看看，你又不看"，但这里的"你看看"不能表示批评指责义，而是回归到原本的行为义功能。

（5）主持人：钢筋到你手里面会变成怎样？

嘉宾：变成个乡字

主持人：我有点不大相信，这么粗的钢筋。你是练九阳神功的对不对？我先试一下，我看它有多软。行了，我测试通过了。我手指头现在还疼呢！到你那儿就能掰弯了。这么硬的东西在你那儿怎么就掰弯了呢？要不练九阳神功根本就不可能呀？

嘉宾演示。

主持人：你看看手艺多厉害呀！一般人根本掰不动的钢筋到他手里就能变成这个样子，卧虎藏龙就是在咱这儿拍的吧？一个个都是武林高手，谢谢您。我们今天《乡约》的邱淑文也是一位农民工，让我们掌声有请我们今天的嘉宾邱淑文。（MLC 语料库）

例（5）中，"你看看"居于第四个话轮中，用以承接上一话轮，起到了辅助会话形式连贯的作用。前三个话轮中主持人实现了话题引导及交际互动，通过与嘉宾进行一系列问题的探讨从而侧面体现嘉宾的孔武有力。由于这一会话发生在实际场景中，包含着一系列让嘉宾展示的动作，而这些动作及主持人的话语都有一定的表演功能，意在让其余观众产生兴趣。主持人在第三个话轮中对嘉宾发出邀约，邀请嘉宾进行演示以增强节目效果，当嘉宾完成邀约后，主持人借助"你看看"表达对嘉宾的赞赏，并引导观众对嘉宾能力予以认可。这里的"你看看"通过构建将嘉宾与观众都包含在内的互动场景，有效地维持了受话者的注意力，并促使其产生情感上的共鸣。对于嘉宾而言，其可以从"你看看"中感受到能力被认可，对观众而言，其也可以从中感受到被号召。在形式上"你看看"起到的是对第三个话轮的承接，而在实质上是对嘉宾表演行为的承接，虽然表演并不属于话语，但表演中也蕴含着与主持人的互动。因此我们可以看到，"你看看"的话轮承接功能不仅限于具体的话语，而且在某些情况下也包含了对另一方行为的回应。在一些情况下"你看看"不仅能指向会话内的信息，也可以指向话语之外的信息，例如会话中"你看看"除了指接下来的对手艺的评价，也引导受众对话语信息所反映的现实状况予以关注。此处的"你看看"同样构建了评价与被评价的权力，这种评价权力同客观上主持人与嘉宾之间的力量差异无关，而是受制于两者的社会关系，两人作为舞台上的引导者与表演者，其客观上是服务于观众的，这便要求主持人拥有引导话题与实施评价的能力，同时还要吸引观众的注意力并增强节目效果。同时我们也可以看到，在这一对话开始后嘉宾的言语非常少，因而其在这一对话中客观上并未发挥话题引领的作用，而是随着话语的推进将评价权力主动交给主持人，而这样一种行为也使得主持人不得不施加评价行为，否则话题难以维持或继续。因此我们可以认为在一些权力关系失衡的语境中，"你看看"可以快速建立起评价框架，重新构建临时性的权力关系，通过对受话者动作、表情等非言语行为、言语行为或其他事物的评价，来起到话题引领与话轮持续轮替的作用。

三、延续话轮

"你看看"在承接话轮、维系双方既有议题之余，亦可进一步发挥延伸或扩展话轮之效用。"你看看"承接话轮与延续话轮之双重功能并非截然分开，在以上例句中我们亦可以发现某些起着承接功能的"你看看"同时发挥着延续话轮的作用，缘由在于通常会话之一方在话轮承接的基础上仍有推动话轮持续轮替之意愿，"你看看"某些场合下便作为话轮轮替与话题延续之手段而存在。

（6）主持人：为什么要叫十三狼？怎么不叫十五狼十六狼？

嘉宾：十三狼是文化名概念，咱们陕西监督十三个朝代，狼是西北狼，这就代表，我就体现我们秦人的这种文化，这些都有浓浓的秦文化的内涵！

主持人：你看看又叫十三狼，又是秦歌第一人，还能把这秦派的感觉，用这个现代的元素进行包装，当时你想象这个专辑一出来会怎么样吗？

嘉宾：我想象着可能是成千万富翁了！（MLC语料库）

例（6）中，出现了四个话轮，"你看看"出现在第三个话轮中，承接并延续上一个话轮，在引起在场观众注意的同时，对上一个话轮内容进行评价，并引入新的话题。我们看到"你看看"虽然出现在句首，但由于整个会话已经开启，因此其不同于"你看看"启动话轮的功能。"你看看"在发挥启动话轮功能的时候，发话人可能会对受话者做出应答进行预设，此时后续是否有话轮的轮替并非实然，受话者某种程度上期望与受话者建立互动关系。但"你看看"用于承接话轮时，话轮的轮替已然发生，交际双方的互动关系在"你看看"出现的那一刻便已经建立。此时受话者需要做的是互动关系的维持，并推动话轮的继续。刚开始主持人通过提问建立了关于"十三狼"相关的话题，随后嘉宾对其中原因进行了回答，并解释了"十三郎"这一名称与其故乡的秦文化之间的联系。这两个话轮的轮替，为后文提供了背景信息，并为两人接下来的讨论做了铺垫。随后主持人使用"你看看"这一话语标记，对嘉宾的话语信息进行了评述，"你看看"在其中不仅发挥了形式连贯的作用，通过对嘉宾的提及也表达了对嘉宾的尊重，同时我们也可以认为"你看看"中"你"带有虚指功能，这里不仅是提醒嘉宾注意，也是提醒在场的观众注意。主持人的身份制约了其必须不断推动话轮的继续，并扩展了话语的受众范围，也即话语并非是仅仅讲给嘉宾听，也是为了讲给在场观众（或录制后收看节目的观众），因而"你看看"常出现于电视节目或小品相声中。主持人通过"你看看"使得受话者（嘉宾及观众）将注意聚焦于其接下来所要发表的评论上，在对上述话题进行总结之后又进一步引入新的两个话题"秦派文化与现代元素的结合"及"询问嘉宾当时专辑出来后的想法"，从而实现对嘉宾话题的承接及对相关话题的扩展。但在这句话中"你看看"主要起到的是承接与延续话轮的功能，从而使得会话形式上具有连贯性。

4.6.1.2 内容连贯功能

在研究"你看"的过程中我们可发现其具有维系语篇之内容连贯的作用，我们指出"你看"可以发挥开启话题等作用，我们认为"你看看"亦具备类似之语篇连贯功能，以下我们便对其相关语用功能予以剖析。

一、开启话题

（1）拉拉起身，一言不发，回自己房间去了。

李工气得指着女儿的背影，对丈夫抱怨："你看看，她这是什么态度！我们以前是怎么跟长辈说话的？到现在，我六十几的人了，我妈教训我，明明说得不对，我还不是一声不吭地听着。"

杜工劝道："她好不容易回来过个年，你就少说两句。由她去吧！"杜涛也小声说："妈，你以后别提什么同居不同居的，同居怎么了！"李工马上调转枪口说："我告诉你杜涛，你以后少在拉拉面前说这样的话，免得助长她的随便！一个女孩子，她总有一天要为年少时的轻率付出代价！不是你自己说的吗，出来混迟早要还的！"（CCL语料库）

我们可以看到在例（1）所示场景中，发话者藉由"你看看"行开启话题之功能。此例中李工对杜拉拉起身回屋的反抗行为倍觉不满，盖因言者认为此种忤逆行为威胁自身面子或评骘权力，因评骘对象已不具有在场性，故而无法产生真实交际对话，但言者之情绪并未消解，反倒因评骘对象之行为而更显愠怒，因此其希望与临近受话者交际互动以共享此种情绪并寻求情感支持。

此时李工借助"你看看"来引导丈夫与其产生会话以达到前述之效果，此会话盖因二者社会关系及空间关系而产生，而"你看看"之使用亦彰显此种关系。"你看看"于此处对新话题进行阐发，并展示言者之评骘权力，评骘行为产生之基础为言者与评骘对象之客观社会等级关系。

故而我们认为，一些情况下"你看看"发挥开启话题之功能的动因源于评价需求，而此种评价需求之形成或基于客观社会关系，抑或基于言者情绪作用下所催生出的社会支持之需要。

（2）因此，所里的值班警卫说，他是个"连轴转"的人。老宗没有星期天，没有节假日，哪顾得上管家事？宗绍录的爱人左域卿，也是位从事航天事业的工程师。她笑着说："你看看，老宗的精力用在哪里？我生下第一个孩子时，在医院等了好长时间，都不见他的影子。直到医生给他打了几次电话，都快要发火了，才把他请来。1961 年，老宗得了一场大病，连续十多天高烧，昏迷不醒，医生都说他不行了。后来，经大力抢救，才脱离危险。大病初愈，他谢绝了休养一段时间的医嘱，又去干那些事了。"（CCL 语料库）

例（2）中的"你看看"在发挥引起话题之功能的同时也表达了言者之情感态度，结合前文背景与警卫之话语我们可知宗绍录日常之繁忙及其对工作之重视，原文借助欲扬先抑手法以疑问形式引发读者注意宗绍录"不顾家"之行为，随后借助其爱人之口对这种行为进行解释，意在刻画人物工作忘我之形象，"你看看"引出"老宗的精力用在哪"这一话题，其辖域涵盖了后续的所有内容。

同时"你看看"在行使评骘功能之时亦展现了言者与评骘对象之社会关系，正是两者客观现实中存在的婚姻关系使评骘对象有义务按照社会规约来实现其对家庭之责任，当评骘对象之行为与此种责任产生冲突时，则评价者有权站在道德高位来批判这种未履责之行径，这种客观现实关系及其引发的评骘行为为"你看看"之使用提供了认知动因。

不过我们可以看到文中这种批驳力度并不算强烈，盖因作者在描写言者之神情时采用了"笑"这一动作抵消了此种情绪表达力度并削弱了"你看看"之责备功能，此处"你看看"更多的是展现其提醒功能。由此我们可以看出话语标记之人际功能在某些情况下会受到话语信息之外的社会关系与非言语行为等因素的影响，但其引起话题等保持话语内容连贯之语篇功能却可能不受影响。

二、接续话题

（3）A：这幅画画得真好啊，构图简直太棒了。

B：你看看，要不怎么说是大师画的呢。

在这一例句中，我们可以看到"你看看"存在于第二个话轮的句首，用于对上一话轮中的话题做出回应。在第一个话轮中，话题为"这幅画很棒"，"你看看"对这一话题做出回应，B 使用"你看看"接过话题来完成与 A 的会话身份转变。"你看看"出现在继动话轮中有时可以用于对始动话轮进行认同或扩展，此时其不仅发挥语篇功能，也同样具有人际功能，例如在这个句子中由于"你看看"的出现，说话者 B 参与到 A 所构建的会话关系中，并通过"你看看"再次加强了与 A 的互动，同时其表现出对 A 观点的认同。我们认为本句话中存在两个辖域，分别为"你看看"之前的部分和之后的部分，两个辖域话题一致，情感倾向也类似，"你看看"在这一对话中具有跨越话轮的性质。

三、转换话题

（4）在这间不足 9 平方米的小店里，每一位顾客都能从刘师傅那儿得到热情的接待，每一只表都能"恢复青春"。难怪一位老同志一人就带来 3 只表，还笑呵呵地说，"在这儿修表心里痛快。"

我问刘品一师傅，像开表检查、小修理等义务活一天得干多少？他随手递给我一份统计表，这是今年 7 月 4 日和 7 月 5 日两天的工作记录，顾客有名有姓、有地址。一共 67 只手表，经过刘品一修把、装针、粘盘、拨快慢等免费修理。刘品一补充说："你看看，很多顾客是从远处赶来的，我举手之劳，哪能不给人方便！"（CCL 语料库）

例（4）中"你看看"所起功能为话题转换，同时我们需要分别此处"你看看"于篇章及篇章之中会话场景的不同作用。

从会话角度来看，第二段话中"我"作为提问者开启话题，期望探询刘师傅每日做多少义务活，而刘师傅采用动作行为对这一话题进行回应。"你看看"在会话中行使了话题转换的作用，引导话题从最初的"工作量"转换至"举手之劳"这一新话题上，刘师傅期望藉由"你看看"邀请听话者留意细节以增强新话题之说服力。

而从篇章角度来看，在当时采访情境中刘师傅的直接对话对象为"我"，但当此对话被写入文章之时则受话者由"我"扩展至了文章的读者。我们揣测作者之用意，认为文章采用"你看看"不仅意在呼唤原先受话者"我"之注意，还在于通过转述"你看看"以吸引读者之关注。第二段对话不仅展现了"你看看"所具有的会话中的话题转换功能，还展现了其处于篇章中的强调凸显功能。可见，作者以"你看看"及其所引导的辖域作为叙事策略，期望通过对真实会话场景的描写来完成对文章叙述对象的刻画，以突出人物乐于助人的精神品质。

四、找回话题

（5）A：我昨天在网上看到一套欧式风格的沙发，我觉得很不错，高端大气上档次，适合咱家的客厅，你觉得呢？

B：你等会儿把链接发给我我看一下，那咱客厅里的空调是不是也得换一下，都旧了。

A：空调的话凑合凑合还能用，等明年夏天可以换一下。你看看，这沙发还不贵，我都想明天就买回来。

B：看来你还挺中意这个的，那你现在把链接发过来我给咱看一下。

在例（5）中存在四个话轮，第一个话轮的话题是"A想买一款欧式沙发"，第二个话轮中B对A做了回应，在承接A的话题后却并未明确说明是否同意A的建议，转而转向另一个话题"家里空调久了"，在第三个话轮中A对B的话题做了回应，表示"明年再买沙发"，此时A并不想过多与B讨论这一新话题，并试图将偏移的话题重新转回初始话题，此时发话人使用元认知监控对整个会话内容进行调整，试图保证会话话题的一致性，采用"你看看"来引导话题的重新找回，并再次强化了自身的观点和立场，让受话者注意接下来内容的同时，也试图使得自己的观点被受话者认同。我们可以看到，有些场景中"你看看"在发挥初始话题寻回功能的同时，也意在构建与受话者的共同立场，从而使得发话者情绪与观点更易被认同。我们可以看到B在A的强调下，同样采取元认知监控并察觉到A有话题寻回的意图，而受制于二者共同居住的客观社会关系，因此B需要做出维护双方关系的回应，随后B采用了话语标记"看来"表示对A所寻回的话题的重视及对A情绪予以认同，并改变回答的内容，要求A"现在"便把链接发过来，从而也突出了B对A本人的重视。

五、扩展话题

（6）"远远一看，男子的脸色通红，似乎有酒驾的嫌疑。"执勤民警立即上前将该车拦停，并引导至路边接受调查。没想到，民警还没问两句，男子身边的女士就先抱怨起来了："你看看，我让你不要喝酒你非不听，现在出事了吧？"原来，这位女士就是摩托车骑手的妻子。（CCL语料库）

不难发现以上场景并非典型交际会话中的话轮轮替形式，而是属于新闻报道形式，但是我们在这一报道中同样可看到"你看看"扩展话题的功能。由"民警问两句"可以推知参与交际的双方进行了真实交谈，根据应答内容也可推测会话涉及到酒后驾驶，此时妻子藉由"你看看"基于先前话题"喝酒"扩展了与之相关的话题"我劝你别喝酒你不听"，而这里的"你看看"则行使了怨愤不满与指责批评的人际功能。

事实上此处"你看看"也展现出两人的社会关系及基于此关系而临时构建的评骘关系，在两者婚姻关系的框架中夫妻具有相应的道德与法律责任，彼此也应当为家庭之未来着想，正是两人的婚姻关系使得妻子在丈夫未听劝且违法的情况下具有了评骘权力，并可以在会话中占据高位行使评骘功能，"你看看"通过与语气词"吧"共现而使得发话者的抱怨指责情绪更为强烈。

由此可见，话语标记"你看看"在一些会话场景中具有扩展或推进话题的作用，能为先前话题提供更为丰富的信息，并引导在场的所有听话者对这些新信息进行关注。

4.6.2 人际功能

"你看看"同"你看"一样具有主观性，发话者期望在构建会话或形成语篇的过程中也表达一定的人际功能，进而将自身的主观性在构建的互动场景中共享，并引发受话者（或文章读者）与其进行元认知体验上的交互。

4.6.2.1 情感表达

"你看看"可以用于表达对事件的或积极或消极的主观情感态度。

一、抱怨与责备

（1）同志们看，今天为了美，我们大家都知道去整容，但是现在有问题了，许多小学的高年级、五六年级的，读初中的那些女孩子也进进出出美容院，你看看你这个年龄去整什么容啊，这是误区，我们看整容这个问题，我们果然有的人原来不大漂亮，经过整容漂亮了，而且变成了人工美女，但是我们也看到好多女性，经过整容以后，毁了自己的脸。（CCL语料库）

在此例句中，我们可见"你看看"之抱怨对象并非某一特定实体，而是泛指那些年龄尚小却去整容的小女孩，发话者藉由"同志们"进行号召以调动现场之情绪，随后提出其论点"今众人纷趋整容而产生诸多问题"，"你看看"既用于唤起受众之注目，亦寓含言者个人之见解，包孕作者否定责备之意。评骘行为产生之基础为言者与评骘对象间的年龄与阅历之差异，发话者藉由"你看看"构筑临时性上下位权力关系以行使评骘功能。因而本书认为"你看看"与"你看"类似，可对言者自身、受话者或是非参与交际的听者进行抱怨，也可抱怨不在场的他者或是虚指对象。

二、不满与愤怒

（2）你看看，我一天天被他指着鼻子骂，这日子还怎么过，我真是受够了！上辈子造了什么孽要碰到这么个东西？

例（2）中"你看看"凸显出言者对其评骘对象怀有极为强烈的愤恨情绪，此等情感强度远超寻常抱怨责备语气，言者冀图借"你看看"来激发听者之共情。言者以自我为受害者而居道德评骘体系的上位，藉由"你看看"这一话语标记构造临时性评价框架进而施以评骘，且构建互动情景与听者产生元认知体验交互，导引听者对其感同身受而期获取情感支持。

可见"你看看"于同一语句中既能构建与评骘对象之间的评骘关系，亦可构建与受话者的互动关系，当评骘对象与受话者身份统一时，发话者在施行评骘功能之际也期望动态调整其与受话者之间的互动关系，反之若二者身份相异之时，发话者意图与受话者协同完成对评骘对象之评骘，并在此种评价过程中实现彼此之间的元认知体验交互。

三、嘲讽与调侃

（3）历史很奇怪，所以历史学家往往说历史有惊人的相似处。到了商代，末代的君王又出来了，叫纣王，商纣王不仅是饮食腐败，同样是爱好美色。商纣王宠爱的妃子，大家知道叫妲己，也是为妲己之言听，妲己怎么说，我怎么做。妲己那样说我那样做，很奇怪，也是肉的山，干肉的林，也是挖了酒器。哎呀，你看看，而且更荒诞，叫男女裸体，在里面跑来跑去跑，整夜畅饮，寻欢作乐，你看这个国家不要灭亡吗？（CCL语料库）

此段话出自电视节目，主讲人藉由"你看看"增强话语讽刺之意味。"你看看"于原句中突显了商纣王行为之荒谬，言者在表达自身情感态度与价值判断之时，亦似与场内外观众直接对话并邀请听众共同审视这一行为。言者身为演讲之主体，其本身之身份便赋予其评骘之权力，加之纣王之行径偏离经叛道、荒谬绝伦，可使言者占据道德体系之高位以审视评骘对象，正是这两种动因促使评骘行为之产生。本句话中"你看看"前缀叹词"哎呀"以增强了句中之语气，同时发话者经由此两者进行评价之时亦在号召听众与其达成共同认知。

与此同时我们也需注意，历史节目之中有时主讲人实施评骘功能乃基于当今社会伦理规范而施，而非全然依据既往社会历史条件，可见言者在命题中所包孕之主观性一定程度上受制于其现处之社会历史环境及其文化模式。

四、厌烦与排斥

（4）你看看，这狗怎么浑身弄那么脏。

例（4）中话语标记"你看看"传达出一种强烈的厌烦与排斥义，发话者通过"你看看"在引出话题的同时，也表达了相应的人际功能。"你看看"通过与受话者建立互动关系，不仅要求受话者关注所评价对象，并参与到当前的交际场景中，同时也让受话者感受到发话者的元认知体验，引起受话者的情感共鸣。厌烦与排斥情绪的话语表达，同样以评价者与评价对象之间的权力关系为基础。这种发话者主观认知上对评价对象的排斥性与否定性，会产生情感层面的疏远感，使得发话者在情感上与评价对象划清界限，并形成上下位的评价关系。发话者在这一评价框架中将自身置于高位，而能对评价对象行使否定、排斥与厌烦功能，这一认知也会影响发话者的后续行动及其与评价对象之间的互动方式。

五、无奈与惋惜

（5）你看看，这楼房的地理位置多好啊，怎么建着建着就停工了。

例（5）中话语标记"你看看"用以表达对"房屋地理位置好但停建"的惋惜无奈之情，"怎么"一词通过质疑加强了情绪表达之效果并为惋惜情绪之产生提供了缘由。

发话者使用"你看看"引导受话者的关注内容含有四个方面：一是这栋楼房之本身，二是这栋楼房所处地缘优势，三是这栋楼房的停建原因，四是停建所带给发话者的惋惜情绪。

随着话语的推进，我们可以看到"你看看"虽然引导的是两个小句，但受制于小句内线性排列的结构层次，"你看看"引导的关注对象也随着话语内容之扩展而逐渐增多，因此"你看看"不仅用于引导受话者关注话语表层的客体信息，还要求受话者感知话语深层的情感信息。

此句话中"你看看"属于辖域在后的单向辖域话语标记，尽管辖域在书面形式中呈现为一个整体，但在自然语流却是信息量不断扩充的、具有层次结构的且反应受话者情绪动态变化的话语内容，故而我们在分析话语标记对辖域的管辖功能时，也需要具体分析辖域内容的时间序列特征。

六、欣赏与赞誉

（6）你看看，要不怎么说是专业摄影师呢，这都给咱拍出大片感觉了。

在例（6）中，话语标记"你看看"用于引起受话者对"照片拍摄质量"的关注，并对照片的拍摄手法表示赞扬，"你看看"在发挥话题阐发功能的同时，也发挥了相应的人际功能。发话者作为评价对象"摄影师"的服务对象，与摄影师存在服务与被服务的关系，这一客观的社会关系也使得发话者可以在话语中构建临时性的权力关系来实施自己的评价行为，同时其与受话者建立了人际互动关系，在这一互动关系中发话者将自身的主观性共享，让受话者与其产生元认知交互体验的互动。此外受话者也是评价对象的服务对象，因此发话者在与受话者进行互动的同时，也同样向受话者分享了自己的评价权力，并邀请受话者共同对评价对象做出评价。

（7）我点开照片对我妈说：妈你看，这是来过我们家那姑娘。我妈仔细地看了看：这丫头以前不长这样啊，你看看，我就说人家比你好看吧。我：……（BCC 语料库）

观例（7）之情境，话语标记"你看看"发挥了扩展话题之作用。当"我"使用"妈你看"以引起母亲之注意后，母亲对"我"所提供之信息予以确认，并进而扩展新话题"人家比你好看"。此处母亲藉由"你看看"以表达对那姑娘容貌之赞赏。然则，例（7）与例（6）之区别在于："你看看"在表达对评骘对象之赞赏时，亦寓含对发话者之调侃。故此，评价功能不仅施于评价对象，亦作用于受话者。

八、认可与同意

（8）你看看，这字写得比上次好多了，只有认真写才能把字写好。

在例（8）中，话语标记"你看看"具有语篇与人际功能，在起到阐发话题的内容连贯作用的同时，也表达了受话者认可与满意的人际功能。本句话中评价对象为受话者所写的字，发话者期望在与受话者建立的互动关系中行使对受话者的评价与训诫功能，这一功能产生的动因源自两者指导与被指导的社会关系，发话者因这种指导关系而占据了话语中权力关系的高位，从而可以对受话者进行评价（尽管这种评价直接指向的并非是受话者本身，而是受话者所写的字，但发话者也同时完成了对受话者态度的评价）。

4.6.2.2 寻求认同或寻找共鸣

（1）你看看，我这次写出来的文章是不是比上次强多了？

在例（2）中，发话者通过"你看看"引导受话者注意，在开启话题之后，寻找受话者对发话者自身写作成果的认同。在这句话中，发话者借助"你看看"建立了对比性的评价框架，评价对象为发话者这次所写的文章，发话者通过引导受话者对本次文章及上次文章予以关注，完成了前后两次文章质量的对比，并在寻求认同的过程中也产生了一种自夸行为。发话者在句内实施评价功能的同时，也同样试图和受话者建立互动关系，在这种关系中发话者可以使自身的元认知体验被受话者理解并认同，从而达到引起受话者情感共鸣的作用。

4.6.2.3 表示强调或提醒

我们可将"你看看"表强调与提醒之功能视为其较基础的人际功能。此功能之存在，使得其具有形式连贯与内容连贯的语篇功能。如前所述，"你看看"之提醒与强调功能频现于诸多语句之中，此功能不仅显现于完全化的话语标记阶段，亦存于行为义向篇章义转变之阶段。

（1）阜宁县长：我们市委市政府在帮助新型农民增收致富上采取了一系列的措施。也希望成千上万的像老姚这样的人能为农民增收致富，为我们全县的新农村建设做出应有的贡献。

结束语：姚师傅啊是个大忙人，我们的编导告诉我，就连接受采访他都有点无暇顾及。你看看，都五十多岁的人了，塑料厂干得好好的突然萌生了一个梦想——养鳄鱼，一系列未曾有过的尝试和难以想象的压力下，能不忙嘛。这人那，就怕有梦想，有了梦想就有动力，有了动力就会像发动机一样不停地旋转，只要不停地旋转，人生啊就会有很多新的可能。与您共勉，祝您周末愉快。好了观众朋友，这里是《乡约》，有关本期内容请查询栏目的联动媒体。（MLC 语料库）

在上述对话中阜宁县长提及市委市政府为助农民创收已多措并举，并着重强调了老姚为全县新农林建设所作之贡献，继而主持人对阜宁县长所论及之话题进行了综括，而"你看看"的使用再次彰显了受访者"老姚"虽年事已高却仍怀有追逐梦想的热忱，此处"你看看"作为结束语中出现之内容，其所提醒之对象乃在场之嘉宾及观众，在引发众人注目于受访者之时亦对采访内容起到了回顾之效用。

4.6.2.4 解释说明或举例

（1）甲：这款新软件真的超级好用。

乙：是吗？怎么说呢？

甲：你看看，比如说这个功能可以用来实现文件的自动整理，还有个功能可以把你的数据快速同步，我等会儿给你演示一下，真的很方便。

例（1）中的话语标记"你看看"在发挥话轮承接与话题扩展的过程中，亦同样发挥着解释说明或举例论证之作用，在二人对话中甲对新软件的整体性能做了评价并认为其超级好用，而乙承接甲的话轮并通过进一步询问如此评价之原因以表示感兴趣，此时甲采用"你看看"来承接话轮并吸引乙之注目，随后举例说明新软件的优势，"你看看"引导乙关注的同时也为解释说明及后续演示做出铺垫，"你看看"的出现使得会话形式与内容更具有连贯性，同时其解释说明的功能也加强了话语之中论证的效果。

4.6.2.5 发出请求或寻求帮助

（1）说得好！得放暗暗地叫了一声，突然蹲了下去，把前些天抢回来的那包宣传单从床底下掏了出来，神色庄严说："布朗叔，我想求你一件事情。这包宣传品在杭州是不大好发出去了，放在这里我又不放心，怕牵连了爷爷。你看看，能不能带到外地去发了，随便你怎么散发都可以。（BCC 语料库）

在例（1）中，话语标记"你看看"与"能不能"共现，发话者使用这两个成分来完成对受话者的请求功能。发话者在表达请求之前，将所面临的困境介绍给受话者，从而为请求行为的发生提供必要的背景信息。"你看看"起到提醒受话者注意的同时，也表达了请求的礼貌性，与下文的"能不能"一起，采用较为委婉的方式让受话者评估这一请求的可行性。发话者试图使用"你看看"构建一种共同立场，将受话者邀请入这一共同立场来共同面对问题，从而使得请求不再是发话者单方面的诉求，而是变为双方共同需要解决的问题，同时在这一共同立场中，受话者可以感受到发话者的诚意，从而更愿意提供帮助。

在此我们对"你看看"这一结构进行总结。同"你看"类似，"你看看"的演化也经历了主要表示行为义、主要表示认知义、主要表示篇章义三个阶段。我们认为"你看看"主要表示行为义时不属于话语标记，主要表示认知义时属于不完全化的话语标记，主要表示篇章义时属于完全化的话语标记。本章对非话语标记的"你看看"与话语标记的"你看看"之间的语法特征差异进行了比较，并对完全化话语标记"你看看"的句法位置进行了分析，探讨了其存在于句首、句中、句末及独立成句的形式，并对一些其他形式进行了讨论，同时也对为何"你看看看"、"你看看看看"等形式不能成为话语标记进行了分析。本章我们也对"你看看"

发挥语篇功能与人际功能的情况进行了分析,本书认为在语篇功能方面,"你看看"具有形式连贯与内容连贯两种功能,在形式连贯方面可以起到启动话轮、承接话轮与接续话轮三种作用,接续话轮通常以承接话轮为基础,而在内容连贯方面,"你看看"可以起到开启话题、接续话题、转换话题、找回话题与扩展话题五种功能。"你看看"在人际功能方面可以发挥情绪表达、寻求认同或寻找共鸣、强调或提醒、解释说明与举例、发出请求或寻求帮助等作用。本书认为"你看看"在情绪表达方面,既可以表达诸如抱怨与责备、不满与愤怒、嘲讽与调侃、厌烦与排斥、无奈与惋惜等消极情绪,也可以表达诸如欣赏与赞誉、认可与同意等积极情绪。我们发现了一个有趣的现象,在表示行为义时"你看"与"你看看"在很多情况下不能互换,但当高度虚化之后,"你看"与"你看看"的语用功能基本一致,两者在很多语境中可以互换。我们给出的解释如下:在表示行为义时,两者都含有让对方行使"看"的行为,但"你看看"由于动词重叠,往往带有更为强烈的鼓励与催促的意味,有时还隐含了让对方更仔细观看或多次观看的意图,重叠与非重叠形式影响了结构的有界性与无界性,当是非重叠形式的"你看"时,若无其他修饰限定词语(状语或补语),则具有无界性,而当是重叠形式的"你看看"时,则具有有界性。李宇明(1996)指出"词语重叠的主要表义功能是'调量',使基式(即重叠之前的形式)所表达的物量、数量、动量、度量向加大或减小两个维度上发生变化',本书也认为对于行为义的"你看"与"你看看",具有不同的动量,"你看看"相比"你看"而言,具有"时间短"、"轻微"和"尝试"等特性。因此两者在表示行为义时很多情况下无法互换。但当两者高度虚化后,其本义所具有的这些量属性及有界与无界属性会随着语法化而逐渐消失,原始语义淡化而程序功能增强,功能虽受到语境的制约,但两者在语言社团中的高频复现性使得其所适用的语境大大拓宽,因而两者所具有的功能都多种多样。同时功能具有一定的模糊性,并不像语义那样界限较为明晰,两者大致相同的语法化路径,及基于源结构而产生的引导功能,使得两者高度虚化后的功能产生了高度重叠,仅存在细微的差别。

第五章　话语标记"你看你"

一些学者对"你看你"这一标记进行了研究（郑娟曼、张先亮，2009；魏兴、郑群，2013；等等），但系统性的研究不常见，本书对"你看你"的演化路径及句法位置做一些分析。因其语用功能与"你看"、"你看看"有些类似，故本书省去对这一部分的分析。

5.1 主要表示行为义的"你看你"

"你看你"最初是指现实世界中的发话者采用指令来要求受话者实施实际观察的动作行为，这种现实世界域强调的是实在且可感知的动作。

（1）你看你身上那件衣服，是不是该洗一洗了。

（2）你看你的鞋子都磨破了一个洞，该换一双新鞋了。

（3）你看你最近瘦多了，得多注意身体啊。

（4）你看你身体不好，得多多锻炼，这样才能少生病。

（5）你看你吃了这么多，小心容易长胖，等会儿你出去锻炼一会儿，但别回来太晚。

（6）你看你兜里有没有钱。

以上前三句话我们可以看到"你看你"存在一些共同点，便是用来指现实世界中的具体动作，强调的是实在且可感知的观察行为。这三句话中发话者都发出了具体指令，通过真性祈使句要求受话者对具体事务进行观察，且观察之后发话者提出了另外的行为指令，也即在以上前三句话中包含了两种指令行为，一种是要求受话者关注自身或与自身有关的事物，另一种是受话者在观察过后继续进行其他行为。在第四句话中，发话者同样发出了两种指令，第一种是要求受话者关注自己的身体不健康状态，第二种是日后要多去锻炼，在施加两种指令的同时，也在两个指令后表达了自己的观点与态度。第五句话发话者首先提出一个命令，随后表达观点与态度，接着继续发出两个指令，要求受话者等会儿出去锻炼且别回来太晚。第六句话仅仅包含一个指令行为，即发话者要求受话者关注自己的现金状况，并且发话者也并没有继续阐发其他观点。虽然"你看你"本身是一个指令行为，但有时其也表达了一个观点，例如在第三句中包含两个观点，一个是发话者认为受话者瘦了，另一个是发话者提醒受话者多注意身体。我们可以看到表示行为义的"你看你"所引导的祈使句必然包含指令行为，且可能包含发话者一种以上的观点态度。同时这种发话者要求受话者注意现实世界中物品或状态的使令功能，也为"你看你"向更为虚化的逻辑推理域及言语行为域演化时中保留并强化该结构的提醒与强调功能提供了基础。

（7）我因为身在制造业的关系，所以经常遇到各种各样的人，有工厂员工，也有办公室的小白领。他们的收入不算高，一个月从 3000 到 7000 不等，但这个水平在中国，也算不上低。老板更不用说，从中国加入 WTO 以来，外贸迎来了前所未有的机遇，身家没过千万，都不好意思说自己做过外贸。在这里，上到老板，下到员工，外到客人，内到熟人，你时刻都能体会到这样一种倾向。有时候聊着聊着，就来一句："哎，读书也不是那么有用的，你看你。"然后就没说下去了，意思是"你读这么多书，还不是最后跟老板打工？"（BCC 语料库）

（8）你看你（自己）就行，不要东看西看看别人。

（9）你看你（写）的字，乱七八糟的。

（10）你看你把桌子弄得一团糟，这收拾起来该多麻烦。

《现代汉语词典》中提到"看"的第一个义项是"使视线接触人或物"，而在例（7）与（8）中"看"同样表达这一基本义，发话者藉由"你看你"这一线性序列结构及真性祈使句来对受话者提出要求，在这一结构中"看"的最基本意义得以保留。胡艳（2015）提到完整保留"你看你"基本意义之用例较为有限，而跨层结构的例子更为丰富，同时其提到这种跨层结构是指"你看"加上以"你"为主语的小句宾语，从而表达说话人的主观认识与主观推断。

我们也可以发现在线性序列表基本义的"你看你"到跨层结构的"你看你"之间存在一种"你看你（的）NP"或"你看你 V 的 NP"的结构，这里的第二个"你"可以作为定语或定语的一部分，从而使得"你看你（的）NP"可以分析为"你看"与"你（V）（的）NP"相结合的结构，而在这一结构中"你看"往往具有表示具体观察行为的行为义。本书认为在线性序列表基本义的"你看你"及"你看你（V）（的）NP"这两种结构中，"你看你"可以表达行为义，同时具有真性祈使句的功能。而当跨层结构的"你看你"出现时，若其能分析为具有认知义的"你看"与"你"所引导的小句组合这一形式，则此时的"你看你"可以认为其进入逻辑推理域（即认知义）阶段。

5.2 主要表示认知义的"你看你"

有学者将"你看你"之行为义与认知义归为一类进行探讨，认为其共属篇章义。本书对比"你看"、"你看看"与"你看你"三种结构，认为"你看你"同样存在处于逻辑推理域之使用情形，而此情形之出现与"你看"的认知义密切相关。然须我们需留意有学者指出由于"你看你"中"看"的真值意义与非真值意义难以区分，是故其在三域之间难以划定明显界限。

（1）你看你想做的这些事情，哪一件是让人放心的。

（2）你看你能帮他什么忙，就帮些什么忙。

（3）你看你觉得一切都可以如你所愿，但这可能吗？

例（1）中"你看"既包含有引导受话者注意自身后续行为的使令功能，同时也提醒受话者进行思考，因此这里"你看"后的内容既可以分析为受话者关注到的现象，也可以分析为受话者所思考的内容，这里的"你看"既具有行为义也具有认知义。例（2）中，我们同样可以看到"你看"具有一定的行为义，也具有一定的认知义，但认知义更为凸显。在例（3）中"你看"的认知义更为强烈，并具有了话语标记功能（某种程度上可以视为非完全化话语标记）。

以上三个例句都可分析成"你看"＋"你"引导的宾语小句（或"你"作定语①或定语的一部分）形式，却无法分析成"你看你"这一形式，因而我们认为在这三句话中"你看"与"你"之间的紧密性不足，句中第二个"你"在某种程度上作为后续句子结构的一部分，这也为"你看"发挥认知义功能提供了基础。

（4）你看你自以为是的样子，真的很让人气愤。

（5）你看你每天都在忙忙碌碌，都在忙什么呢。

在以上两个例句中，我们看到"你看你"既可分析成"你看"＋"你"引导的宾语小句（或"你"作定语或定语的一部分）形式，也可以分析成独立的"你看你"结构，而将后续内容视为与第二个"你"不构成更大语法结构的一个独立句法成分。此处的"看"同样可以分析为行为义与认知义共存的现象，但我们可以发现相比例（1）、（2）、（3），其句内用于评价的人际功能更强，这种人际功能

①有时也可以分析成大小主语结构。

119

的增强也体现了"你看你"更高的语法化程度。我们认为"你看"与"你"结构紧密性增强的过程，也是"你看你"语法化与词汇化的过程。且在这一过程中，本书认为"你看"的认知义为"你看"与"你"的结合发挥了促进作用,并在"你看你"认知义产生的过程中起到了语义压制的作用。

5.3 主要表示篇章义的"你看你"

随着语法化程度增强，"你看看"由初始的主要表行为义的现实世界域阶段，走向行为义减弱、认知义增强的逻辑推理域阶段，当语法化完成后其处于主要行使篇章义功能的言语行为域阶段，我们将语法化最后阶段的"你看你"视为纯粹话语标记或完全化的话语标记,也即为在"你看你"表认知义阶段的某些情境中，其已具备话语标记的一些特征，但在言语行为义阶段这一特征得到强化，程序功能成为纯粹话语标记"你看你"的主要功能。作为完全化话语标记的"你看你"具有如完全化话语标记"你看"与"你看看"同样的特征，包括语音上的停顿与可识别性；句法上的独立性与高线性位移性，且不与其他语言单位构成更大语法单位；语义上行使程序功能，删除不影响句子命题的真值条件，且概念意义基本消失；具有元语用性；用于与受话者产生交际互动。

5.4 完全化话语标记"你看你"的句法位置

5.4.1 位于句首

当"你看你"用作话语标记时，其可以在句内实现较高程度的线性位移，可以置于句首、句中或句末,有时也可以单独成句,从而行使其语篇功能与人际功能。

（1）你看你，怎么又迟到了，还想不想上学。

（2）你看你，怎么说都不听。

（3）火车没赶上？你看你，还是明天一大早去赶火车吧。

本句话中话语标记"你看你"位于复句句首，起到引起话题及责备等作用。"你看你"通过引起受话者注意，让受话者注意自身行为，同时发表评论提醒受话者对这一行为的后果进行反思。此处的"你看你"辖域在后，分别引起两个话题"受话者迟到"与"受话者是否想被退学"，随着话题的转变，句内的语义重点也会发生变化。虽然在形式上看"你看你"将让受话者重点关注前一个话题，但"你看你"会通过认知定势来自动实现受话者语义重点的转移。在此我们对这一功能进行解释，认知定势是个体在认识活动中所形成的一种心理准备状态，是主体在长久的社会化活动中在认知中积累下来的一种内在势能，从而影响受话者对信息的接受、理解与处理，并影响后续的行为决策。在社会化活动中，"你看你"通过高频浮现从而在语义上浮现出较为完整的语义结构模式，分别是提出说话者的认识或要求，以及责备或否定听话者的某一事实，这一语义结构模式会制约受话者在听到"你看你"后的认知模式，即受话者会对发话者完整的语义结构模式产生预判，即使在发话者只行使其中一种功能时也会预判到发话者可能同时行使另一种功能。因此"你看你"这种具有规约化与完备性的语义结构模式会使受话者在话语理解过程中产生认知定势，从而辅助实现语义重点在"你看你"所引导的辖域中进行转移，故而在例（3）中发话者采用"你看你"后，不仅让受话者关注到前一个话题，而且也使得受话者自觉关注后一个话题。

相较于例（1），例（2）、（3）中"你看你"均位于单句句首，属于不完整的语义结构模式。在例（2）中"你看你"行使了"责备或否定听话者的某一事实"的功能，其并没有与另一种功能共现，但受话者依然可以在"你看你"出现后或是此句结束后，基于认知定势推知另一种功能，受话者依然可以推知发话者在责备的同时也要求其听劝。在例（3）中，"你看你"行使了"提出说话者的认识或要求"的功能，另一种功能也未出现，受话者根据发话者提出的让受话者"明天一大早去赶火车"的要求，也可以推知发话者话语中的责备含义。

5.4.2　位于句中

（1）待顾道诚乘他的私人专机赶到香港，见雅如已憔悴得变了颜色，他大是心痛，忙劝慰她："雅如，镇作点，老爸不是来了嘛？""我保证还你一个活泼乱跳的朝晖就是了。唉，上次你老爸出事，我看你还没有急成这个样子，今天这小子被人绑架，你看你，一天都不到，就急得变了个人样，真是女大不中留。"顾道诚故意打趣，哄女儿开心。（BCC 语料库）

此例中"你看你"位于句中，此时女儿正因为心上人遭绑架而心急如焚，顾道诚面对其女之焦躁，遂以调侃责备之语气藉由"你看你"来引导女儿关注父亲情绪变化，增强女儿的愧疚感而降低其忧虑，而"你看你"的调侃功能也降低了前述"老爸出事你不担心，心上人出事你心急如焚"这一批评的力度，使得话语更具亲和力，也展现父亲对女儿之爱怜，可见此处"你看你"在句中具有引导受话者反思自身及阐发发话者观点之作用，其在此句中行使着语篇功能及人际功能。

5.4.3 位于句末

（1）甲：刚刚又跟同事吵架了，真烦。

乙：这下关系僵了可麻烦了，你看你。

（2）甲：我今天早上又忘带伞，结果淋了一身雨。

乙：你每次都这样，记性怎么这么差，你看你。

在例（1）中，"你看你"放在句末，用来强化乙对甲行为的批评与责备。乙通过"你看你"来指出甲与同事吵架的严重后果，并让甲反思自身的冲动行为。这句话中乙作为旁观者，对甲的行为进行了评价，我们可以根据这一情景推断出乙同甲之间存在较好关系，乙对甲的人际关系较为关心。当甲向乙倾诉烦心事时，事实上是在寻求社会支持（共情或安慰），但乙却直接指明了问题的要害，即甲的行为会对其人际关系产生破坏性影响，而忽视了对甲出现这种情况背后原因的探寻，这很可能源于乙的性格、乙与甲的社会关系或乙对甲的长期了解。乙采用了一种评价框架来构建临时性的权力关系，乙处于关系的上位对甲进行评价，并实施指责行为，"你看你"便是辅助构建这种权力关系的手段。此处的"你看你"的辖域从字面上来看是统辖其前项，但实际上其指向的确是受话者本身，至于为何不是指向受话者的行为或行为引发的后果，本书认为其中的逻辑是"行为引发后果"、"行为反映性格"、"后果影响人际"，故而一切都围绕受话者展开，而乙虽然认为甲鲁莽，招致了关系僵化的后果，但其关注的重点也始终在甲身上，这种关注决定着话语标记的使用，"你看你"的使用也受乙与甲之间的社会关系与沟通方式制约。我们也可以从这一例句中看到，"你看你"在表示指责或责备含义的同时，有时也会展现交际一方对另一方某种程度的关心，同时我们也可以看到关心行为本身可以在某些情况下构建起临时性的权力关系，来让发话者施加评价。这也是日常生活中为何"你看你"可以出现在父母同子女、教师同学生的对话之中，除了两者自然的社会等级差距外，这种等级差距所带来的道德义务也会要求处于上位者对下位者主动或被动实行关心行为。同时"你看你"也可以出现在相同社会等级或临时性合作关系的交际双方的对话中，这种基于合作或共事的行为模式，也让交际双方在某些情况下有一定的道德义务去施展关心。但有时我们也会见到这样的结构"你看你这事办的"、"你看这事"，此时发话者关注的重点则不在受话者本身，而在于受话者的行为或行为后果。但为何这样的结构难以成为话语标记，一方面我们推断结构的复杂性会限制"你看你这事办的"、"你看这事"难以成为话语标记，另一方面我们推断"你看你"能形成话语标记源于交际过程以对方为中心的观念，这种观念的根源是两者的社会关系及背后文化因素的影响。同时该结构的凝固化也对这种以交际对象为中心的观念的形成产生了正反馈作用。

5.4.4　独立成句

（19）甲：今天下雨没拿伞，我这身上都淋湿了。

乙：你看你。

甲：下次我得提前看看天气预报。

在例（19）中"你看你"以单句的形式出现，其不存在后续辖域，因此结构形式较为简单。在第一个话轮中说话者甲提出自身没带伞的情况，而说话者乙使用"你看你"承接甲的话轮，在建立与甲互动立场的同时，也对甲进行责备，这种责备也可以视为一种提醒，意在批评甲粗心大意的同时，提醒甲下次注意天气情况并带好雨伞。我们可以看到，此句话"你看你"同样不存在结构完整的语义结构模式，既不直接表明对受话者所提的要求，也不直接阐发否定或责备的论述，但由于"你看你"本身所浮现出的完整语义结构模式的制约，使得受话者在听到这一话语标记的同时，便能理解其中隐含的责备与指令功能。我们也可以认为，"你看你"的完整形式（即指责与使令功能都存在的语句）、半完整形式（其中一种功能不存在的语句）及完全不完整形式（两种功能都不存在的语句）都在语料中大量存在，而通过大量完整形式语句中浮现出的完整语义结构模式，可以帮助使用者理解与掌握"你看你"的完整形式中的两种功能，这为半完整形式与完全不完整形式（统称非完整形式）的产生及广泛使用提供了条件，同时由于非完整形式的广泛使用，又反过来促进了非完整形式下发话者的认知定势，使得非完整形式下发话者也能顺利推导出完整形式。也即不同形式下的"你看你"语句存在两种社会规约化路径，一种是完整形式浮现出的完整语义结构模式，另一种是非完整形式下的基于上一种规约化路径形成的非完整语义结构模式，而第二种社会规约化的极端情形就是单句形式的"你看你"，此时的"你看你"作为单句形式也广泛出现在各种情境中，并形成了具有责备与指令功能的较为固化的结构（其中责备义更强）。受话者有时无须借助认知定势便可以根据"你看你"结构本身来理解其中的责备功能，这也为"你看你"的虚化提供了动因，同时强化了其在完整形式中"你看你"所行使的两种功能。简而言之，"你看你"语义浮现的原因来源于完整形式的社会规约化及非完整形式的社会规约化,而完全不完整形式的单句"你看你"的社会规约化最能加强这种语义浮现。

5.4.5 其他形式

(1)我有些起急地对母亲说:"妈,你已经有四个儿子了,我大哥至今还在医院,你这一辈子还没操够心么?还认下左一个干儿子右一个干儿子去操心!毕业分配的事,是我想帮,就能帮得上的嘛!我有那么大能耐么?绝不许你替我吐这种口风。你要是对人家主动承诺了,到时候你负责!再说人家索瑶已经着手进行了,那已经是不太成问题的问题了,用不着你,也用不着我......""你看你,你看你!"母亲面呈愠色了,"我不过就这么絮叨絮叨,你倒发起脾气来了!你给我买车票,我明天走,不在你这儿受你呵斥!⋯⋯"(BBC 语料库)

本句话中话语标记"你看你"采用了叠连形式成句,其指向受话者而非指向具体内容,表达一种情绪及态度。结合文章情景可知,子女对家长的直接反驳打破了中国文化中父母权威与子女顺从的相处模式,母亲在感受到儿子焦躁与拒绝情绪后其消极面子受到威胁,且其相对于儿子较高的社会等级地位被挑战,因此使用"你看你"来将自己的不满情绪言语化,进行责备之时也在试图唤起儿子的内疚感。

我们再次看到交际双方社会关系会影响"你看你"的功能,在上下位的权力关系中"你看你"可行使责备、关怀等功能,而在平等的权力关系中其可以构建临时权力关系而行使相应功能,通常"你看你"出现时便意味着交际双方在对话情境中已经产生了(临时性的)不平等,正是这种不平等使得发话者有了表达不满、责备与评价的权力。

本章对"你看你"之演进阶段进行了分析,认为"你看你"同"你看"及"你看看"类似,有主要表示行为义、主要表示认知义及主要表示篇章义三个阶段,其主要表示行为义时不属于话语标记,主要表示认知义时属于不完全化的话语标记,主要表示篇章义时属于完全化的话语标记。

另外我们观察"你看你"的句法位置,处于句首、句中或句末的情况皆存在,有时亦可见独立使用或叠连形式成句等情形。我们认为"你看你"常蕴含负面情绪色彩,其可藉由天然的社会等级关系或临时构建的权力关系来发挥评价等人际功能。此外"你看你"有时也体现出交际时以对方为中心之理念,此种理念之根源为双方的社会关系及背后文化因素的影响。

第六章 "不信你看"能作为话语标记吗?

6.1 主要表示行为义的"不信你看"

由于"看"与"你看"具有行为义,由"不信"与"你看"共同构成的"不信你看"同样带有最基本的行为义(此时处于现实世界域)。但当"不信你看"发挥行为义功能时,通常需要将其离析成语义更为完整的结构形式。此时"不信"行为的对象为发话者本身或其话语内容中所包含的对当前存在或已然发生的客观现实及(基于客观现实的)对未来的预期或预测等的描述,"你看"用来引导受话者对发话者本身、发话者说话内容或客观事物等予以注意,从而让受话者自行判断真实性。我们认为"不信你看"表行为义时的结构完备的语义模式包含六部分,一是(当前存在或已然发生的)客观现实或(对未来的)预测及预期(即已然、未然、或然状态),二是发话者对前述内容的描述与转达,三是发话者对受话者"不信"这一心理动作的预设,四是受话者"不信"的对象(包括发话者,发话者转达的内容,或客观现实及对未来的预测或预期等),五是发话者提出让受话者观察与判断已然、未然、或然状态的假设性要求,六是发话者要求受话者"观察与判断"动作所指的具体对象。同时我们需要注意,发话者提出的让受话者观察与判断的要求并非是强制性要求,而是假设性要求,即当发话者使用"不信你看"进行表达时,并不强制性地让受话者采取观察行为,而是当受话者符合发话者所假设的情景——受话者产生"不相信"这一心理状态时,发话者才认为受话者需要进行"观察与判断"这一行为。

在表行为义阶段,"你"具有具体指向性,即通过第二人称代词指向受话者,"看"的语义也不发生虚化,而是具有实际的"观察、观看"或"判断"等意义。我们对比"你看天上那条彩虹"与"不信的话,你看天上那条彩虹",在这两句中虽然"你看天上那条彩虹"具有相同的形式结构,但第一个"看"仅包括"观察、观看"等具体行为,而第二个"看"中还包括了"基于观察行为而产生的判断并验证真实性"这一语义。

同时我们可以看到在完备的语义结构模式中，"不信"与"你看"因为引导不同内容而在形式上往往具有可分离性，且在句中"不信"常与"若是"、"的话"共现，句中"看（看）"常与表示加强肯定的"就"字同现。

（1）这大晴天的天上出现彩虹了，若是不信（天上有彩虹）的话，你就看看（天上）。

（2）你要好好学习，要是不努力，就考不上大学，不信（我这一结果）的话，你就看看（以后能不能考上）。

（3）你下课别走，等我叫人收拾你一顿，不信（我或我说的话）的话，你就等着看（我会不会叫人）。

（4）我的作业放在家里了，你要不信（我或我说的话）的话，你就去我家里看看。

在例（1）中，客观现实中出现了"晴天天上有彩虹"这一当前发生的现象，发话者注意到该现象并将该现象告诉给受话者，但由于客观现实的反常性，发话者预设受话者可能不相信，且在言语中将这种预设表述出来的同时也对不信内容进行重复，并引导受话者采用"你看（看）"这一实际的观察行为来对客观现实做出判断。

在例（2）中，客观现实是发话者预设或推论的一种未来情形，发话者将这一推断告知受话者，但由于此句话中客观现实并未真实发生，故而发话者预设受话者可能并不相信这种论述，同时发话者将这种预设通过言语传递给受话者，并让受话者持续观察并判断未来是否会出现发话者所推论的现象。

在例（3）中，发话者与受话者可能产生了冲突，发话者命令受话者后续等待发话者即将采取的行为，但由于这种行为并未真实发生而是发话者的一种预想、准备或威胁性主张，因此发话者预设受话者可能不会相信所论述行为将真实发生，且将这种预想通过语言手段表述出来，并引导受话者注意看接下来会不会发生所描述的情景。

在例（4）中，发话者阐述作业忘带这一现实状况，并预想受话者可能不会相信这一描述，于是发话者在言语行为中提及这种对受话者的预设，并对受话者提出（若是不相信则需要去实施实际具体观察行为的）要求。

同时我们可以看到在这四句话中，"看"既可以指已然发生或正在发生的事情，也可以指或许发生的事情及将要发生的事情。

（5）天上有彩虹，不信的话你就看看。

（6）阿珍回来了，不信的话你就去看。

（7）我作业写完了，不信的话你看。

发话者在进行言说的过程中，并不一定需要补全"不信……，你看……"句式中所有的形式及语义结构，受话者也不需要借助完整形式来理解。对此我们进行说明：由于完整形式的语义结构模式的社会规约化（参考对"你看你"的分析），受话者起初会借助认知定势对非完整形式的语义结构模式进行完整化理解，但随着非完整形式的语义结构模式的社会规约化随后产生并与之相互促进，受话者可以借助不完整语义结构模式本身便完成对话语语义的理解。同时由于语言具有经济性与简约性，包含四部分语义的结构完整的"不信……你看……"句式，可以缩减为例（5）、（6）、（7）中的"不信的话你就看"、"不信的话你就去看"、"不信的话你看"这些结构更为简略的形式，虽然形式更为简略，但大部分语义结构依然得以保存，只是第四部分受话者"不信"的对象及第六部分发话者要求受话者"观察与判断"动作所指的具体对象都不再在话语中重复，其余主要的四部分内容（客观的已然或未然状态、发话者的描述与转达、对受话者"不信"心理状态的预设、提出的受话者采取"你看"行为的要求）仍然在省略后的结构中出现。这些缩略结构的产生我们可以认为其是"不信你看"词汇化及语法化过程的一种体现，我们也可以视"（若）不信的话你（就）看（看）"为其从"不信……你看……"向"不信你看"演化的过渡状态，同时我们发现"不信的话你（就）看（看）"可以缩略为"若不信则你看"这一更简省的紧缩型假设复句形式。本书认为假设复句的紧缩可以看成"不信你看"结构紧密度提升及词汇化与语法化进程的一个重要机制。

6.2 主要表示认知义的"不信你看"

"你看"具有的认知义亦会对"不信你看"产生语义压制，使得后者于一些情况下也可以表示认知义，此时相较于前一语法化阶段的离散形式，处于逻辑推理域的"不信你看"的结构紧密度增强，其逐渐凝固为一个整体。

但与"你看"表认知义之情况有所不同，"你看"在语法化第一阶段表行为义时基本上不存在让受话者进行认知与判断之要求，然即便是对于表示行为义阶段的"不信你看"，由于预设行为之产生，为了强化发话者描述或转达内容的真实性，"不信你看"在表示假设性命令时亦要求受话者实行"看"之行为并基于观察而进行判断，从而使得"不信你看"的行为义与认知义之间的界限较为模糊。

本书认为"你看你"在表行为义阶段更多的是要求受话者基于观察"已然、或然或未然"等状态进行后续判断，而在表示认知义阶段则更侧重要求受话者基于发话者之推理、判断或认识而进行后续判断，此时"你看你"的强调功能也进一步增强。

（1）这道题真的很简单，不信你看，这样就能得到正确结果。

（2）我们公司的产品质量顶呱呱，不信你看，这么多客户回购就是最好的证明。

（3）我们这种理财产品真的收益颇丰，不信你看，很多投资者在购买后都进行了复购。

在例（1）中，发话者阐述了自己的观点，认为数学题很简单，并对受话者的怀疑态度进行了预设，通过"不信你看"来引导受话者进行逻辑推理，在强调发话者自身观点正确性的同时，也引导受话者关注了接下来的解题步骤。

在例（2）中，发话者做出论断，认为自己公司的产品质量较高，采用"不信你看"邀请受话者查看顾客回购行为的次数之多，从而引导受话者通过逻辑推理对受话者所言观点的真实性进行判断，这里的"看"具有一定的行为义，但同时更是让受话者通过数据自行进行逻辑判断。

在例（3）中，发话者认为此种理财产品具有较高收益，由于担心受话者对这种推销产生抵触或质疑，发话者预设受话者可能不相信，于是通过"不信你看"来引导受话者关注众多投资者的复购行为，从而通过认知推理来评估所推销产品的高收益性。

在这三句话中，我们可以看到"不信你看"前的内容已经不再是描述"已然、或然、未然"等状态，而是具有更高主观性的、来表达发话者认知的描述、推理、判断或认识，这里的"看"的推断功能更强。

6.3 主要表示篇章义的"不信你看"

"不信你看"能否成为一个完全化话语标记，是一个值得讨论的问题。本书认为由于"不信你看"中隐含的"对受话者不相信心理的假设及要求受话者验证"这一语义的存在，使得"不信你看"较难脱离概念功能而独立行使程序义功能。本书并非认为"不信你看"不能构成完全化话语标记，因其在认知义阶段已经展现出一定的话语标记功能，从而拥有了成为完全化话语标记的潜力。本书认为"不信你看"程序义的实现包含着概念义的缩减，而要缩减概念义则需要减弱"不信"的假设功能，增强"你看"的强调功能。但同时本书认为"不信你看"作为完全化话语标记的情况较少，处于逻辑推理域表认知义的情况更为常见，但无论是处于逻辑推理域还是言语行为域，其都有不同程度上的话语标记特征，可以行使语篇功能与人际功能。本书认为"不信你看"的概念功能难以根除，一般是作为一个并不成熟的非完全化话语标记。李心释、姜永琢（2008）与施仁娟（2022）对话语标记存在概念意义的情况进行了讨论，认为话语标记的语言形式本身可能存有概念意义，如"说老实话"、"说句心里话"、"令人 X 的是"等结构具有概念意义，也可能不存在概念意义，如"总之"、"所以"等结构不具备概念意义，但无论其是否具有概念义，其都是主要起到引导受话人理解的程序功能的作用，即使一些话语标记带有一定的概念意义，其概念意义也是为程序意义服务的，删除它们不会影响后续话语的命题意义，出现它们发话者也不能从它们自身的概念意义上去对话语进行理解，因此这些话语标记更重要的是程序上的功能。我们基于传统的话语标记分类角度来思考（即不区分完全化话语标记与非完全化话语标记），若是按照这种处理，我们会发现至少存在以下几问题，一是"你看"这一结构存在三种概念域（现实世界域、逻辑推理域与言语行为域），在语法化的第二阶段逻辑推理域中便具有了引导功能，是否可以将其第二阶段认为是话语标记；第二是有些结构由于具有的实际概念意义较强，且这种概念意义随着语法化程度加深也无法消除，最终只能演化到逻辑推理域阶段，则这种处于逻辑推理域阶段的结构是否可以认为是话语标记；三是有些话语标记不经过三种概念域顺序演化，例如"我去"（属于口头禅还是话语标记有待考究，暂且认为它是一种话语标记）等是直接跨域演化，那这种形式的演化路径与"你看"、"你看看"的演化路径是什么关系；四是众多学者研究的话语标记很多不能视为高度语法化的结构，例如"众所周知"，那么这些到底算是话语标记吗。

若是按照这样推理，我们可以看到：（1）话语标记的概念义有两种形式，一个是概念义大大削减（或消失），另一个是概念义仍较强，但两种形式均主要起到为受话者理解提供指引的程序功能的作用；（2）"你看"、"你看看"与"你看你"等结构严格经历了行域、知域、言域三个顺序的演化路径，而"不信你看"、"我看"主要经历了从行域到知域的演化路径，"我去"等则经历了从行域直接到言域的跨域演化，因此并非所有的"代词 +V"类话语标记都需要经过三种概念域顺序的演化；临近域投射与跨域投射（刘丹青，2008）都可形成话语标记；（3）不同概念域之间投射是"代词 +V"类话语标记形成的一个动因；（4）本书认为，广义上的话语标记可以包含处于逻辑推理域的结构，正如之前我们将其称之为不完全化的话语标记，狭义上的话语标记则只包含表示篇章义的结构，我们将其称之为完全化的话语标记（或纯粹话语标记）；（5）未完全化的话语标记的可线性位移性相比完全化的话语标记要低，因此我们在前面对完全化话语标记的特征进行说明时提到了高线性位移性；（6）未完全化的话语标记的形成与其本身残留的概念意义有密切联系；（7）经历三域演化的话语标记的两种形态或许都可留存于语言中，分别是非完全化的话语标记及完全化的话语标记；（8）处于逻辑推理域的未完全化的话语标记与处于言语行为域的完全化的话语标记，两种话语标记往往都具有对受话者的引导功能。这也是为什么我们在第二章讨论话语标记的特征、话语标记是否有概念义、话语标记是否影响命题真值、完全化与非完全化话语标记的分类方法等问题的原因。

以下我们看一个并不多见的例子，本书认为这里"不信你看"具有篇章义功能，但这种用法出现的频率不高。

（1）许多民间传说、民情风俗纷纷登上了银屏、银幕，引起了世界的瞩目。东亚的、西欧的、北美的，每年都有大批国际学者闻声而至，不信你看，这歌舞场中那些身着扎染衣或民族装的"土老外"们舞起霸王鞭，侃起白语来简直可以乱真。（CCL 语料库）

本书之所以认为这段句话中的"不信你看"表示篇章义，是因为其符合不完全话语标记的基本特征：行使话语组织功能的语用属性、不贡献命题意义的语义属性、不影响句子的合法性的语法属性。但同时需要指出的是其不像"你看"高度虚化后拥有的高线性位移性，因此本书认为即使它存在篇章义，也较难成为完全化话语标记。

此段话中的"不信你看"的语用功能，一为引导读者注意并论证作者观点，二为增强内容的说服力与互动性：作者借助"不信你看"引导读者关注后续具体场景，通过举出这些"土老外"行为之例以论证作者观点；"不信你看"先预设读者"不信"之前提，而后邀请读者通过观察验证作者的观点，此种互动增强读者之参与感并激发读者之好奇心的同时，也可增强话语信息的说服力。

"不信你看"作为话语标记可通过隐含意义增强交际效果：其中既隐含了作者对自身观点之自信，也隐含着作者对读者"不信"行为之预设，同时暗示了读者若是观察后续之信息自会得出相应之结论，此种隐含含义在增强论证力度的同时，亦通过构建共同关系实现了作者与读者的有效交流。

"不信你看"具有口语化特征，通过口语表述拉近了两者之间的距离，如同读者在眼前倾听作者观点一般，这种读者"不信"之预设并非表达之重点，而是当作者预料到读者在阅读到此话语标记后，按照其提示先"不信"后"注意"，从而通过假设条件来更明确地指向所强调的话题。

口语化表达乃文学创作中常用技法，能为文章话语增添生动趣味，且语体亦制约着话语标记之择用。"不信你看"具口语化表达之特征，作者除此话语标记外，亦于文中运用其他口语化表达，诸如"土老外"、"舞起霸王鞭"及"侃起白语"等，为文章添色良多，使文字间充溢着地方色彩与生活情趣，此等表达方式蕴涵浓郁口语韵味，使文章更趋通俗易晓，且于一定程度上增益文章之画面感。

此段中"不信你看"属于后倾型双向辖域辖域话语标记，其辖域一为作者的观点"民俗民情登上舞台"，辖域二为举例论证。话语标记前项部分既是对背景信息的概括，也是对作者观点的展示，话语标记后项部分则通过详细描写来进行举例论证。话语标记"不信你看"在句子中扮演了引导注意、建立互动、增强论证、过渡衔接的作用。

相较于"你看"而言，"不信你看"除了具有"你看"的基本功能以外，还增加了怀疑与验证的层次。作者通过"不信你看"不仅引导了读者的注意和强调了自身的观点，同时还隐含了作者对读者可能产生怀疑的预设，并提供证据来消除这种怀疑。这种鼓励读者亲身验证自身观点的行为，也彰显着作者对自身观点的肯定。"不信你看"相较于"你看"，更加注重话语标记其后辖域的证据性，这种证据是作者提示读者注意的信息，但同时也是作为前述观点的补充说明，一定程度上话语标记"不信你看"及其后辖域皆为论证观点而服务。若是换成"你看"，不仅在语义上不连贯，而且也会影响文章的论证逻辑。大多数情境下，使用"不信你看"时则论证行为得以产生，故而该话语标记前常有由观点表达所构成的辖域，从而使得论证结构完整。

第七章　话语标记"我就说"

廖红艳（2012）提到，在谈话语体中，随着动词"说"的语义不断虚化，"你就说"结合更为紧密，已经形成一个语言单位，"你就说"出现了一种起话语标记作用的用法。我们可以类比"你就说，来看一下"我就说"的演化过程。

7.1 "就"的基本义

现代汉语中"我就说"具有多种语义及不同功能，这种语义及功能的多样性受到"就"及结构整体标记化的影响。现代汉语中"就"有多种语义，当其处在结构"我就说"的"说"前，通常视为一个副词（也可能是连词，但这种情况相对较少）。我们先对非话语标记形式的"我就说"中"就"的基本义进行讨论。

（1）你别急，马上我就说（这件事）。

（2）早上我就说要下雨吧。

（3）很早之前我就说，他得好好改掉那些臭毛病。

（4）我不是不告诉你，我忘记了呀，等想起来我就说（这件事）。

（5）只要你态度诚恳点我就说（这件事）。

（6）你说一句，我就说十句，看谁说得过谁。

（7）你看我这嘴，怎么我就说个不停。

（8）法语我不太会，我就说英语说得好一些。

（9）我就说了他一句，他就来打我。

（10）你为什么不让我说，我就说。

（11）我就说他这个人有点问题。

（12）这事我就说出来你也不可能信。

例（1）中"就"表示较短时间之内。言者提示听者无需着急，因言者将会在较短时间之内便开始或完成"言说此事"之动作。

例（2）中"就"表示在某个时间点之前已经完成了某个动作，此句交代了动作发生于"早上"且强调言者于那一时间点已经说过"会下雨"之事，我们亦可以将此句中"就"理解为事件发生或结束得早，即"我说要下雨"之事发生得很早。

例（3）中"就"表示事情发生得早或结束得早。此句表示说话者很早就说过评价对象需要改变其不当行为。

例（4）中"就"表示前后事件紧密相接。原句意为言者并非刻意隐瞒某事，等想起之时便会告知听者。《现代汉语词典》载有一类似功能之例句：想起来就说。或者我们亦可将其理解为，此处之"就"表示在某种条件或情况下之自然结果，即当"等想起"此条件满足时言者便会完成"说此事"之动作。

例（5）中"就"表示在某种条件或情况下自然怎么样，此句表示当满足"你态度诚恳点"这一条件时发话者自然会说这件事，我们可提供一类似用例"他要再问起来，我就说让他去找老师"，这一用例中"就"表示在某种条件或状况下的自然反应或预设行动，前半句为一假设条件，而后半句则为该条件成立时言者所预设之行动。

例（6）中"就"表示对比起来数目大。此句表示发话者对对方行为的回应，声称自己说的话（或反驳）会比对方多得多，即"说一句回应十句"。

例（7）中"就"表示对比起来次数多。此句表示发话者对自己说话过于频繁的自嘲，认为自己说话难以停下来。

例（8）中"就"表示对比起来能力强。此句表示在多种语言能力中，发话者认为自身英语说得最好（通常这种情况发话者不会将母语与非母语进行比较，一般指多种非母语之间的比较），与其他语言（如法语）相比能力更强。

例（9）中，前一"就"表示仅仅或只。此句意指言者对其所受强烈反应感到诧异，认为自己仅说对方一句，未料对方竟以暴力行为伤害己身。

例（10）中，"就"承载加强肯定或执意而为之义。此句旨在言明，言者坚持言己所思，即便受话者设阻亦要言之。"说"在此处或无特定对象，仅泛指言说之行为本身。言者不顾受话者之反对，执意行使其言说之权利。

例（11）中，"就"表示加强肯定，强调言者对其所作判断或预测之正确性。此句意指言者对其所评骘对象之判断充满信心，认为此人确有问题。

例（12）中，"就"作为连词，表示假设之让步，其意义与"就是"相似，二者下半句均可使用"也"以呼应。此句意指言者认为，即使其将此事说出，受话者亦可能不信。

7.2 "我就说"的源结构与源义

功能语言学的一个基本看法是语言形式和意义演变的动因来自于语言的使用（李宗江，2010）。我们基于这一观点，对话语标记"我就说"的源结构进行分析来帮助探讨其演化过程。

（1）早上我就说要下雨吧。

（2）只要你态度诚恳点我就说（这件事）。

（3）很早之前我就说，他得好好改掉那些臭毛病。

（4）很早之前我就说过了，他得好好改掉那些臭毛病。

（5）我就说，今天的课怎么这么多人迟到，原来是外面下雨了。

（6）我就说，今天要下雨吧。

话语标记"我就说"最初源于"就"和"我说"的结合，即使成为话语标记后，其内部的"就"仍作为副词，但其也产生了一些新的用法。上文我们讨论了非话语标记形式的"我就说"中副词"就"的多个义项，这为我们思考"我就说"的源结构提供了帮助。

例（1）我们之前分析，其中的"就"强调了在某个时间点之前已经完成了某个动作。例（2）我们之前分析，其中的"就"表示在某种条件或情况下自然发生的结果。例（3）我们之前分析，其中的"说"表示事情发生得早或结束得早。我们可以看到在例（4）中"就"跟体（aspect）标记"过"、"了"（徐晶凝，2024）共现。相比例（4），例（3）虽然没出现"过"，但我们可以结合语境，理解"就"在这里表示事情发生的早——即事件通常为已然状态。

以下我们先对例（5）进行分析，此句的"我就说"与例（6）的"我就说"含义不同，此句的"我就说"表示一种非预期事态，语义有些类似于副词"难怪"（与副词"怪不得"义相同，表示明白了原因，对某种情况就不再觉得奇怪。本章的"难怪"义都指的是"怪不得"），而例（6）中"我就说"表示一种预期事态，语义有些类似于"果然"（对这两种"我就说"关联的预期类型我们下一节讨论）。此例中"我就说"已经开始发生虚化，具有了一些话语标记特征，但还不完全属于话语标记，例如例（5）中可以删去"我就说"，但是当原句删去后半句"原来是外面下雨了"变为"我就说，今天的课怎么那么多人迟到"时，则不可删去"我就说"。在例（5）句子中，"就"是一个副词，产生了一定的虚化，在这里主要起到强调与确认的作用，"我就说"展现惊讶的语气及表达恍然大悟、顿悟之义。

"我就说"强调了说话者之前并未做出相关判断,当前事态或事态发展背离了说话者原先的预期(或常态)。此句的情景为"当前外面下雨了",说话者先前并未注意到外面下雨的情景,本来的预期为没有(或仅有很少的)同学迟到(或是并没有考虑过学生是否会迟到),因而很多同学迟到引起了说话者的不解,但当说话者注意到外面下雨的情景时,便瞬间明白了事态背离预期或常态的原因,于是使用"我就说"来表达惊讶语气与顿悟含义。这里的"就"表示说话者原先并未判断或判断的结果并非如此,而事态出现时违背了常态或背离了预期。此处的"就"受到时间因素的制约,通常是发话者基于当前时空环境(或基于当前时间发生、发现的事件)做出判断,事件通常是已然或正在发生的状态,而"就"的时间条件则包含两个,一是"不明白、不知晓事件的原理或本质"这一心理行为或这一询问、抱怨的具体行为在顿悟前已经发生,二是"明白、知晓事件的原理、本质"这一心理行为在"我就说"出现在自然语流中之前已然发生。这里的"说"也有一定的虚化,发话者可能会通过"我就说"后引导的疑问(或感叹式疑问)向他人询问、感叹、抱怨或自言自语,从而将这一困惑说出来,但更多情况下通常不会真的说出来,而是会在脑海中产生疑惑,因而言说义(具体行为义)一定程度上消退,而认知义增强。我们认为,这里的"就"是基于其基本意义"表示事情发生得早或结束得早"和"表示在某种条件或情况下自然怎么样"而发生虚化的,此处的"就"有表示强调与表示即时反应的作用。

以下我们继续对例(6)进行分析,首先我们认为此处的"我就说"相比例(5)已经具备了更多的话语标记的特征。而在例(6)中,"就"可以看作是表示已然(这种已然并非是客观上的已然,而是一种发话者主观上所认为的已然状态,即发话者主观上认为自己说过或判断过事件会发生,但至于这种"说"或判断行为是否发生,并不影响发话者的主观认知)。此处的"我就说"含有"我早就这样想过(并且很可能已经说出来了)"的语义。我们可以用"我早就说过了,天要下雨吧"来对例(6)进行辅助理解,但我们也需要看到倘若出现体标记"过"或"了",则"说"成为一种真实发生过的已然状态,从而受到时间上的限制,但"我就说,早上要下雨吧"则不受时间的限制。我们认为此时"就"发生一定的虚化,可以视为一种主观完成体标记("就"这一标记功能的出现,与"我就说"整体的虚化也密切相关)。此外我们还需注意到,例(6)中的"就"也受到一定条件因素的限制,即出现某种情况或满足某种条件的情况下,发话者产生相应的主观认知,认为自己思考判断过这一情况(其中"说"产生了推理、判断义也可以体现这种主观认知，又或者说此处的"说"的推理、判断义影响了"就"的主观完成体标记的形成），因此我们可以认为例（6）中的"就"受到条件因素的影响。同时由于例（6）中的"就"是一种主观完成体标记，"说"含有一定的本义，也含有推理判断之义，而在客观上是否产生"说"的真实行为却不得而知，因此我们可以对这一句进行两种理解，一是"我已经说过了，天要下雨吧"，二是"我没说，但是我已经判断过了，可能要下雨"。结合以上分析，本书认为虚化的"我就说"是多义结构，来源于基本意义的"我就说"、"我早就说"等结构。其源义（陈家隽，2015）是"表示事情发生得早或结束得早"与"表示在某种条件或情况下自然会怎么样"等语义的融合。此外我们需要注意到例（6）中"我就说"后可以加上"吧"、"嘛"等语气词。

7.3 "我就说"与"我说呢 / 嘛"、"我明白了"

郑曼娟（2018）提到预期（expectation）是说话者作出的假设或臆断，它具有主观性和可协商性。吴福祥（2004）结合前人研究，认为反预期的情形大体可以概括为"语句 U2 非给定的语句 U1 所预期"。刘焱、黄丹丹（2015）认为反预期的情况有两种：一是主观认识与事物发展实际状况存在距离，二是客观事物发展超出特定言语社会共享的预期或事理逻辑。郑娟曼（2018）认为"我说呢"、"我说吧"和"我说嘛"都可以表达合预期信息，但三者关联的预期并不相同，"我说呢"关联的是所含预期，"我说吧"关联的是所言预期，"我说嘛"可以关联两种预期，"我说呢"与"我说嘛 1"有恍悟义，"我说吧"与"我说嘛 2"没有恍悟义。同时郑文分析了"他怎么会迟到呢？"这句话中"怎么"用来追问原因，并表达了一个反预期事态。我们结合郑文，可以将"所言预期"理解为语句中直接呈现的预期，无须经过推理，例如"爸爸你周末会带我出去玩是吗"包含一个"爸爸你周末会带我出去玩"的预期，而将"所含预期"理解为语句中未直接呈现，而需要经过推理得知的预期，"所含预期"通常包括两种，一种是通过反预期来推知，例如"爸爸你上周末怎么不带我出去玩呀"包含一个可以推理得知的"爸爸上周末应该带我出去玩"的预期，另一种是"对事出反常的质疑"，即"爸爸不带我出去玩必然有未知的真相"，这是一个质疑预期，也是说话者提出疑问的前提。如郑文所言，对某反预期事态另有隐情的判断就是一个所含预期。这两种预期分别构成了"爸爸你上周末怎么不带我出去玩呀"的所含预期（一）与所含预期（二）。

（1）A：今天食堂人怎么这么少？

B：今天有篮球比赛，好多去操场上看球去了。

A：我说呢。

例（1）中，我们可以看到当 A 进入食堂发现情况不同于常态或违背预期时，其对食堂人少的原因并不清楚并发出了询问。听到 B 的解释后，A 采用"我说呢"来表示其已明白其中的原因，此时 A 的"我说呢"表达了一种恍悟义。此处的"我说呢"关联的是所含预期，即在第一个话轮中包含的反预期事态"今天食堂人少"有与之对应的所含预期（一）食堂人应该很多，但此时由于双方已经见证了食堂人少的事实，因此反预期信息为真，背离所含预期（一），则 A 产生了一个质疑预期"食堂人少必然包含未知原因"，而 B 的解释对这一质疑预期进行了印证，并解答了 A 的疑惑，A 采用"我说嘛"表达了自己先前质疑的合理性，即未知原因必然存在。

（2）A：今天这食堂没什么人呀。

B：今天有篮球比赛，好多去操场上看球去了。

A：我说呢，人怎么这么少。

例（2）中，A 与 B 共同来到食堂，但此时 A 并没有发出质疑（尽管心里可能存在疑惑），而是基于事实发表了感叹。B 察觉到了 A 在感叹时的惊讶语气，于是将这种惊讶识解为一种疑问（或感叹式疑问），因此应答并告诉了 A 食堂人少的原因。在第三个话轮中"我说呢"表示恍悟义，即说话者先前并未预期到"人这么少"的情况，但在疑惑得到解答后，了解到了实际情况并恍然大悟，同时说话者知晓了先前对于"人多"的判断（或平时"人多"的常态）与当前实际情况不符的背后原因。此句话中"呢"是一个语气词，辅助表达句子的恍悟语气。此句中的"我说呢"关联的是所含预期，与例（1）不同的是,例（1）中的"我说呢"是跨话轮进行的关联，而本句是话轮内部进行的关联，同时例（1）的所含预期是通过 A 的疑问（或感叹式疑问）可以推知的，而例（2）中的所含预期却需要通过 A 的应答来推知。但例（2）中这种所含预期其实在刚开始两人进入食堂时便已经产生了，而非是第三个话轮中才产生的。此段对话中，第三个话轮中展现了一种反预期事态"人相比以往或预期要少"，我们可以根据反预期事态来推知所含预期（一）"人会很多"及所含预期（二）"人这么少必然存在某种原因或未明真相"。第二个话轮中 B 的应答表达了一个跟 A 的质疑预期一致的合预期信息，而 A 借助"我说呢"表达了质疑的合理性。

（3）A：今天这食堂没什么人呀。

B：今天有篮球比赛，好多去操场上看球去了。

A：我说嘛，人怎么这么少。

例（3）中"我说嘛"同样表达了一种恍悟义，但相比"我说呢"而言使用"嘛"的语气更为强烈，拥有"果然如此"的意思。此句与例（2）类似，说话者先前并未预期到目前的情况，在交际中知晓了其中的原因，于是用"我说嘛"来表达这种预期与当前状况的反差及恍然大悟的感觉，此处的"我说嘛"同例（2）一样关联的是所含预期。

但此处我们简单对比一下这种情景下的"我说呢"和"我说嘛"：当例（2）使用"我说呢"时句子语气较为平淡，并带有一定的自言自语性质，例（2）中的情况属于交际对话中使用"我说呢"，但倘若说话者一个人进入食堂并通过一些方式探知了食堂人少的原因，在其一个人就餐的过程中也可以喃喃自语使用"我说呢，今天人怎么这么少，原来是有比赛，这买饭都比平时要快"，可见例（2）及我们所创设情境中"我说呢"之使用表示了说话者对某个已知事实的知悉。而当例（3）使用"我说嘛"时，句子语气更加强烈且带有一种断言与慨叹语气，此时通常需要出现具体的交际对象，说话者藉由"我说嘛"来对交际对象传达的信息进行回应。

（4）A：今天这食堂没什么人呀。

B：今天有篮球比赛，好多去操场上看球去了。

A：我就说，人怎么这么少。

例（4）中，"我就说"同"我说呢"、"我说嘛"一样表示恍悟义。我们可以认为此处"我就说"关联的是所含预期。从形式上看"我就说"与"我说呢"、"我说嘛"可以互换，但从功能上说两者存在一定差别。说话者使用"我就说"这一结构时更显自信且肯定，它不仅表达了恍悟，还隐含了说话者之前的直觉被证实的意味。这种直觉并不来自于说话者提前所作的预判，而是当说话者在观察的那一刻，便产生了人少的直觉（即当说话者进入食堂的瞬间，心里就产生了一个模糊的想法或直觉，感觉今天来食堂的人相比以往可能要少），而当 B 对其进行解释后 A 的直觉得以被印证，因此会使用"我就说"来强调自己先前直觉的正确性。这里的"我就说"关联的是所含预期，包含所含预期（一）"人应该很多"及所含预期（二）"对另有隐情的判断"。此时的"我就说"也可以换为其变体"我就说呢"、"我就说嘛"、"我就说呀"或"我就说吧"等，但不同之处在于语气上略有差别，使用包含"呢"的变体时语气更为平淡与轻微，使用包含"嘛"的变体时肯定语气更强，使用包含"呀"的变体时同样语气增强，使用包含"吧"的变体时则商讨语气更强。

（5）A：今天这食堂没什么人呀。

B：今天有篮球比赛，好多去操场上看球去了。

A：我就说，人会很少吧。

例（5）中"我就说"表达对此前判断或论述之确证，并不带有恍悟义，我们可以推测说话者之前曾有过与"人会很少"相关判断或论述，此时使用"我就说"既是对此判断的确认，也是向受话者显耀此种正确性。"吧"字出现于"我就说"所引导的命题之中，起到了增强互动与缓和语气之作用，使得说话者炫示自身预测之正确性的同时也一定程度上软化了其确证语气。此处"我就说"关联的则是所言预期，即说话者之前确实有过这样的判断或论述，只是不太确定。

（6）A：今天这食堂没什么人呀。

B：今天有篮球比赛，好多去操场上看球去了。

A：我说嘛，人会很少吧。

例（6）中，"我说嘛"表达了对先前论述的确证，也体现了交际双方的互动性或先前论述的模糊性，但此处的"我说嘛"同样不带有恍悟义。这里的"吧"与例（5）"吧"功能类似，我们不再做分析。这里的"我说嘛"同样关联的是所言预期。此处的"我说嘛"与"我说过了吧"有类似的语义和功能。

以上一些例句也印证了郑娟曼（2018）之观点，即"我说呢"关联所含预期，"我说吧"关联所言预期，而"我说嘛"则可关联两种预期。同时我们发现"我就说"与"我说嘛"同样具有关联两种不同预期的能力，对于此种关联差异我们认为其源于两者同其后所引导的小句是否能直接表反预期事态相关，若是两者后接合直接表反预期之事态（如"今天怎么突然来了这么多客人"）则其关联的是所含预期，若是两者后接合直接表预期的事态（如"今天应该会来很多客人"）则其关联的是所言预期。

7.4 "难怪"与"果然"——"我就说"的两种类别的语法化比较

上文我们探讨了"我就说"从源结构到具备一定话语标记特征的结构的演化过程，发现"我就说"中"就"与"说"都有一定程度虚化，对于类似于"难怪"义的"我就说"而言，其虚化程度相较于类似于"果然"义的"我就说"要低。

同时本书认为类似于"果然"义的"我就说"中"就"是一个主观完成体标记。按照吴福祥（2004）的观点，句子的信息量等级为：反预期信息＞中性信息＞预期信息，语言形式等级为：反预期信息＞中性信息＞预期信息，两者体现了数量相似关系：传递的信息量越大，负荷信息的形式也就越多，反之亦然。徐先蓬等（2015）指出根据信息学理论，信息量的大小与词语的实际意义紧密相关。具体来说，承载实际意义的词，因其词频相对较低，所以提供的信息量较大；而缺乏实际意义的词，信息量则较小；即使一些有实在意义的高频词，也会存在不同程度的语法化。几位学者从信息量的角度对符号形式与信息量之间的关系进行了探讨，本书认为这是语言中一种通用规则，因此我们可以借助前人的观点解释为什么类似于"果然"义的话语标记其虚化程度更高，因为类似于"难怪"义的"我就说"在交际中往往承载了更多的信息量，特别是有时需要借助"怎么"等词来实现反预期信息的凸显，而类似于"果然"义的"我就说"则承载的信息量更少，受话者更容易理解发话者的信息，因此在自然语言中频率更高。而从类似于"难怪"义的"你别说"和类似于"果然"义的"你别说"是否能被删除，以及删除后是否影响命题的真值意义，即结构是否对命题的真值意义发生影响（刘月华，2007）可以判断出，类似于"难怪"义的"我就说"不能被随意删去（例如"我就说，他怎么偷偷摸摸地从后门溜走了"，若是删去原句则成了一个疑问句），而类似于"果然"义的"我就说"可以被删（例如"我就说，这碗饭很好吃吧"）。这里我们需要指出，信息量不仅仅包含语义上的信息，同时也包含说话者的情感态度或意图、受话者的识解、双方社会关系或词义浮现出的人际功能等多种维度的信息。因此虚化仅可以概括其信息量降低的一个维度，而其他维度的信息量的增减仍需要继续探讨。尤其是结构在虚化后往往其概念义削减而程序义增强，可以出现在更多的语境中，从而使得其功能信息有可能增加。

7.5 类似于"果然"义的"我就说"的四种语义小类

此处有一个问题，当我们认为类似于"果然"义的"我就说"比类似于"难怪"义的"我就说"更虚化时，却发现前者的"说"在某种情况下具有行为义，而后者的"说"的行为义却基本不会出现。我们对此的解释有以下几种：（一）类似于"果然"义的"我就说"中的"说"存在不同意义及虚化程度的分类。本书之前讨论过"就"的主观完成体标记功能，"就"的存在反映了主观性，我们对这种主观性影响下的"我就说"中的"说"字进行探讨，我们可以将其理解为过去真的说过、过去未说过但想过、过去未说过未想过但主观上认为说过、过去未说过未想过但主观上认为想过，这四种情况的主观性及语法化程度也依次增强，因此同一形式及语义类别下也可以分出更细微的语法化程度差别。在这四种情况中，"说"表示"过去未说过未想过但主观上认为想过"时虚化程度最高，此时"我就说"中"说"的虚化程度要接近或超过类似于"难怪"义的"我就说"中的"说"。（二）整体结构的语法化并不代表结构中每一个成分都发生虚化。语法化可以是发生在一个结构层次上的过程，但在这一过程中其可能并非均匀地影响结构中的所有成分。在"我就说"这类结构中，由于受到结构内部成分之间相互的影响，即使整体语法化程度变高，其中的某些成分如"说"可能在不同语境下保持了不同程度的概念义。（三）受语境依赖性的影响，具体语境可能会对结构的语法化程度产生制约，在类似于"果然"义的"我就说"中，"说"字可能在某些语境下保持具体行为义，这或许与这些语境需要更为具体的言说行为来描述后面内容，从而增强表达效果及提升因果逻辑性相关，而在类似于"难怪"义的"我就说"中，由于语境通常强调反预期等认知或情感信息，而对具体行为义的要求降低，因而"说"的虚化程度反而更高。以上我们对"说"字进行了分析，与这四种情况相对应的，类似于"果然"义的"我就说"也具有四种语义类别，以下我们进行分析。

7.6 类似于"难怪"义时可删除的"我就说"与不可删除的"我就说"

我们来看这样的两个句子。

（1）我就说，今天超市怎么 / 为什么这么多人。

（2）我就说，难怪今天超市这么多人。

在例（1）中，"我就说"并不能被轻易删除，删除之后则原句成为"今天超市怎么这么多人"，似乎这并不符合殷树林（2012b）提到的对话语标记句法上特征的论述——话语标记的有无不影响所在语句的合法性，也不会增加所在语句表达的命题的内容。因此，在这一语境下，"我就说"可能已经对命题的真值意义产生了影响。

在例（2）中，由于"难怪"的存在，已经替代了类似于"难怪"义的"我就说"的语义和功能，因此这里的"我就说"可以被删除，且删除后并不影响所在语句的合法性及命题的真值意义。删去后句子变为"难怪今天超市这么多人"，但少了一些强调语气及说话者的主观态度。因此在这里"我就说"具有话语标记的特征。

对于此类现象，我们认为其差别可能来源于"我就说"在同一语义类别内语法化阶段的不同，以及该话语标记的功能在特定语境下会产生动态变化。以下我们给出一些解释：（1）无论是类似于"难怪"义还是"果然"义的"我就说"，都涉及了对某种预期或已知事实的确认或强调，我们可以将它们一并归入一个更宽泛的语义类别，比如"确认 / 强调"义。我们可以看到在这一语义类别中，"我就说"内部存在不同语义类别子类的不同语法化阶段，我们在上文也分析了类似于"果然"义的"我就说"，认为这一语义类别内部还可以做更细的区分，从而可以反映同一语义类别内部也存在语法化程度不同。类似的逻辑，我们可以推测类似于"难怪"义的"我就说"内部也存在不同的语义类别及不同的语法化阶段。在例（1）中"我就说"具有较强的概念义，其可以与"怎么"相结合构成"我就说……怎么……"这一框式结构（邵敬敏，2011），表示"难怪"之义，也就是说此时"我就说"与后面句子中的"怎么"可以构成更大的句法单位，从而违背了殷树林（2012b）提到的话语标记的性质特征。在例（2）中随着"难怪"的出现，"我就说"可以被视为一个成熟的语用成分，用于调节语气及表达情感，句法上呈现独立性，不与前后成分组成更大的句法单位，且不再影响命题的真值意义，此时"我就说"具有了一定的话语标记特征（可以视为非完全化话语标记）。（2）我们观察到，"我就说"结构后引导的成分是否带有疑问（或感叹式疑问）功能，也会对类似于"难怪"义的"我就说"结构的语法化产生影响，当"我就说"其后引导成分包含疑问或感叹语气时（如例（1）中的"怎么这么多人"），"我就说"与之结合，共同参与到了句子语气的共建之中，形成一种结构更为紧密的语义关系。但若是当"我就说"后所引导成分，已经包含足够多的语气，并具有较强的解释功能时（如例（2）中的"难怪今天超市这么多人"），此时"我就说"具有较强的句法独立性，并具备了话语标记的特征，删除不会影响句子的合法性，也不会影响命题的真值意义。

7.7 更为成熟的话语标记"我就说"

上一节我们讨论了类似于"难怪"义的"我就说"的两种语义类别，也讨论了类似于"果然"义的"我就说"的四种语义类别，本书认为在类似于"难怪"义的"我就说"的虚化程度较高的阶段（即第二种语义类别）及在类似于"果然"义的"我就说"的虚化程度较高的阶段（即主观性高的第三、四种语义类别），其都有一定的话语标记特征，此时可以视作不成熟的话语标记（不完全化的话语标记)。

基于这两个路径继续语法化则将催生出更为成熟的话语标记"我就说"(此时仍属于不完全化的话语标记)。首先我们谈一下类似于"难怪"义的"我就说"第二种语义类别能否进一步语法化的情况:

(1)我就说,难怪早上会有这么多人。

此时"我就说"的出现通常受一定条件的制约,即说话者"明白某种原因的情况下,才会消除其怀疑",并使用"我就说"来把这种思维过程转化为语言形式,也就是必须要有充分的信息来消除发话者的质疑预期,才能使用这种语义的"我就说"。因此其对所引导的句内语义有一定要求,其使用与否也受到句内语义的制约。因此这种形式的"我就说"较难进一步语法化,其只能作为一个不成熟的话语标记来使用。

接下来我们主要探讨类似于"果然"义的"我就说"的第三、四种语义类别的进一步语法化情况。我们认为这一阶段,尤其是第四种语义类别继续语法化,就能成为一种更为成熟的话语标记。

在经历了长期的语法化之后,"我就说"的概念义逐渐缩减,其语义脱离具体行为义,转向具有情感表达与引导受话者认知的功能义,这一转变体现了"我就说"从具有明确概念意义的结构向概念意义削减、程序意义增强的话语标记的转变。此时"说"的意义已经高度虚化,脱离先前的言说义与判断义,表达预期的功能也更弱,更多的是用于构建交际双方的互动关系。例如在一个场景中,甲邀请乙一起去看电影,甲仅仅发出了邀约的动作,而没有对电影进行任何评价与介绍,当甲与乙看完电影后(期间可能两人存在互动,但不涉及电影本身),乙为了增进两人的关系或为了表达礼貌,而采用客套性话语说:"刚才电影真不错,有机会下次我们再看看其他电影。"甲在听到乙的评价后,同样为了维持双方关系,完成下一次邀约(甲可能知道乙的话语属于客套,也可能不知道),甲可能会说"我就说,你肯定会喜欢这部电影的。还有一部新上映的电影我们改天再去看看吧。"在这样一种场景中,"我就说"完全是出于发话人临时的功能需要而采取的语言策略,并不代表发话人真的说过或真的判断过,甚至在主观上也来不及判断自己是否说过或看过,而完全是一种下意识的社交修辞策略。我们也可以用 Brown & Levinson(1987)提出的面子保全论(face-saving theory)来解释了这种场景下交际双方在交际中维护自己和对方面子、降低对对方积极面子的威胁这一现象,甲使用"我就说"既是为了回应乙来维护乙的积极面子、降低对乙积极面子的威胁,同时也是为了维护自身的积极面子，来展示自信与肯定，同时维持与增进两人之间的友好关系。关于面子保全论我们不做赘述，回归到我们探讨的即时性会话条件下的"我就说"的程序性意义，我们可以看到这一场景下"我就说"表达预期的功能减弱（但并非代表没有预期），我们认为若有实际的言说行为或判断行为，则表预期的功能较强，但倘若先前并没有这样的行为，且发话者主观上也并不曾判断说过或想过这样的行为，而是在当前交际环境中为了表达对"我就说"引导内容的确定，而临时采用该结构来增强确信效果，则此时的"我就说"可以看作一个话语标记。

7.8 完全化话语标记的"我就说"

这里我们需要提一下，还有一种相比类似于"果然"义的"我就说"进一步虚化的结构。我们看一下例句：

（1）同志们，我就说，咱们今晚吃火锅怎么样?

这里的"我就说"基本与"果然义"不相关，而是辅助话语内容自然铺展，起到引起他人注意、表达情感态度或调节语气等作用。这里的"我就说"相比同种功能的"我说"语气更强，虚化程度更高。此处发话者使用"我就说"引出了后续吃火锅的提议，并为提议增加了一种较为轻松但具有命令性的语气，从而让众人在接受其提议的前提下并不会感觉到压力，此外"我就说"还隐含了说话者对提议的积极态度。类似的句子包括：

（2）小胖，我就说，咱下课后别那么早回家了，去网吧打会儿游戏呗。

（3）经理，我就说咱也别搞什么元旦庆祝挽回了，你不如申请一下给咱部门放半天假呗。

本书认为"我就说"的一条语法化路径可能为从具体行为义的"我就说"、向类似于"难怪"义的"我就说"、向（"说"更为虚化的）"果然"义的"我就说"、向更成熟的话语标记、再向纯粹话语标记的演化。但仍需要大规模语料来对其历时与共时分布进行考察以证明这一观点。

7.9 话语标记"我就说"的句法位置

前文我们提及殷树林（2012a）曾指出话语标记之句法位置呈现出一定的灵活性，本文对此观点深表认同，通过观察具体语料，本书认为"我就说"可置于句首、句中或句末，有时也可独立使用，以下我们将结合具体实例分析"我就说"

之句法位置的灵活性①。

（1）A：最近我坚持运动半个月，每天都做五六个小时的体能训练，这几天感觉体能提升了不少。

B：我就说，健身还是要靠高强度的训练才能出效果。

在例（1）中，"我就说"出现在第二个话轮的句首，该话语标记引导了后续应答内容。我们既可以认为这种用法在强调说话者主观上认为自己先前说过或判断过"高强度训练对健身效果的重要性"，也可以认为此处"我就说"是作为一种临时性话语策略来起到应答与强调的功能。

（2）A：最近又有几个机车博主出事了。

B：人哪，我就说不能吃太饱了。

在例（2）情境中，"人哪"一语乃独立之感叹语或呼唤语，我们可将之可视作插入语的一种。此句并不严格遵循传统语法之主谓宾结构，"人哪"之作用主要在于导引受话者之注目并强调所接续之论述，其虽与"我就说"存有语义差异，但其功能却有近似之处，"我就说"在此句中亦起到加强语气与确认观点之作用，虽从字面观之，"我就说"位于"人哪"之后，但本书于分析中仍倾向于将其视为处于句首位置。

（3）A：今天又不能提交报告了，这网络简直是要人命，明天又得被经理狠批了。

B：怎么又坏了，看看，我就说这破网不升级一下是不行了。

在例（3）中，"我就说"出现在第二个话轮的句中位置，位于话语标记"看看"之后。话语标记"看看"的作用是引导受话者关注，促使受话者精力集中于发话者后续即将提出的观点，同时也起到语篇连贯的作用。"我就说"紧跟着"看看"出现，进一步凸显强调效果。这里的"我就说"同样可以作两种理解，分别是说话者主观上认为自己先前有过"说"或判断的行为，或者是在此处作为一种临时性的会话策略，用以表明对交际对象所言内容的确认。

（4）A：最近房价又涨了。

B：你看你看你看，我就说，早让你买房你不买，现在急了。

在例（4）中，"你看"以叠连的形式"你看你看你看"出现在句首，通过叠连加强了说话者的语气，从而为后续情感表达做铺垫。而"我就说"位于一系列

---

①其中有些是完全化话语标记，有些是非完全化话语标记。

叠连形式的"你看"之后，此时可以从字面义推知发话者在强调先前的建议及对当前情况的预见，但也可以视为单纯表示责怪与埋怨语气的成分，这种与叠连形式的话语标记共同使用的形式，可以使得发话者的语气进一步增强。

（5）A：爷爷，我妈今天把我骂了一顿，不让我玩那烟卡。

B：你这一天天把你妈气的，我就说，没事别玩那东西，脏得很，全是细菌。

在例（5）情境中，第二个话轮使用"你这"与"我就说"相接合，用以表达 B 之失望无奈，为后文提出观点做铺垫。此处"我就说"位于句中，用于表达对 A 行为之批评建议。

（6）A：听说了吗，他这个月业绩倒数，正被领导骂呢。

B：他这吊儿郎当的样子怎么能做好工作。你看，我就说吧！

在例（6）第二个话轮的第二个句子中，"你看"和"我就说吧"两个话语标记共同使用。"你看"出现在前一句发表论述之后，用以对前述话题做总结，并为后续的"我就说吧"提供了语境铺垫，而"我就说"位于句末，用于对前文内容进行确认与强调，并强化了说话者的评价态度及语气。两个话语标记的共同使用使得整个回应的语气及连贯性得以增强，情感态度也更为明显。同时我们也认为"我就说"用于句末时通常需要与"吧"等语气词连用。

（7）A：大夫，你看看这检查结果怎么样啊？

B：没多大事，多吃点维生素就行了。

A：我就说！咱老汉身体好得很嘞。

例（7）所示情境中，"我就说"单独成句，用于表达说话者对其身体状况之自信，同时展现其对医生诊断结果之确认。我们观察可见，当"我就说"作为独立话语单位时，其强调功能尤为显著，且此独立形式的"我就说"常接合感叹号，或与"吧"等语气词组合后接合感叹号。

结合以上分析，我们可以看到话语标记"我就说"在口语交际中具有句法位置的灵活性，可以出现在句首、句中、句末或独立使用，有时也可以与其他话语标记连用，或是其自身也可以通过和语气词的结合形成话语标记变体而独立成句。而在交际过程中，说话者使用"我就说"时，往往是下意识使用从而达到维护交际双方关系、表达发话者自身情感态度或是保持语篇形式与内容连贯等目的，并不一定代表发话者客观上有过或主观上认为有过"说"或判断的行为，更多是一种即时性会话条件下基于情景而驱动的语言选择。

第八章 "代词 +V" 类话语标记与副词 "真" 和 "很" 的共现问题

8.1 副词"真"与"很"的用法比较

单韵鸣（2004）认为"真"和"很"这两个副词都具有表示程度高的语义，但语义和语用功能仍有一些细微的差别，尤其是两者表示感叹和陈述语气上存在差别。下文我们首先对"真"与"很"的一些异同点进行分析，同时在第二部分我们结合一些"代词 +V"类话语标记，对其与副词的共现问题进行考察。

（1）这道菜的味道真不错。

（2）这道菜的味道很不错。

（3）这个小姑娘真可爱。

（4）这个小姑娘很可爱。

例（1）至例（4）所示情境中，"真"与"很"皆修饰形容词，用作状语修饰中心语。综观上述例句可知，"真"与"很"于某些情况下具有表达强烈情感或强调事物程度之作用。

（5）这件事你做得真好。

（6）这件事你做得很好。

（7）* 这件事你做得真好了①。

（8）这件事你做得很好了。

例（5）至例（8）所示情境中，"真"与"很"亦修饰形容词，用作状语修饰中心语，但此时状中结构构成状态补语。例（7）无法成立，例（8）却可成立，二者之差别在于句尾出现表示陈述语气之语气词"了"。可见"真"与"很"通常皆能修饰形容词，但是否能出现有时会受到句末语气词"了"之限制。

---

① "*"表示此句话一般不符合语法或语义规则。

（9）我真想下课后就去吃饭。

（10）我很想下课后就去吃饭。

（11）*他真爱看书的。

（12）他很爱看书的。

例（9）至例（12）所示情境中，"真"和"很"都作状语修饰心理活动动词。但例（11）不可使用，此时表示陈述语气的"的"影响了"真"和"很"的使用。

（13）你真应该去找一下老师。

（14）? 你很应该去找一下老师①。

（15）你真应该去找一下老师的。

（16）? 你很应该去找一下老师的。

例（13）至例（16）所示情境中，"真"与"很"用于修饰能愿动词，但"真"能修饰"应该"，"很"却几乎不能修饰"应该"（我们对"你很应该……"此句能否成立存疑，因发现语料库中此类用法极少）。有趣的是，在例（12）中出现之"很……的"，在例（16）中却似无法使用。此现象既与"很"与"应该"之搭配不常见有关，亦与句子之祈使功能相关。我们以为，例（15）之所以合乎句义逻辑，盖因"的"带有祈使语气。

（17）这些话你真敢说，不怕得罪领导啊？

（18）*这些话你很敢说，不怕得罪领导啊？

于例（17）与（18）中，似乎可发现"真"可与能愿动词"敢"相配，而"很"则不可与"敢"相搭。综观例（13）至例（18），亦似可见"真"能与能愿动词结合而"很"则不然，但事实却并非如此。"真"可与诸如"能"（他真能做到）、"会"（他真会说）、"愿意"（他真愿意半夜值班）、"敢"（你真敢想）、"应该"（你真应该去好好工作）、"要"（你真要好好努力才行）等能愿动词搭配；"很"亦可与"能"（他很能说）、"会"（他很会说）、"愿意"（他很愿意半夜值班）、"敢"（你很敢说）、"应该"（我们很应该理论联系实际）、"要"（对那帮人，你很要留神）等能愿动词接合。实则我们发现，两者所接之能愿动词种类大抵相似，惟在某些语境中，其用法存在差异。

（19）我真生气。

（20）我真生气了。

---

① "?"表示此句话是否符合语法或语义规则存疑。

（21）＊他真生气。

（22）他真生气了。

（23）他生气了。

（24）他很生气。

（25）＊他很生气了。

（26）他已经很生气了。

我们可以看到"真"和"很"都能和动词"生气"搭配。但使用时两者存在微妙的差异。"我真生气"可以使用，而"他真生气"却不可以使用；"我真生气了"和"他真生气了"都可以使用；"他很生气"、"他已经很生气了"可以使用，"他很生气了"却不可以使用。其实在"我真生气"与"我真生气了"这两句话中，"真"具有不同语义，例（20）中"真"可以理解为是形容词"真（的）"的缩写。（其实在一些例子中，表示"的确；确实"义的副词"真"与表示"真实"的形容词"真"并不容易区分清楚）。"我真生气"可成立与"他真生气"不可成立之间差别来源于代词的不同造成的结构的主观性不同，从而影响了结构是否能成立。本书认为"我真生气了"和"他真生气了"中"真"是形容词，表示对于完成体的客观确认，因此都成立。"他很生气"可以成立，"他很生气了"不可以成立的原因在于"他很生气"是对客观状态的描述，而"他很生气了"中由于完成体标记"了"的存在，"很"所具有的持续义与"了"的完成义产生了冲突，因此"她生气了"可以使用。但为何"他已经很生气了"可以存在呢，这里的持续义不和完成义冲突吗？本书认为这是因为这里的"了"除了作为完成体标记外，还具有语气词的功能，表示一种陈述语气。此外"他很生气"描述的是一种状态的持续，其中的"很生气"受语境压制，表示"很生气"状态的延续，但"他已经很生气了"表示一种变化的已经完成，其中的"很生气"受语境压制，表示"很生气"状态的达到与延续，因此可以和带有完成义的"已经"和"了"共现。一般"他已经很生气了"作为对变化完成的强调，可以认为"已经"所带有的是一个话题焦点，此后通常也带有述题，述题中含有自然焦点，例如"他已经很生气了，你还不知道收敛一下"，但如果说口语中出现这种情况，也可以把"已经"省略，省写为"他很生气了，你还不知道收敛一下"，但这种用法在标准的书面语中，可能会被视为不够规范。

（27）他很是不舒服。

（28）？他真是不舒服。

（29）我很是不舒服。

（30）我真是不舒服。

（31）* 你很是不舒服。

（32）* 你真是不舒服。

（33）他很是惹人烦。

（34）他真是惹人烦。

（35）我很是惹人烦（，我自己都讨厌自己）。

（36）我真是惹人烦（，我自己都讨厌自己），

（37）你很是惹人烦。

（38）你真是惹人烦。

（39）她很是漂亮。

（40）她真是漂亮。

（41）（小的时候，）我很是漂亮（，经常被亲戚们各种夸奖）。

（42）（小的时候，）我真是漂亮（，经常被亲戚们各种夸奖）。

（43）你很是漂亮（，不少男生都偷偷喜欢你吧）。

（44）你真是漂亮（，不少男生都偷偷喜欢你吧）。

　　我们先看例（27）至（32）这六个句子,在这六个句子中"很是"与"真是"都用来描述主语客观的负面状态，其中一些句子不能成立，当主语为"我"时，可以用"很是"、"真是"来描述主语客观的负面状态"不舒服"；当主语为"你"时，"很是"与"真是"不可以用来描述主语客观的负面状态"不舒服"；当主语为"他"时，能用"很是"来修饰主语状态，但能否用"真是"来描述主语客观的负面状态，存在疑问。我们认为当代词作主语时，在用"很是"与"真是"描述主语客观的负面状态时，两者存在不同程度的主观性，这会影响他们与代词的结合。我们再看例（33）至（38），当用"很是"与"真是"来描述主语主观的负面状态（即发话者主观上认为的负面状态）时，或者说是发话者发表主观负面评价时，两者都可使用。在例（39）至例（44）中，我们看当用"很是"与"真是"来描述主语主观的正面状态时，或者说是发话者发表主观正面评价时，两者都可使用。我们总结一下，就是当述语中出现描述客观状态时，"很是"与"真是"一般会受到代词的限制。当述语为主观评价时，"很是"与"真是"一般不会受到代词的限制。当然有些时候主观评价与"真是"结合的可能性更大，例如"有些人真是无可救药"出现的频率高于"有些人很是无可救药"。需要说明的是，

我们这里先不讨论述语中出现补语的情况，下文我们分析。

（45）他号啕大哭的样子，真是让人心疼。

（46）他号啕大哭的样子，很是让人心疼。

（47）他得意扬扬的神情，真是让人讨厌。

（48）他得意扬扬的神情，很是让人讨厌。

在例（45）至（48）中，我们发现"很是"与"真是"都可以出现在"让"字之前，我们认为这是因为"让"引导的兼语结构"让 +S+ 心理活动动词"带有一定程度的客观性，这种客观性可以与"很是"与"真是"结合。

（49）我 / 你 / 他真是疯了。

（50）我 / 你 / 他真是病了。

（51）我 / 你 / 他真是饿了。

（52）我 / 你 / 他真是绝了。

（56）我 / 你 / 他真是怕了。

（53）我真是笑了。

（54）我真是哭了。

（55）我真是醉了。

（56）我真是麻了。（此处的"麻"为网络词汇）

上述例句皆包含"真是 X 了"之结构，其中"X"常为动词或形容词，进入此结构后"X"便蕴含某种状态，结构整体义则意为"达到某种状态"或"完成某种状态之转变"，且"代词 + 真是 X 了"这一单句具有断言语气，言者常藉此来表达对评骘对象状态的判定。此类句子仅能使用"真是"而不能使用"很是"，盖因有完成体标记及兼具语气词功能的"了"出现时，"真是"可与之共现，而"很是"则受较大限制。

（57）这道题是很难算的。

（58）* 这道题是真难算的。

（59）这个项目是很重要的。

（60）* 这个项目是真重要的。

我们可以看到"很"通常可以构成框式结构"是很……的"，但"真"通常不能构成框式结构"是真……的"，这是因为"是……的"所引导的谓语多是用来对主语进行解释说明的，这一结构限制并压制了进入"是……的"的成分的语义，使得进入后的语义具有客观性（即具有降低主观性的功能），而"真"具有强化主观性的功能，与这一结构的功能产生了冲突，因此"真"一般无法进入。

我们认为"真"具有强化结构主观性的作用，这一功能可以使原本缺乏主观性或主观性较弱的结构具有较强主观性，例如主观性较弱的"不健康"加上"真"时则具有了较强的主观性。而"很"相比"真"，强化主观性的作用较弱，"不健康"加上"很"时的主观性也不强。

（61）这都不会做，你真是笨死了。

（62）*这都不会做，你很是笨死了。

（63）他真是讨厌死了。

（64）*他很是讨厌死了。

（65）他那副表情，真是可怕极了。

（66）*他那副表情，很是可怕极了。

（67）今天真是糟糕透了。

（68）*今天很是糟糕透了。

（69）他真是乐坏了。

（70）*他很是乐坏了。

在例（61）至（66）诸句中，我们观察到"真是"可与极性程度补语"极"、"透"、"死"、"坏"共现，然"很是"则不然，对此我们之解释为：极性程度补语具有较强主观性，这般主观性强的句义与表示感叹且主观性强的"真是"相契合，然与主观性较弱的"很是"不相适配。

（71）聊了这么久，我们真是很有共同话题啊。

（72）*聊了这么久，我们很是很有共同话题啊。

于上述两句中，我们发现"真是"可与"很"相搭配，而"很是"则不可与"很"相接合。我们认为此源于两方面：其一，同一语素之重复不符合语言简约性原则；其二，"真是"除增强程度义的功能外，亦可强化程度高义的主观性，而"很是"仅具增强程度义的功能，无法提升程度高义的主观性。

（73）他是很不舒服。

（74）他是真不舒服。

（75）我是很不舒服。

（76）我是真不舒服。

在上述四个例句中，表示坚决肯定、含"的确、实在"义的"是"可后缀"很"或"真"，此处之"是"用于强调其后所述内容，我们可将此处之"真"理解为表"真的"之形容词，亦可理解为表"的确、实在"之副词。然我们需注意主语为"我"的情况"真"作两种理解都常见，而于例（74）中主语为"他"时，人们或倾向于将"真"理解为"真的"，盖因使用第三人称代词时，句子之主观性下降，进而影响受众对"真"之理解。

（77）不是很要紧。

（78）? 不是真要紧。

（79）不是很喜欢。

（80）不是真喜欢。

上述四句中"很"与"真"皆出现在否定句中。我们发现于在例（77）与例（78）中，"很"可与"要紧"搭配，而"真"通常不可与"要紧"相配（即便搭配，亦多被听者理解为"不是真的要紧"）。当处于否定句中，"很"与"喜欢"搭配时表示"非常"，即原句意为"我不是非常喜欢"；而"真"与"喜欢"搭配则表"真的"，原句意为"我不是真的喜欢"，通常不作"我不是非常喜欢"来理解，也即副词"真"一般不出现在表示否定的"不是+真+V"结构中。

但在肯定句式中我们可以将"我真喜欢她"理解为"我非常喜欢她"，也可以理解为"我真的喜欢她"，可见否定义会对"真"和"很"的出现起到制约作用。此种现象之成因在于："很"只是增加程度，而"真"其中的一个义项副词"的确、实在"是表示程度增加，另一个义项形容词"真的"则可以改变命题真值。因此当人们采用否定式来对句子进行否定时，通常会将"不是真X"结构理解为改变命题真值，而非削弱表达程度。我们认为否定式极大程度降低或取消了原句的主观性，当这种主观性消失时，则主观性强的副词"真"无法出现在句中，但主观性弱的主要表示程度高义的副词"很"却可以留存。

（81）因为他性格不错，所以很受欢迎。

（82）* 因为他性格不错，所以真受欢迎。

（83）他性格不错，很受欢迎。

（84）他性格不错，真受欢迎。

观上述例句可知，倘若句中含有某些关联词，则句子语气及逻辑性在关联词影响下会有所增强，且更趋书面化，此时常用"很"而非"真"，然若关联词消失，则"很"与"真"皆可出现，不过语体色彩亦会随之变化。

综观上文，我们可知虽"很"与"真"皆具表示程度高之义，但一些情形下因受句子语气及否定式等因素之影响而使得两者无法进行互换，本书认为虽两者都具有一定的主观性，但"真"主观性更强，若使用"真"则是主观上认为程度高，使用"很"则表述更显客观。

使用"很"时发话者心里根据客观参照对象而得出较为客观的结论，比如"他跑得很快"，这是将"他"的速度与发话者心里认为的一般人的速度进行对比；而使用"真"时则参照对象可以是客观的也可能并没有具体的参照对象，对比的结果中包含了发话者的评价与情感态度，得出的结论具有更强的主观性，譬如"你真邋遢"这一结构中"真"在表示程度高的同时也表示一种嫌弃排斥之语气。

一些情况下使用"真"或"很"会受语体限制，反过来也可说两者会一定程度上影响句子的语体色彩，"真"常适用于口语以表示慨叹，而"很"则常适用于书面语以表示陈述，当然两者都常现于两种语体中，只是分布或许会存在差异。

8.2 部分"代词 +V"类话语标记同副词"真"和"很"的共现

接下来我们看当话语标记出现时，是否会影响句中"真"与"很"的使用。

（1）我看他这个人真不错。

（2）我看他这个人很不错。

这两句话中，"我看"作为话语标记（严格来说是非完全化的话语标记），表示认识情态义，带有判断、推理、认知的含义。"很"与"真"在这两个句子中都可以使用，但两句话所表示的含义稍有差别，例（1）强调"我"对评价对象"他"的主观认识，这里的"我看"含有"觉得"的意味，是一种基于过往经历而形成的、非理性的大致印象。例（2）强调"我"对评价对象"他"的主观判断，这里的"我看"更多的是包含"判断"的意味，是基于客观事实而形成的理性判断。因此相比于例（1），例（2）通常会给出一些用以佐证的论据来支撑这一观点，例如"我看他这个人很不错，经常乐于助人"，但例（1）则往往不需要其他的论据佐证。例（2）的表述会更显客观、也更正式，会更容易让受话者接受其观点。例如在这样一种情境中：领导要求秘书推荐一名合适的人选去执行公司任务，若是秘书有中意的人选，可能会说"平时我跟小李接触比较多，能来事也靠谱，我看他这个人很不错……"。在这种情景下，一般秘书不会使用"我看他这个人真不错"，是因其在使用话语实施荐举功能时，需要主观性更弱、更显理性的表述。但此情境中"我看"也不能删去，因为"我看"的存在是为了强化主观性、建立互动关系、发表自身看法。这似乎听起来有所矛盾，一方面要求降低话语的主观性，另一方面又要求提高话语的主观性，这其实一定程度上受到了权力关系的影响，当交际双方处于社会互动的上下级关系中，下级却需要违背这一权力关系来构建临时的反常权力关系实施评价与建议功能，则需要在这种反常权力关系中加强自身话语的主观性来顺应原先的权力关系，从而会使用一些"我看"、"我觉得"、"我想"等话语标记，同时也由于评价与建议功能的制约，要求降低话语的模糊性与主观性来提升建议与评价的客观性。因此我们认为，当学界谈论主观性时，可以进一步将主观性分为主动呈现的主观性与被动感知的主观性（或称之为标识立场的主观性与命题感知的主观性）。当然我们也可以这样理解，"我看"与"很"两个结构起到的是中和话语不同部分主观性的作用：当发话者使用"我看"增强句子的主观性时，这时会显得话语不够客观，此时用"很"来降低这种主观性；或者当发话者使用"很"时降低了命题的主观性，会显得话语过于绝对，且"很"表示的程度较高，会使得句子语力过强，但这一论断依然是一种主观上的论断，并非是一种现实，因此需要使用"我看"来中和。以及我们还有另一种解释，那便是"我看"的出现是标识立场的主观性服务于现实世界的客观性。在这里我们认为存在一种句子命题的客观性（或称表述方式的客观性）与现实世界的客观性，这两者并不一定是一致的，例如天上乌云密布，电闪雷鸣，发话者可能会说"我看，这天气光打雷不下雨"，而至于外面是否在下雨、是否下过雨、是否将要下雨，以及是否局部地区下雨等，发话者并不一定了解。因此，一些情况下句子命题的客观性与现实世界的客观性并不相符。话语标记不影响所在句子命题真值也仅是不影响话语命题所预设的真或假，而非影响现实世界的真或假。因此一些话语标记具有衔接句子客观性与现实客观性的作用，发话者使用一些话语标记是为了弱化论断，从而降低命题的客观性，还原现实的客观性。以"我看"为代表的话语标记，其标识立场的主观性是为现实世界的客观性而服务的。在加上"我看"后，虽然降低了句子的命题客观性，但增加了此句的现实客观性。也即为"我看，今天光打雷不下雨"、"我看他这个人很不错"虽然单纯从命题内容来看其显得并非那样客观，但从与现实的相符程度来看却更为客观。

值得注意的是，至于说话者在思维中先组织"我看"还是先组织"很"，或是同时组织两者，我们需要更多神经语言学的证据，但总而言之，两者是共现于一个句子，起到互相制约的作用。这也同时告诉我们句子的主观性或许并非是整体而言，而是局部的主观性共同作用下所形成的整体特征。同时我们也看到"我看"标记的出现有时也会受到权力关系的影响，一些情景可能迫使发话者不得不选用这样的一些语言手段。

但不明显的权力关系中,"我看"和"很"也可以共现。我们来看以下句子:

(3)我看,他今天身体很不舒服。

(4)我看,他最近过得很不顺。

在以上两个例句中,"我看"后所接的小句中,都出现了"很"。但例(3)、(4)不同于我们在分析例(2)时所构建的情景,例(3)、(4)中的发话者与受话者之间没有明显的权力关系,也并不存在下位者构建反常的权力关系来实施评价与建议功能这种情况。因此这里的"我看"实际上对应着我们在分析例(2)时提到的第三种解释,即"我看"的出现是标识立场的主观性服务于现实世界的客观性。我们在讨论"我看,他今天身体很不舒服"的"我看"能否被删除时,不仅需要从逻辑推理角度分析判断其标识立场的主观性与现实客观性的关系,还需要从实际角度出发,来验证"我看"的存在是否影响命题本身的客观性。当"他"今天真的很不舒服时,则发话者说"他今天身体很不舒服"和"我看,他今天身体很不舒服"都正确,但当"他"仅仅是看起来不舒服,实际上并非不舒服或者仅仅有一点不舒服,那"他今天身体很不舒服"的命题不具备客观真实性,而"我看,他今天身体很不舒服"由于模糊性的存在,则具备一定的客观真实性。

如果我们进一步讨论则涉及模糊描述是否会影响命题真值,在传统的二值描述中,一个命题只能为真或只能为假,但对于模糊描述则由于内在的非确定性,难以将其严格地归类为真命题或假命题中。何济生、姜晓惠(1994)便对语义学与语用学的意义真值进行了区分,认为语义学所研究的意义是不受语境影响的认知意义,而语用学研究的意义是语境中才能确定的话语行为的意义。同时他们认为从语用的角度来分析,模糊限制语可以改变话语的真值条件,也可以通过语境来取消话语的原来含义。王伟(2000)认为不同于数理逻辑非真即假的命题真值,客观事物的真假之间存在过渡的模糊性状态,同时他认为模糊命题的逻辑值是一个连续统,可以取 [0, 1] 区间上的任意值。在王文的理解中,真值是随着模糊性而变化的,且存在真值为零(假命题)与真值为一(真命题)的情况,在这之间的真值则为模糊命题。我们在此对学界所提到的话语标记不改变命题真值进行反思,但也需要谨慎,因为这样的讨论会动摇话语标记的研究基础,即什么是话语标记、话语标记有什么特征。我们认为学界常提到的话语标记不影响命题真值,通常是基于经典的二值对立框架,且主要涉及语义学中基于认知推理的意义研究,但如果引入模糊性的话,则在模糊语言学框架下二值之间存在连续统,此时话语标记有可能会影响命题真值。同时需要强调的是,本书也基于传统二值对立的观点进行探讨，这样会保证大多数结论建立在公认的框架上，但本书也需要指出，话语标记是否影响命题真值依然存在很多讨论空间，在一些解释中，我们也会跳脱出传统研究框架进一步深入讨论。

（5）你看，他很爱你吧。

（6）？你看，他真爱你吧。

（7）（哇，他居然送了你九十九朵玫瑰花！）你看，他真爱你。

我们可以看到,例(5)中能使用"很"来强化描述的客观性,此时"很"与"你看"及"吧"可以共现。在例（6）中，表示"的确；实在"义的副词"真"则通常不能与"你看"及"吧"共现，即使共现后，"真"也会在语义的压制下被受话者识解为形容词"真的"义。但当句子不存在"吧"后，"你看"却又可以和"真"共现。表面上来看这是由于"吧"所带来的模糊性要求句子存在一定的客观性作为补偿,因此选择了"很"与"真的"义的"真",但实际上本书认为其根源于"你看"的两种功能。本书认为话语标记"你看"在引导受话者理解的基础上，有时在不同语境中存在这样两种功能，其中一种是强调命题的现实性，另一种是强化命题的主观性。"你看，他很爱你吧"与"你看，他真（的）爱你吧"中非完全化话语标记"你看"的作用具有强调命题现实性的作用，此时该功能的"你看"会对语义产生压制,要求"你看"出现后后续内容需要包含一定的现实性。"你看，他真爱你"中"你看"具有强化命题主观性，增强感叹语气的作用，此时后面所引导的内容则通常是发话者的主观判断。（但也不代表此时的"你看"不表示命题的现实性，而是这种情景中侧重于表示命题的主观性）。我们可以看到话语标记的出现有时会与语境或句内其他结构产生相互制约。

我们再来看一个通常用"真"而不用"很"的例句。

（8）你看，他又把我家的小鸡给踩死了，这都不是第一次了，真气人！

（9）？你看，他又把我家的小鸡给踩死了，这都不是第一次了，很气人！

其实这两句话中"真"和"很"语法上可以互换，但是语用上通常用"真"而不用"很"，因为这两句话带有极性主观评价，即主观性大大增强，此时应该使用主观性更强、语气表达功能更强的"真"，而不用"很"。例（8）的"真气人"等价于"气死人了"、"让人气极了"等极性主观评价结构。同理,在例(7)中"你看，他真爱你"也不宜换成"你看，他很爱你"，因为原句也是在表示极性主观评价。

（10）你看，他真傻，净被人骗。

（11）？我看，他真傻，净被人骗。

（12）我看，他很傻，净被人骗。

（13）我说，他真傻，净被人骗。

（14）我说，他很傻，净被人骗。

我们继续分析命题和话语标记的互相制约作用。在上文中我们谈过"你看"具有强调命题主观性的作用，因此在例（10）中"你看"与"真"的共现不存在语法或语用的问题。但对比例（10）和例（11），当话语标记的代词发生变化、动词不发生变化时，话语标记的选择可能会受到命题（或语境）的限制。例（11）中，"我看"的用法稍显不规范，因为"我看"虽然具有主观性，但此时发话者却试图在使用时降低这种主观性，即试图让后面的命题客观性更强，因此将"我看，他真傻，净被人骗"改为例（12）"我看，他很傻，净被人骗"更为合适。但在例（13）中，为何"我说"却可以使用呢？我们认为"我说"由于"说"的存在，使得其后的内容主观性可强可弱，因为"说"可以"说任何话"，这些话主观性可强可弱。即"说"的源义会影响"我说"的功能。其实"我看"中，"看"的源义也会影响"我看"的功能，"看"的对象通常有客观性，因此话语标记"我看"有时会要求后续命题具有一定的客观性。发话者使用"我说"时，可以是假命题、模糊命题或真命题，例如，"我说，今天太阳打西边出来了"、"我说，今天估计要下雨了吧"、"我说，外面下雨了，记得出去带把伞"。因此在这种情形下，不仅是"我说，他真傻，净被人骗"可以使用，"我说，他很傻，净被人骗"也可以使用。我们看到，命题对话语标记的功能有一定限制，话语标记也会对命题中的部分语义产生限制，两者可以看作是相互选择的。同一命题选择话语标记时会受到限制，同一话语标记选择命题时也会受到限制，有些话语标记可以选择语义相似的不同命题，有些命题可以选择功能相似的不同话语标记。因此本书认为话语标记通常不影响命题真值，但可能会影响哪些命题能出现在这些话语标记之后，即话语标记有时具有一定的命题选择性，命题也可能对话语标记产生选择，这两种选择性与话语标记的语法化程度及功能、句子语境及句内结构有密切联系。

此外我们认为，若"很"和"真"在（无话语标记引导的）原句中可替换，则受到话语标记的制约后可能会产生使用差异之情况，倘若在原句中仅能用"很"或"真"，则即使添加话语标记后此特征亦难以改变。

第九章 "代词 +V" 类话语标记与可能补语的 共现问题

9.1 可能补语及可能性的状态

汉语中存在诸多表"可能"义之词语，如"也许"或"大概"等，同时汉语亦有系统性的语法形式用于表达可能性，包括能愿动词与可能补语。关于携带可能补语之动补结构的命名，部分学者认为其归属能性范畴下的述补结构，譬如吴福祥（2002）将"V 得 / 不 C"称为能性述补结构，本书将此类述补结构中的补语统一称为可能补语。在"能愿动词 + 动词"结构之中，能愿动词后的动词成为话题焦点，而于"动词 + 可能补语"结构中，可能补语则为一种话题焦点。可能补语乃能性范畴中用于表示可能含义与功能的补语系统子类，从语义角度观之，其表示于主观或客观条件下，动作或状态变化是否具备实现之可能性，通常选用"得 / 不"作为谓语中心语与补语之间的连接标记。

同时我们有时也需要考虑可能性的完成状态、未完成状态、反复已完成状态或反复持续状态，即一方面我们从单纯的逻辑推理视角出发研究语义本身，可以推出能愿动词与可能补语语义中都存在可能性，另一方面我们从语境的视角出发，结合与能愿动词、可能补语共现的其他结构的语义来判断这种可能性是完成状态、未完成状态、反复已完成状态及反复持续状态中的哪一种。例如能愿动词"能"、"会"、"愿意"、"敢"、"应该"、"要"等词语，可以表示可能性的不同状态，如"昨天晚上我不敢回家"、"今天晚上我不敢回家"、"前几天我不敢回家"、"我一直不敢回家"；可能补语也可以表示可能性的不同状态，如"昨天晚上我回不去家"、"今天晚上我回不去家"、"前几天我回不去家"、"我一直回不去家"。但一些补语的肯定形式所表示的可能性的完成状态有时会受到限制，例如"回得去"通常用在未完成状态、反复已完成状态或反复持续状态，例如"今天晚上我回得去家"、"前几天我回得去家"、"我一直回得去家"，较少用于完成状态。

9.2 可能补语的形式区别

关于可能补语的形式类别,学界存在不同观点,有些学者认为可能补语大体可分为两类,包括"V得/不C"及"V得/不得",有些学者认为可以在这两类之上再添加一类"V得/不了",还有一些学者认为一些词汇形式的可能补语如"来得及"、"来不及"或"说不定"等也可以构成可能补语,因此将其分为四类。本书采用三类说观点,认为可能补语大体包括"V得/不C"、"V得/不了"、"V得/不得"三种结构。

(1)这个作文题目也太简单了吧,我当然写得好这篇文章。

(2)你文笔不是很不错吗,怎么这次这么简单的作文题目都写不好。

综上二例,可见"V得C"结构乃由三部分构成:其一,表示动作之动词"V";其二,结构助词(亦称补语标记)"得";其三,表示结果或程度之补语"C"。在"V得C"结构之后,偶可携带宾语。而"V不C"结构则由动词"V"、否定副词"不"与补语"C"三者组成。

(3)真该谢谢这名女子的轻声细语,因为她现在才明了、自己已经受不了一点刺激。(BCC语料库)

(4)孙小姐道:"声音放低一点,人家全听见了,有话好好的说。只有我哪!受得了你这样粗野,你倒请什么苏小姐呀、唐小姐呀来试试看。"(CCL语料库)

上述二例,我们看到可能补语之另一形式——"V得了"与"V不了"。"V得了"由三部分组成:表示动作之动词"V"(少数情形下亦可为形容词,如"衣服干得了")、结构助词"得",以及置于动词或形容词后、表示可能或不可能之动词"了"。"V不了"结构则包含"动词(或形容词)"、否定副词"不"与动词"了"。

(5)既然她去得,我也去得。

(6)马上就要离开中国了,你是舍得还是舍不得?

(7)他真是一点也见不得别人好,小肚鸡肠不像个男人。

藉由上述二例,我们可知可能补语之第三种形式——"V得"与"V不得"。肯定式由动词"V"与其后表示可能或可以之助词"得"构成。否定式则由动词"V"与表示不可以或不能之助词"不得"组成。此处之动词偶可替换为形容词,但多见于否定形式,如"马虎不得"、"快不得"、"慢不得"等。

9.3 三种可能补语的语义差别

"V 得 / 不 C"、"V 得 / 不 了"、"V 得 / 不得"三种结构虽然都表示动作行为的可能性，但在语义上存在一些差别。

我们先来谈一下"V 得 / 不 C"结构的语义：

（1）不论世界末日来不来，不论等的人来不来，至少我们看得到明天的第一缕阳光，也不枉世间经历一趟。（BCC 语料库）

（2）当我的大女儿五岁的时候，常常忘记铺床。有一天我对她说："你别的都记得住，怎么总是忘了铺床？"她毫不犹豫地说："爸爸的床，自己总也不铺，你怎么不说他？"。（CCL 语料库）

（3）灯虽还是亮的，只因黑烟重重包围，也不十分清亮，在外屋子里，却看不到里面屋子。（CCL 语料库）

（4）第二季时，有些学员识字程度不高，提出在黑板上光写生字不行，上下文没有联系，记不住，他就本着大家的意见，改写了句子或课文。（CCL 语料库）

例（1）、（2）为"V 得 C"的肯定式。例（1）中"看得到"隐含拥有实现动作结果"事物能被观察"的主观意愿，且文中该结构语义上表达的是对动作结果可能性的肯定，这种可能性是基于对未来的预期、论断而做出的，因此是否真正拥有能在未来感知或观察阳光的客观条件，其实并不确定，但通过言者的主观预期与论断，使得语义产生了虚拟的客观条件；例（2）中"记得住"隐含着拥有记忆信息的客观条件及拥有实现动作结果"信息保存于大脑"的主观能力。例（2）相较于例（1），例（2）中的客观条件是基于对以往观察结果而形成的预判与推测，实现"V 得 C"结果的客观条件是具有一定基础的，相比例（1）中的客观条件的真实性要高得多。此外表示总括的副词"都"出现在例（2）"记得住"之前，具有对比和强调的效果，也使得客观条件的真实性被放大。

例（3）、（4）为"V 得 C"的否定式"V 不 C"。结合语境，可以发现例（3）即使存在试图"看到"的主观意愿，但受到真实客观条件"黑烟重重包围"的限制，从而造成视线受阻而无法感知目标，导致观察并感知观察结果行为的失败。例（4）也是因为客观条件"上下文没有联系"的限制，导致主观意愿"记住"的失效。

观上文可知，"V 得 / 不 C"结构常需在语境中兼具客观条件与主观意愿，其语义核心在于表达于语境所提供的客观条件下，动作行为能否实现、完成或达到某种结果或状态。客观条件可为真实存在之条件，亦可为通过预期、省略或强调等方式产生之虚拟客观条件。

接下来，我们来谈一下"V得/不了"的语义：

（5）今天下午有点事要做，看来是做不了作业了。

（6）她这次摔伤了胳膊，这段时间是写不了字了。

（7）办公室的电脑听不了QQ音乐，看不了爱奇艺，迅雷就更不用说了。（BCC语料库）

（8）这份大盘鸡真的是太多了，我吃不了了。

（9）一碗饭我吃得了，但要是再来一碗那我肯定吃不了了。

（10）萝卜不好卖，自己吃不了，免费让大家帮着吃，这是一件善举。（BCC语料库）

（11）诚然，这座岛并不大，但对爱在新鲜空气中散步的人来说，用得了这么宽的地方吗？（BCC语料库）

（12）走了这么久，还没有看见饭店，我实在有点受不了了。

（13）你现在连路都走不了，你觉得你能从这里走得了吗？

"V得/不了"结构用于强调动作行为能否达到预期程度，抑或动作结果能否顺利完成整体过程。"V得了"表示动作的实现、持续或完成；"V不了"为否定式，指动作无法实现、不能持续或无法完成。若进行语义细分，可发现"V得/不了"存在数种不同语义，譬如，例（5）至（7）表示在客观条件限制下，动作有无办法完成或实现；例（8）至（11）涉及动作对象之"完、尽"与否；例（12）表示动作是否能持续。于例（13）中，两个分句的动补结构所用动词相同，语义亦基本一致，皆表示在客观条件限制下动作有无办法实现，然而前后两个"走"之意义不同，前一"走"为"行走"之义，后一"走"则为"逃跑"之意。

最后，我们来谈一下"V得/不得"的语义：

（14）这么臭的味道，我真是一点也闻不得。

（15）这么臭的味道，我真是一点也闻不了。

（16）有一种皇帝叫"我儿子"，一人之下，万人之上，谁也碰不得，谁也说不得。（BCC语料库）

（17）有一种皇帝叫"我儿子"，一人之下，万人之上，谁也碰不了，谁也说不了。

（18）哎呀，这些话可说不得，说了之后被人听到你可要遭殃了。

（19）什么，你要去黑风林？那地方可去不得，听说大白天都有劫匪光天化日行凶。

观上述例句可知,"V 得 / 不得"可分两种情况:

一是用以表达主客观因素限制下条件或状态能否被允许实现、持续或完成,例(14)与(16)便是此种情况,且两句话中的"V 不得"皆可换作"V 不了"。这种语义下"V 得 / 不得"存在一些熟语性质的类似于"记得 / 记不得"等结构。

而另一种情况则用以表示情理或道义上是否许可,具有提醒劝告等功能,例(18)与(19)等情况便是如此。

一些学者认为无论是哪种语义,其否定形式出现频率都更高,否定形式中"不得"具有一种不可做的强制性含义,强调了主观意志的约束或外部条件的限制。

9.4 可能补语的动力模型

Talmy(1988)曾提到"动力态(Force Dynamics)",周红(2018)从认知语言学视角出发,借助 Talmy 的动力学图式(也可以称之为"力动态图式")对"V 得 / 不来"结构的动力情态进行了分析。也有学者借用这一模型对可能补语进行了分析,认为当"主观意志与心里趋向"的"动力"作用能克服"客观条件限制"的"反向动力"作用时,则主体的心理趋向可以实现,否则无法实现。

这种方式可以解释真实客观条件存在时句中可能补语的出现,但对于客观条件不存在时为何可能补语依然能出现则无法做出有效解释。本书认为一些语法结构本身会催生出"动作趋向",即"做"、"看"、"听"等动词都是单一方向的动作趋向,当这些动词孤立出现时,则会产生促使结果实现的趋向,这是第一种动力。"主观意志及心理趋向"代表着"愿意"到"不愿意"之间的连续统,调节着动力的方向,这是第二种动力。第三种动力是真实客观条件的"阻碍"到"促进"的连续统,同样调节着动力的方向。预期、论断、预防、担忧等心理情绪,可以在真实客观条件缺失情况下产生虚拟客观条件,或是作为真实客观条件的情绪补充,成为第四种动力。当动力所产生的合力为正向时,则会使得动作结果实现的可能性较大,在句法上出现"V 得 C"结构(也包括"V 得了"、"V 得"结构),反之当合力为负向时,会使得动作实现结果的可能性较小或不存在,在句法上出现"V 不 C"结构(也包括"V 不了"、"V 不得"结构)。这种合力方向是由正到负的连续统,因此"V 得 C"到"V 不 C"之间可以被表示不同语力(确定性)的词来修饰,不同的语力则表达对不同可能性的判断,例如"做得到"、"很可能做得到"、"或许做得到"、"有可能做得到,也可能做不到"、"也许做不到"、"很大可能做不到"、"肯定做不到"等。

9.5 "V 得 / 不 C" 结构的可能补语与状态补语的区别

9.5.1 结果实现与否

可能补语用以表示结果实现的可能性，通常是结果尚未实现（但正如我们前文分析，其也可以是完成状态、未完成状态、反复已完成状态、反复持续状态，只是通常为未完成状态，即结果尚未实现）；状态补语则表示结果实现后的状态，通常是结果已然实现。

（1）这些简单的家务我当然能做得好啦，你就放心吧。

例（1）中"能做得好"属于"动词 + 得 + 可能补语"之结构，其中"好"于该语境下具有可能性之涵义，彰显言者对完成"这些简单家务"具充足信心及充分预期，并认为自己拥有相应能力来完成。可能补语"好"用于强调言者在结果尚未实现前便主观上认定具备完成动作之潜在能力与可能性，这也体现了可能补语包孕一定的主观性。

（2）他好可爱，尤其是他歌唱得好，舞跳得好，球打得好，最重要的是他的模样怎么能那么讨喜！（BCC 语料库）

在例（2）中"歌唱得好"、"舞跳得好"、"球打得好"都是"动词 + 得 + 状态补语"的结构，"好"作为描述状态的词，用以表示动作所呈现的持久性、稳定性、可重复性的状态。无论是"唱歌"、"跳舞"还是"打球"，都意味着被描述的行为或状态已经实现，并由观察者观察后得出相应评价，所描述的状态虽然具有主观性，但对于观察者而言是已经确定且实现了的。

状态补语强调的是已经实现或重复出现的状态，而可能补语则强调的是某种可能性或假设，相同结构的补语在不同语境中具有不同含义及功能。

9.5.2 共现词语的差异

由于两者语义存在差异，故而在句中与两者能共现的词语也存在差异。表示可能性的可能补语，在语境中常与能愿动词、表示肯定义的语气副词共现。状态补语则通常与表示完成、结束、持续等意义的词语共现，也能与表示程度范畴的程度副词共现。

（1）这些家务我能 / 可以做得好。

（2）这些家务我当然 / 肯定能做得好。

在例（1）的动补结构"做得好"中，"好"为可能补语，动补结构前出现了能愿动词"能"、"可以"，表示说话人主观上认为具备达到理想效果的能力及可能性。在例（2）的动补结构"做得好"前，出现了能愿动词"能"及表示肯定语气的副词"当然"或"肯定"，表示肯定语气的副词用以增强言者主观认知中对自身能力的确信程度，并凸显了可能补语所蕴含的可能性。

（3）他歌总是 / 一直 / 经常唱得很好。

（4）他歌唱得很 / 非常 / 特别 / 极 / 极其 / 甚 / 那么好。

（5）他歌唱得太好了。

（6）他把房间收拾得干干净净。

（7）她今天要去见朋友，把自己打扮得漂漂亮亮的。

在例（3）的动补结构"唱得很好"中，"很好"为状态补语，动补结构与表示状态持续的副词"总是"共现,强调动作状态的持续性与经常性。在例（4）、（5）的动补结构中,状态补语中的形容词前出现了表示程度范畴的"很"、"非常"、"特别"、"极"、"极其"、"甚"、"太"等程度副词及表示程度义的指示代词"那么"，表示程度高义的"状语 + 形容词中心语"结构构成了状态补语。火玥人（2007）提到状态补语"动词 + 得 + 形容词"结构中，"得"与形容词之间通常能加上程度副词（很、极、太、更、最、挺、非常、十分、特别、相当、格外、极其、尤为、甚是、比较等），或如例（6）、例（7）中，状态补语可以使用形容词重叠式来修饰程度（干干净净、漂漂亮亮、整整齐齐等）。

9.5.3 否定形式存在差异

（1）这些家务虽然简单，但是我做不好。

（2）这些家务虽然简单，但是我可能 / 恐怕 / 也许 / 或许 / 大概做不好。

（3）这些家务我无法做得好。

（4）他一点也不可爱，他歌唱得不好，舞跳得不好，球打得不好，最重要的是他的模样一点也不讨喜。

（5）他歌唱得不好 / 一点也不好 / 很不好 / 非常不好 / 特别不好 / 极其不好。

（6）他歌唱得没那么好。

在例（1）中，"V 不 C"是含可能补语的动补结构的否定形式，用以表达对动作行为发出者能力的否定或质疑，也表示对于结果可能性的不确定。动词"做"后的可能补语"不好"表示动作的结果无法达到理想预期状态。

在例（2）中，"V不C"之前出现了表示"估计，不是很确定"的助动词"可能"、表示"估计兼担心"的副词"恐怕"、表示"不很肯定"的副词"也许"与"或许"、表示"不很准确的估计"的副词"大概"等词，用以对可能性的程度进行调节。同样具有程度调节功能和语力增强功能的程度副词"一定"、"必定"、"肯定"也可以出现在该句"V不C"之前。这些句子中"V得C"中的补语都是可能补语。

在例（3）中，当"V得C"前出现了表示否定含义的动词"无法"时，整体语义也凸显否定，表示主体对自身能力进行评估后认为没有可能实现既定动作目标，从而对动作的可能性加以否定。同样，这一句子中"V得C"中的补语也为可能补语。

在例（4）中，"唱得不好"之结构中否定副词"不"置于形容词"好"之前，状中结构"不好"作为状态补语之否定式，对动作所伴随的状态予以否定。同理，在"舞跳得不好"及"球打得不好"中，"不好"作为状态补语之否定形式，分别对"跳舞"、"打球"这两个动作完成后的状态或水平进行否定。此种状态和水平蕴含程度范畴，故亦可被表示程度的词语所修饰。

在例（5）中，我们可以看到含状态补语的动补结构的否定形式中也将表示程度含义的"没那么"、"一点也"、"很"、"非常"、"特别"、"极其"等置于补语之中，对动作完成后所呈现的状态进行否定，并说明否定的程度。

在例（6）中，我们看到了一种不直接包含否定副词"不"的含状态补语的动补结构的否定形式，该句中"没那么好"作为含否定义的状态补语，体现了否定的委婉性、模糊性、相对性及可比性。发话者采用"没那么好"的否定形式，可以使得评价不至于绝对和直白，更容易被受话者所接受。同时，句中隐含着一定的预期标准，在否定时通过与此标准进行比较，体现出了否定程度的相对性和否定内容的可比性，至于离此标准差多少不得而知，故而也体现着语义模糊性。

9.5.4 语义侧重点不同

（1）她训练两年了，所以这次演出她一定能跳得好，你就不用担心了。

（2）她前些天扭伤了，我估计这次活动她可能会跳不好。

（3）正是因为她跳得好，这些评委觉得她发挥得不错，所以才将一等奖颁给了她。

（4）这次跳得不好没关系，下次继续努力就行了，毕竟你才刚开始训练呀。

我们可见，可能补语与状态补语的语义侧重点存在差异，此种差异在两者的肯定式与否定式中皆有体现。可能补语侧重于对主体动作所带来结果的可能性进行评述，乃对主体主观能力或客观条件等限制所产生的概率性进行肯定或否定的评估。状态补语则侧重于对动作完成结果或状态的描述与评价，强调的是对客观表现或水平的描述与评价。例（1）与例（3）分别为可能补语的肯定式，前者展现对动作结果可能性的描述，基于客观条件推测出主体能力，进而对主体动作结果可能性作出肯定性评估；后者侧重于对动作完成结果或状态的评价，通过客观展现主体动作行为所带来的效果，强调对动作完成结果及状态的正面评价。例（3）与例（4）分别为可能补语的否定式，前者展现了因客观条件的限制而对主体动作产生的影响，发话者基于此客观条件推测出主体能力受损，进而对主体动作结果的可能性做出否定性预估，后者则侧重于直接展现动作的实际状态，发话者基于已然事件对受话者客观表现与水平进行负面评价。

9.5.5　是非问与正反问疑问形式不同

（1）那些资料你看得/不完？

（2）这篇作文你写得/不完吧？

（3）这项任务你能完成得好，是吗/对吗？

（4）我们的演出就在下个月，这首歌你能不能唱得好（啊/呀/呢）？不能的话我让她替你上台吧。

（5）那份材料你可不可以写得好（啊/呀/呢）？领导让尽快交上去。

（6）这些字结构并不复杂，你能否/是否写得好（啊/呀/呢）？

（7）这次考试你考得好考不好（啊/呀/呢）？

（8）这本小说你看不看得完（啊/呀/呢）？

（9）这篇阅读理解你是不是看不懂（啊/呀/呢）？

（10）这个石碑你是不是看得懂（啊/呀/呢）？

（11）那本书你看得懂不？（是省略式）

（12）那里的高塔你看得到，是不是/对不对（啊/呀/呢）？

（13）黑板上的字有点小，你看得清楚，还是看不清楚（啊/呀/呢）？

例（1）至例（3）皆为是非问句。例（1）的句法结构近似陈述句，未含表疑问之代词。此句可加上表疑问的语气词"吗"，亦可不加，不加"吗"时通过语调上扬表示疑问，加"吗"时主要借助疑问词"吗"传达疑问含义，此时可用升调,亦可用降调。例(2)的结构与例(1)类似,因有表疑问的语气词"吧"存在,使句子含有预期与揣测之意,既表示半信半疑,亦表达希望结果符合预期。例(3)则通过"陈述句 + 是吗 / 对吗"的形式实现对可能性的提问,与例(2)相似,包含对动作结果能否实现的揣测与预期。

例(4)至例(12)皆含有正反问句。表示正反疑问的词语通常有"能不能"、"可(以)不可以"、"能否"、"是否"、"是不是"等。由此所组成的含有可能补语表示正反问的结构则较为多样,包括"能不能 / 可不可以 V 得 C"、"是否 / 能否 V 得 C"、"V 得 CV 不 C"、"V 不 V 得 C"、"是不是 V 得 C"、"是不是 V 不 C"、"V 得 C 不"、"V 得 C,是不是 / 对不对"等。这些结构有时与表疑问的"呢"、"呀"、"啊"等语气词结合,来增强疑问语气,但上述结构中的省略式一般不带有语气词,如例(11)。

例(13)在形式上类似于选择问,但功能上属于正反问,通过提供肯定形式与否定形式,供对方选择,但仍意在确定是否具有动作实现的可能性,句中包含着可能补语。

仅含可能补语的句子,其疑问焦点在于对动作结果能否实现及预期能否达到的不确定性,回答预期为表示可能性存在的肯定式回答或表示可能性缺失的否定式回答,如"我能做得好"、"我不能做得好"。

(14)他文章写得很好 / 不好?

(15)她今天来得很早 / 不早?

(16)他笑个不停?

(17)他跑得快,是吗 / 对吗?

(18)她歌是不是唱得很好?如果很好的话就选她上台演出吧。

(19)你材料写得详细不详细?写得不详细的话小心领导下次开会的时候批评你。不要以为交上去就算任务结束了。

(20)你字写得好不好?尽量把字写得端正些,字会影响别人对你这个人的印象和看法。

状态补语的是非问形式,无论是正面询问还是反面询问,一般都不能省略"得"或(口语中常出现的)"个",且正面询问时经常加上表程度的副词"很"。

状态补语的正反问形式中经常出现"是不是"、"状态形容词 + 不 + 状态形容词"等形式,用于对动作完成后的状态进行询问。疑问焦点在于询问状态评价的正负向,回答预期为表示对动作结果所附带良好状态的正向评价或表示对动作结果所附带不良状态的负向评价。

9.5.6 能否带后置宾语

（1）我手头还有些钱，我买得起这辆车。（肯定式）

（2）这座城市中心地段的房价太贵了，一般人买不起那些楼。（否定式）

（3）都教了好多遍了，你能不能写得好这些材料？（疑问式）

（4）那辆车我买得起，就是需要攒一段时间钱。（肯定式）

（5）那些中心地段的楼一般人买不起，不过旧城区的房子就便宜了许多。（否定式）

（6）这些材料你能不能写得好？如果不行的话，我叫小李帮你一下。（疑问式）

例（1）至例（3）分别为可能补语的肯定式、否定式和疑问式，三个句子中的可能补语都带有后置宾语。宾语作为补语前谓语中心语的动作对象，用于描述主体能否实现动作目标，主、谓、补、宾四者共同构成了对动作主体、主体能力、动作对象、目标实现之间关系的评述。

例（4）至例（6）同样为可能补语的肯定式、否定式与疑问式，与前三个句子不同的是，后三个句子中原本应出现在可能补语后的宾语，成了主谓谓语句的受事主语。尽管宾语的句法位置发生了改变，但语义上依旧与动补结构联系紧密。但这种句法层面的调整，虽然不改变语义联系，但句子的焦点可能发生变化。

（7）这支舞她跳得很好，吸引了全场观众的目光。（肯定式）

（8）今天下午没什么事，家里被他收拾得干干净净。（肯定式）

（9）她把地下室里堆放的垃圾全都清理了，把整个地下室变得宽敞不少。（肯定式）

（10）他的字写得不好，经常被妈妈提醒。（否定式）

（11）他文笔很好，尤其是这首诗写得真不错，对吗？（疑问式）

例（7）至例（9）皆为状态补语的肯定式。但例（8）和例（9）属于主谓句中的"被"字句和"把"字句，这两种句式中通常可以容纳状态补语，而极少容纳可能补语。从语义上来看，通常"把"字句表示施事对受事加以处置，"被"字句表示受事被施事处置，这便要求结果具有确定性、已知性或完成性，这与可能补语表可能义相冲突。因此两种句式皆极少接纳可能补语，但可以表示处置或被处置后的状态，因此可以接纳状态补语。例如，"能把事情干好"中的补语为状态补语，说明动作发生所附带的状态，"能把作业做完"中的补语不是可能补语，而是结果补语，表明动作发生的结果。

无论是例（7）至例（9）的肯定式、例（10）的否定式，还是例（11）的疑问式，其中语义上的受事都不能成为动补结构的后置宾语，而仅能作为主谓结构的受事主语，吴勇毅等（2021）便提到，状态补语动补句动词带宾语的情况有三种，分别是 SV 得 C、SVOV 得 C、（S）O（S）V 得 C。因此我们认为，状态补语和可能补语所修饰的动词，其受事的所处位置存在句法差异，源于补语的焦点化影响，在出现状态补语的小句中，小句的焦点仅为补语所补充说明的状态本身，而不会落在受事上，但在出现可能补语的小句中，小句的焦点可以为受事，也可以为补语所补充说明的动作结果的可能性。

9.6 部分"代词 +V"类话语标记与可能补语的共现

我们不结合语境，单从语义角度分析两个句子，来研究一下"代词 +V"类话语标记与可能补语的共现问题。

（1）他回不去家了。

（2）你看，他回不去家了。

首先我们来看一下句子结构，例（1）属于一个简单陈述句，"回不去"是带有可能补语的动补结构。表示主语"他"没有能力或受制于客观条件而无法执行"回家"这一动作。例（2）在例（1）基础上增添了"你看"这一话语标记，用于引导对方注意或对后续内容进行强调。"你看"并不直接参与句子的主要语义构建，但会对后续的内容起到引导与强调作用，不过无论"你看"是否存在，其都不影响句子中可能补语所拥有的表示动作可能性的语义特征。

因此我们可以说"你看"可以删除吗？本书认为这并不可以。我们认为一些话语标记所具有的句法上的可删除性（张利蕊、姚双云，2024）并不等于语义或语用上的可删除性。这是因为"你看"的存在会改变原句语义的现实性。在第一句话中，"他回不去家了"描述的是一个（语义上可推理的）客观现实状态，即"他"因为主客观条件限制而实际上无法回家，其独立于观察者的主观意识，无论观察者是否承认这一点，"他回不去家"都是作为事实而客观存在的。但在第二句话中，"你看，他回不去家了"，观察者成了发话者，其在话语中添加了"你看"这一话语标记，实质上是将一个客观事实转变为具有自己主观认识及情感的非客观事实。"你看"通过对这种非客观事实进行强调，试图让受话者注意并认同其对于"他回不去家"这一非客观事实的看法。但我们仍需要注意，这种论述仅考虑了语义上的逻辑推理，但有时我们也需要结合具体语境来分析。现在我们对一些话语标记对可能补语的动力模型所产生的影响进行分析。我们之前谈到，影响"V 得 C"、"V 得了"、"V 得"结构到"V 不 C"、"V 不了"、"V 不得"结构转变主要有四种动力，分别是语法结构本身所催生出的"动作趋向"动力，主观意志及心理趋向所调节的动力，真实客观条件所调节的动力，预期、论断、预防、担忧等心理情绪所调节的动力，而话语标记"你看"的出现会影响第二种及第四种动力。如果我们将第四种动力进一步细分，可分为动作主体的心理情绪及（非动作主体的）观察者的心理情绪。当话语标记"你看"出现后，真实客观条件的作用便弱化了，因此第二种动力减弱，但观察者的心理情绪将真实客观条件转变为虚拟客观条件，即在观察者的主观世界中为可能补语肯否式结构的转变提供了非现实性的动力。除了我们说的现实性与非现实性之外，我们还可以看到，当发话者将受话者邀请进入由"你看"构成的共同空间后，发话者会将更多的主观认知与情绪态度赋予陈述内容，这种情感取向往往与发话者的心理情绪密切相关，例如嘲讽、遗憾、无奈、担忧等。而心理情绪的产生又部分来源于两者的现实社会关系及发话者的认知状态。因此在例（2）中的"你看"不是一个可以随意删除的成分，它还具有改变命题现实性、改变可能补语的动力模型及传递发话者主观性的作用。其实严格从语用学角度来考虑句子意义的话，当发话者不使用"你看"，而仅仅是说"他回不去家了"，实质上具有两种情况，一种是客观描述，一种是主观判断，但会倾向于前者；当发话者使用"你看"构成"你看，他回不去家了"实质上也有两种情况，一种是客观描述，一种是主观判断，但会倾向于后者（我们虽然说是主观判断，但其实发话者在使用"你看"时也在尽力加强表述方式的客观性，尤其是当我们对比"我看"与"你看"时会发现这种表述方式的客观性更为强烈，我们所说的主观判断与表述方式的客观性这两点并不冲突，因为表述方式的客观性并不等同于现实客观性）。但如果仅从语义学角度考虑句子意义，则如前文分析一般。

（3）我看，他回不去家了。

例（3）跟例（2）同理，这里"我看"也具有改变命题现实性、改变可能补语的动力模型及传递发话者主观性的作用。但区别在于"我看"的主观性更强烈，相比"你看"而言，发话者通过"我看"标识主观立场，有意弱化内容的客观性，因此对于可能补语的动力模型而言，"我看"使得第二种动力更弱，第四种动力更强。

（4）你看，她昨晚回不去家。

（5）？我看，她昨晚回不去家。

（6）你看，她前些天回不去家。

（7）？我看，她前些天回不去家。

（8）你看，她最近回不去家。

（9）我看，他最近回不去家。

（10）你看，她今晚回不去家。

（11）我看，她今晚回不去家。

（12）你看，她一直回不去家。

（13）我看，她一直回不去家。

由此可知另一种情况，当可能性为完成状态时"你看"与"我看"的功能存在差异，前者用以表示对完成状态之确认或强调而缺乏推测义，后者则用以表示对完成状态之推测而不能用于对其进行确认或强调。当使用"你看"时这种可能性具有较强现实性，当使用"我看"时这种可能性难以具有现实性，换言之，当我们需要表述可能补语可能性的完成状态现实性时，我们可用"你看"而一般不用"我看"，对于可能补语可能性的反复完成状态现实性也具有类似的道理。

另外"最近"表示说话前或后不久的日子，当出现"最近"这一模糊时间如果在缺乏语境的条件下出现时，受话者通常会倾向于将例（8）识解为"说话之前她回不去家"，而将例（9）识解为"说话之后她回不去家"，可见话语标记"我看"与"你看"会一定程度上造成发话者对可能补语可能性的完成状态模糊性的识解方式存在差异。

对于例（10）至（13），就如上文所分析的，"你看"更倾向于表述可能性的现实性，"我看"更倾向于表述可能性的非现实性。

以下我们对"我就说"与可能补语的共现进行一些探讨：

（14）我就说，她昨晚回不了家。

（15）我就说，他前几天回不了家。

（16）我就说，她今晚回不了家。

（17）我就说，她最近回不了家。

（18）我就说，她一直回不了家。

此处的"我就说"属于类似于"果然"义的"我就说",我们先前分析了此语义类别下所存在的四种子类别（过去真的说过、过去未说过但想过、过去未说过未想过但主观上认为说过、过去未说过未想过但主观上认为想过），但无论哪种语义类别，当其在句中同可能补语共现时，通常用以表示可能性的完成状态或反复完成状态，展现这两种状态的现实性，如例（14）与（15）便是如此。当"我就说"用以表示可能性的未完成状态时，则强调这一状态的客观性，如例（16）所示。当"我就说"用以表示可能性的持续状态或模糊状态时，则受话者倾向于将其识解为对过去时间的描述，若是在语境充分时受话者亦会将其识解为包含未来及过去时间的描述，且此时的"我就说"会很大程度上反映出现实世界的客观性。

第十章 "代词 +V"类话语标记与程度补语的共现问题

10.1 程度与程度范畴

程度是对客观事物的属性、状态、数量、行为、情感等的强度、量值、范围、规模等特征的主观化量度。程度是对观测或研究对象所带有的客观属性(现象或数值)而言的,是语言中表达程度概念的研究对象。

张颖(2007)提到程度是人类对事物性状的一种认知方式,程度词语是对这种认知范畴的语言化。表达程度的词语或结构作为语言中对客体状态描述与修饰的一种表述方式,也是人类思维中主观感知量在语言中的映射,不同语言系统及不同语言使用主体对于程度词语的运用具有差异性。通过运用程度词语,可以使言说者对客体的主观思维与感知转化为客观的言语表达,同时某些情况下表示言说者的情感态度。

程度的认知与表达包括以下几个要素:程度的载体,即程度属性所依附的对象(性质、行为和事物等),如"她很胖"中的"胖"便是一种包含"程度"属性的载体;程度的主体,即程度的语义所指向的对象,如"爸爸非常严格"中的"爸爸"便是"程度"语义所指的对象;程度的客体,即程度所参照的对象,如"她很高"中隐含一个存在于人的认知中的参照对象;程度的主观基础,即发话人出于主观判断或表达需要,而在语言形式上对程度载体所包含的程度因素进行主观表达;程度的客观基础,即程度载体所蕴含的客观程度属性,正是这种因素的差异使得主体有了不同的主观感知。

正是由于对客观事物程度属性的认知和表达需求,催生出了语言系统中的程度范畴。程度范畴是程度在认知与语言中的反映,是思维系统与语言系统中组织与表达与程度信息相关的一套思维模式或语言框架。在语言系统中,程度范畴是指表示事物的大小、强度、深浅、高低、多少等属性的语法或语义等手段。蔡丽

（2010）认为程度范畴是一种基本的认知范畴，是广泛存在于不同语言中的一种具有主观性的语法语义范畴。程度范畴与数量范畴两者非包含关系，都是隶属量度范畴下的次范畴，两者具有平等互补地位，体现人们对客观世界中存在的不同形式的量的两种语义表达范畴，两者代表不同的计量方式。张颖（2007）认为在现代汉语中，表达程度的结构在语法上的表现方式通常为副词、形容词、代词、数量词、动词、助词，以及某些形式的短语或构式。而表达程度的语法成分包括状语、定语、补语等。本书认为程度范畴的语言表现形式并不仅仅存在于语法语义系统，而是在语言中的语音、语法、语义、语用等多个维度都有所体现，在语音层面可以通过音高、音长、音强等方式实现，在词汇层面可以通过形容词、副词、动词、名词、代词、短语、重叠形式等方式实现；在语法层面可以通过定语、状语、补语、构式等方式实现；在语用层面可以通过语境、语气、重音、话题、焦点等来实现。但程度范畴各子类所对应的语言形式却极其有限，通常被切分为几个具有层级性的片段。如表示速度程度的连续统及所对应的词语形式：静止－极其慢－特别慢－非常慢－很慢－比较慢－有点慢－慢－不快不慢－快－有点快－比较快－很快－非常快－特别快－极其快。

10.2 程度范畴的实现方式

蔡丽（2010）认为"程度"可以通过孤立程度范畴（"词义特征"与"句义特征"表现的"程度"）和关系程度范畴（"语义关系"所表现出来的"程度"）来实现。蔡文中认为由程度词语"很、极其、非常、特别、极、透、死、坏、状态形容词"等词语本身含义所表达的程度称之为"词义特征表现的程度"；由框式结构"X 得不能再 X/Y 了"、"X 得不要不要的"、"简直不能再 X 了"、"比 …… 更 X 一点"等由整个句子所表达的程度称之为"句义特征表现的程度"；由类似于"饱得吃不下东西"整体句义所包含的"原因－结果"关系转喻而具有的高程度义称之为"语义关系表现的程度"。如果按照激进构式语法（radical construction grammar）的观点"构式是语言的基本单位（包括词、短语、框式结构等）"我们可以将前两种归并为"结构意义所表现的程度"。"程度"不仅靠结构意义与语义关系来实现，也可以靠特定语境所提供的隐含信息来呈现，例如"前些天你跟他吵架，今天还生气吗？"、"我昨天把他所有联系方式删了，以后不会和他聊天了"。如果孤立地看第二句话，则陈述语气所含有的程度义较低，但如果结合上文的语境，从句中可以判断出回答者生气的程度很高，这便是"语境所表现的程度”。此外汉语中较少使用词汇形态来表示程度，但一些具有形态变化的语言，可以通过屈折变化、派生变化、复合词、词性转换等方式来表示程度。在英语中，可以通过屈折变化（如在词后添加词缀“-er”、“-est”变为比较级和最高级）从而增加程度义：“big”（大的）→“bigger”（更大的）→“biggest”（最大的）；可以通过派生变化（如增加后缀“-ful”、“-less”等）增添程度义：“help”（帮助）→“helpful”（有帮助的）；通过添加程度前缀增加程度义：“fast”（快）→“superfast”（超快）；通过程度形容词与名词进行组合形成复合词增加程度义：“world”（世界）+“famous”（著名的）→“world-famous”（举世闻名的）；通过将动词转化为名词等词性转换方式增加程度义：“break down”（崩溃，动词词组）→“breakdown”（崩溃，名词）。汉语虽然缺乏形态变化，但也有通过词汇形态来表示程度的，可以通过“AA 式”词语加强语气，表示程度高义：细细地看、快快地走、绿绿的草原、蓝蓝的天空；可以通过“ABB 式”词语来表示程度的增强：“水汪汪的眼睛”、“白茫茫的雪原”、“绿油油的草坪”；可以通过“AABB 式”词语来对某种状态的程度进行强调：收拾得干干净净、打扮得漂漂亮亮、整理得清清爽爽、喝得晕晕乎乎；可以通过“偏正式合成词”（即在形容词或名词前，添加表状态或程度的词构成合成词）表示程度义：爆红、火红、飞快、雪亮、热销；可以通过词语模表示词义中的程度，如“烈性 N”：烈性犬、烈性炸药、烈性传染病等；还可以通过量词重叠使用，表示程度之高或数量之多：一只只蚂蚁、一道道弯儿、一次次失败、一层层楼梯、一片片雪花。所以我们认为，程度范畴可以通过包括但不限于以下四种方式实现：结构意义所表现的程度、语义关系所表现的程度、语境所表现的程度、词汇形态所表现的程度。

10.3 程度范畴在补语系统中的实现

就补语系统而言，蔡丽（2010）从范畴角度对补语进行了分析，认为补语是现代汉语程度范畴的一种重要句法表现形式。蔡文认为并非只有程度补语可以表示程度，在很多其他类型的补语中，都可以体现程度。

（1）听到这个消息，她伤心得哭了。

（2）看到这个场面的瞬间，他就被吓晕了。

以上两例体现出程度范畴可以通过结果补语来实现。例（1）中“哭”作为结果补语，对主体心理状态“伤心”所诱发的动作结果进行了刻画。“哭”是内在情感体验“伤心”进行到一定程度后所引发的外在表现，结果补语通过对动作的结果进行描述，突出"伤心"的程度及心理活动的强度，通过抽象心理的具象化体现，使得程度范畴在结果补语中得到实现。例（2）中属于动词谓语句中的"被"字句，"晕"属于结果补语，描述了动词"吓"对动作主体所造成的影响和后果。通过"晕厥"这种状态，反映了主体遭受"惊吓"后所产生的剧烈生理反应，"被吓到"属于心理活动范围，但由"被吓到"造成惊吓过度后的"晕厥"，则体现了心理活动的具象化，这种具象化形象地体现了"被吓到"的程度之剧烈。

（3）听到女儿考上了研究生，她乐得前仰后合。

（4）今天天气太热了，他刚从外面回来，热得像是要熟了一样。

上述两例显示程度范畴可经由情态补语实现。例（3）及例（4）中皆含情态补语，表明动作行为所伴随的状态。例（3）之中补语"前仰后合"在描述"乐"所致结果时，运用夸张之辞格，生动形象地展示动作主体的状态，增强表达效果，亦体现"乐"的程度之高。例（4）之补语"满身都是汗"在描述"热"所致结果时，运用比喻与夸张之辞格，透过形象地展示经受炎热天气归来后之身体状态，从而体现"热"的程度之高与身体不适感之强。

（5）这项工作我们已经加班加点干了三个月。

（6）他等了三天了，都不见人。

（7）她这个月来我这买首饰买了好几次，都快成我们大客户了。

（8）他今天去了七八趟厕所了，看来是吃了什么乱七八糟的东西。

上述四句表明程度范畴亦可通过数量补语实现。例（5）及例（6）句中存在时量补语。例（5）中，借助表示时间跨度较长的时量补语"三个月"及其所补充的谓语中心语"干"，展现了工作强度之高、时间之长且投入之多，渲染项目之紧迫，彰显团队毅力之强等多个维度的程度。例（6）通过时量补语"三天"，描述动作主体"等"的持续时间，相较于常态的"等待"，句中时间明显较长，体现主体的耐心、焦虑与失望之程度高，也体现事件紧迫性之强等含义。例（7）借助动量补语"好几次"对主体的动作行为之频次进行量化，此句藉由数量短语不仅体现主体动作行为之频繁，亦侧面展现动作主体兴趣之浓厚、购买能力之强、对店铺忠诚度之高等多个维度的程度义。例（8）使用动量补语"七八趟"对动作主体"如厕"的次数进行精确量化，经构建脱离常态之情境，不仅在客观上通过数量补语体现动作频次之高，亦凸显动作主体或因饮食健康问题所导致的情况异常程度和身体不适程度。

由以上八个例句可以看到，在补语系统中，并非仅有程度补语可以表示程度范畴，情态补语、数量补语等也可以体现程度范畴。这是因为程度范畴的实现不单单是靠实现某种语义功能的语法结构，也可以靠语境、语义关系、词汇形态等不同方式来完成。

补语系统中较为直接地体现程度语义的类型为极性程度补语、高程度补语和微量程度补语。极性程度补语包括在语言演化进程中语法化进程较高的"极"、"透"、"死"、"坏"等词，也有随着互联网及社会变迁而新兴起的"翻、爆、炸"等表示程度到达极点的补语。高程度补语包括"很"、"慌"、"多"、"不行"、"不得了"、"要命"等表达较高程度的词语。对于极性程度补语和高程度补语，有些学者将其统称为高程度补语。由于程度属于连续统，与此对应的程度范畴也不能划分出明晰的等级范围，对于程度补语的分法因研究者视角的不同而有所差异，不影响我们对其进行语法分析。但为了将语义划分得更为细致，我们将高程度补语和极性程度补语做了区分。微量程度补语包括"一点"、"一些"表示模糊而又微量的程度词语。一般认为"一点""一些"作补语时属于程度补语，但也有部分学者认为其属于数量补语，本书中我们将其作为程度补语。这些补语由于是通过固定语法结构中的词义直接展现程度，因此它们具有结构上与语义上的相似属性，可以共同归属为补语系统中的一个小类，学界将其命名为"程度补语"。这种程度的表现方式较为显化（尤其是语法化进程较高的极性程度补语），可以直接从结构意义层面进行理解，而不需要通过语义关系、语境或者是词汇形态来理解。

10.4 极性程度补语

刘兰民（2003）提到现代汉语中性质形容词与部分动词后可出现极性程度补语，认为传统的极性程度补语包括"极"、"透"、"死"、"坏"四个。此后唐贤清、陈丽（2010、2011）等学者对作补语的"极"、"死"等词的历时发展进行了分析。互联网亦影响了一些新兴程度构式之出现，例如"X 爆了"、"X 哭了"或"X 得不要不要的"等，其中比较有代表性的新兴极性程度补语包括"爆"、"炸"或"翻"等。

由于新兴极性程度构式或新兴极性程度补语常出现在网络环境或口语交际中，在汉语教学中我们主要集中于对传统的极性程度补语进行教学，故而我们的研究重点也放在已经语法化进程较高的极性程度补语上。

（1）最近烦恼的事情太多了，我真是郁闷极了，实在不知道该怎么处理这一堆麻烦。

（2）小菲对这段感情实在没有什么可以留恋的，她的心已经被伤透了。

（3）刚起床感觉喉咙又酸又痛，不知道是不是感冒了，难受死我了。

（4）今天真是热坏了！这天气预报说的降温也不知道是不是真的。

由以上四个例句可以看出，一些极性程度补语具有共同点，以下我们对"极"、"透"、"死"、"坏"四个极性程度补语进行讨论。

一、极性程度补语总是伴随着虚词"了"，这里的"了"是动态助词"了$_1$"和语气词"了$_2$"句末连用，依据同音删略原则，留下了既表示动作或性状的实现，也表示事态变化的"了"，此时的"了"既包含动态助词功能也包含语气词功能，同时也具有完句功能。如果句子需要表现较强烈的语气，可以将"了"改为"啦"增强语气，例如"难受死我了"可以改为"难受死我啦"，也可以在补语所修饰的谓语中心语前加"真是"来增强语气。

二、四个极性程度补语对于述语有一定限制，述语常为性质形容词、心理活动动词、生理活动动词，通过极性语义，使得述语所表达的动作、状态、性质的程度得以强化，从而含有极为明显、非常剧烈、难以忍受等含义。"AA 式"词语、"ABB 式"词语、"AABB 式"词语、其他状态形容词等也具有程度义，且这种程度具有较模糊的非极性义的限定范围，因此在语义上与极性程度补语相冲突，难以作为述语。

三、四个极性程度补语存在语义上的相似性，都可以表示处于某种状态、感觉或动作效果的最高程度。四者都具有使用夸张辞格来增强语气与提升句子主观性、语义极端性的功能。四者同时还具有转移语义模糊性的功能，我们可以认为四种极性程度补语通过对表基本义的形容词与动词进行程度强化，使原本较为模糊、难以量化的感受与状态，转化为易于感知的极性程度，但即使处于极性程度，由于缺乏不同个体认知上的绝对统一的衡量基准以及语义极化后所致结果为对常态的偏离，使得认知上仍留存有对于极性程度的主观判断与模糊空间，从而导致了模糊性的转移而非消失。

四、从结构上来讲，四者所组成的述补结构多为粘合性补语，补语与述语之间的结构紧密。尤其是当性质形容词、心理活动动词、生理活动动词作为述语时，述语与极性程度补语之间不存在明显的语法间隔标记，无法插入"得"、"个"、"得个"等。述语与四种程度补语的语义关系密切，形成了具有整体意义的构式"X 极 / 透 / 死 / 坏了"，语义和结构上具有不可分割性。但是有一些极性程度补语"要死"、"要命",却需要在述补结构之间加上补语标记"得"。我们认为差异原因在于:"极"、"透"、"死"、"坏"的演变轨迹经历了由表结果义的虚化,"要命"、"要死"的演变轨迹经历了表状态义的虚化;同时前者四个词的原义都具有客观属性,后者两个词语的原义体现了主观属性,这种客观属性与主观属性的隐喻差异,也造成了两者构造的述补结构不同;从语义上来讲,前者四个词都表示处于极点,而后者两个词表示趋向极点,这种"处于"与"趋向"的差异,也造成述补结构的不同;同时由于以上原因,最终形成了结构固化的两种构式:"X极/透/死/坏了"、"X得要死/要命",构式的形成对于这些结构的语义演化也起到正反馈的作用。

五、从语体上分析,此四者多出现于口语色彩较为浓郁之语体中,其作补语具有极强的夸张性与形象性,因而可较为直接地传达言者之主观感受与情感程度,这也符合口语语体相对灵活与随意之特点。相较于书面语体,口语语体常使用结构短小精悍且富含情感之词语来展现事物状态或抒发言者情感,故而这几种极性程度补语在日常生活中使用广泛。在一些文艺作品中作者也会采用口语化方式来展示文章内容之生活气息,或是较为逼真地反映人物话语风格与性格特点,而这四种程度补语亦会出现于相关文学作品中以增强作品口语性,从而提升读者的阅读体验,营造相对真实的叙事氛围。

六、"透"、"死"、"坏"作极性程度补语时可以用于"把"字句,表示处置受事后动作结果、状态、变化出现的极性含义。"极"作极性程度补语很少用于"把"字句,通常需要在补语所修饰的谓语中心语前加上"搞"、"变"、"弄"、"装点"、"打扮"等含有动作或状态浮现、持续、变化、完成等意义的词语,且在这些词语和谓语中心语前需要加上"得"作为语法间隔标记,形成"S_1+把+S_2+搞/变/弄/装点/打扮+得+A/V+极+了"结构,S1有时可以根据语境推测出,因而有时可以省略,S_2则不可省略。但此结构属于嵌套结构,本质上是含有极性程度义的述补结构整体作情态补语而形成"S_1+把+S_2+V+得+补(极性述补结构)"结构,但由于极性述补结构作为整体来修饰最前面的述语,因此也属于单层补语结构,对于此结构,当补语标记"得"存在时,"死"、"透"可以放入此结构,"得"前搭配的动词会受限制,但"坏"通常不进入此结构。另外我们在分析时要多留意"把"字句中出现的"透"、"死"、"坏"是属于结果补语,还是极性程度补语。

以下例句便展现了"透"、"死"、"坏"和"极"作极性程度补语出现在"把"字句中的情况:

（5）她这番话丝毫不顾及妈妈的感受，把妈妈的心伤透了。

（6）我今天早上喝了一碗胡辣汤，辣椒放多了，差点把自己给辣死了。

（7）他讲的这个笑话，把周围人给乐坏了。

（8）战士叶新恒是个青年团员，做起工来挺能干，而且带头展开文娱活动，一会儿唱歌，一会儿说快板，把坑道里搞得热闹极了。（CCL 语料库）

（9）新来的员工完全不知道这个舞会有多么重要，把整场活动搞得糟透了。

（10）怎么着？大嫂一拿钱，拿得没有影儿了，究竟来不来呢？真把人等得急死了。（CCL 语料库）

七、"把"字句含有处置义，"被"字句含有被处置义，这种相反的语义使得"透"、"死"、"坏"作极性程度补语时也可以用于"被"字句。同样的，我们在分析时也要多留意"被"字句中出现的"极"、"透"、"死"、"坏"是属于结果补语，还是极性程度补语，是否用以表示受事被处置后动作结果、状态、变化出现的极性含义。

以下"被"字句中展现了四种极性程度补语的使用情况：

（11）她的这些小情绪早被我摸透了，她现在想什么我能猜个七七八八。

（12）你知不知道你说的这些话，真是把人给气死了，你快好好反思反思吧。

（13）忽然，我胯下的骆驼嘶鸣了起来，它似乎也被这沙暴吓坏了，这是非常罕见的，骆驼是从不惧怕沙暴的，当骆驼都被沙暴吓坏的时候可见情况之糟糕。（CCL 语料库）

（14）我的眼睛被烟熏得难受极了，一会儿眼泪鼻涕全都流了出来。（CCL 语料库）

（15）无论家人怎么劝说我父亲都无济于事，搞得全家人情绪都受到了很大影响，特别是我母亲天天面对此事，心情被搞得糟糕透了。（CCL 语料库）

（16）你这情话怎么一套又一套的，被你说得我快羞死了。

观上述例句可知，前三句可看作"S_1+ 被 +S_2+A/V+ 透 / 死 / 坏 + 了"结构，此结构中 S_1 或 S_2 有时可被省略；后三句可看作"S_1+ 被 +S_2+V+ 得 + 极性述补结构"，S_1 有时可以出现在"得"之后或省略，举例来说"被你说得我快羞死了"便是 S_1 后置于"得"之情形，"被你说得快烦死了"便是 S_1 省略之情形，S_2 有时也可以省略，"我被搞得快烦死了"便是一个例证。

八、"极"、"透"、"死"、"坏"作极性程度补语时可以用于"让"、"使"出现的使令式兼语句。

（17）你不知道吗？大嫂让他气极了，我听到她的口气，竟是要上医院里去打胎。（CCL 语料库）

（18）孙小红嫣然道："我本来最恨男人打女人，但这次，你却让我开心极了。"（CCL 语料库）

（19）他拿着这些文件光发愁。看吧，需要一个字一个字地去认，而且里面还有好些字认不得，看过了还不知道文件的内容是什么；不看吧，就做不好工作。这问题使他苦闷透了。（CCL 语料库）

（20）极不等价的交换，使这里的群众恨透了这类投机商。（CCL 语料库）

（21）这可让洣家人眼馋坏了，眼看着下吴人大囤满小囤流。（CCL 语料库）

（22）下班前的最后一笔生意让我兴奋死了！激动啊！连疲累都感觉不到了！（BCC 语料库）

一般来说，有四个极性程度补语存在的使令式兼语句结构为"S_1+ 让 / 使 / 令 +S_2+A/V+ 极 / 透 / 死 / 坏 + 了"，但"让"与"使"、"令"出现时情形略有不同：由于"让"存在"指使、致使、容许或听任"及"被处置、遭受或承受"两种意义，因此"S_1+ 让 +S_2+A/V+ 极 / 透 / 死 / 坏 + 了"结构中施事"S_1"和受事"S_2"位置有时可以发生互换，例如"他让大嫂气极了"（等价于"他令大嫂气极了"）可以改为语义相同的"大嫂让他气极了"（等价于"大嫂被他气极了"）；但"使"与"令"出现的兼语句则不能发生施事"S_1"和受事"S_2"的位置互换。同时，我们可以看到"使"、"让"及"令"后可以出现"S_2+A/V+ 极 / 透 / 死 / 坏 + 了"，也可以出现"S_2+V+ 极 / 透 / 死 + 了 +O"，这里的"O"是"V"的宾语，例如"让她伤透了心"、"使群众恨极 / 透 / 死了承包商"等。但需要强调的是，"S_1+ 让 +S_2+V+ 坏 + 了 +O"中的"坏"通常是结果补语而非极性程度补语。

九、四者作为极性程度补语时不可用于"比"字短语，因极性程度补语表达最高级或极端程度，而"比"字短语之核心语义为比较事物性质之程度，故而"比"字短语中出现极性程度补语则会产生语义冲突。"S_1+ 比 +S_2+A/V+ 极 / 透 / 死 / 坏 + 了"之结构在语义上不成立，"S_1+ 比 +S_2+A/V"意在强调程度之差距，此种差距不能借助极性义来实现，例如"比他高"表示"程度之增加"，此种"增加"义不能借助"极点"义来描述，而应使用包含"程度段"义的补语"多"、"远"或"很"等来彰显，形成"S_1+ 比 +S_2+A/V+ 多 / 远 + 了"或"S_1+ 比 +S_2+A/V+ 得 + 多 / 远 / 很"等结构以表示差比。

十、述补结构的否定形式"不 X 极 / 透 / 死 / 坏了"对于"X"的选择较为受限。通常"不 X 极了"中"X"多为与心理活动有关的动词,如"习惯"、"讲究"、"适应"等, 或与心理活动有关的性质形容词"方便"、"开心"、"好受"、"舒服"等。但否定形式也仅限于少有的一些词,大多数述语前并不能带否定副词。

我们认为原因如下:

首先,"不 X 极 / 透 / 死 / 坏了"是一个容易产生歧义的结构,因"不"之语义可能指向其后的述语,亦可能指向其后的述补结构,当"不"指向后面的整体述补结构时,由于"不"可表否定也可表没有,因此可以产生非极性:仅将极性程度否定却仍保留程度义(如果将程度之图式视为线段,则留下的是不包含端点的其余部分)、无极性:将程度义都否定而不留存程度义(此时图示之线段不留下任何东西),简而言之,当"不"的语义指向"X 极了"时"不 X 极了"可以理解为"并非处于极其 X 状态而仅是有点 X 状态",亦可以理解为"没有 X 状态"。若是"不"与述语结合之紧密性要高于述语与补语结合之紧密性时,则"极"用以修饰"不 X"且较少引发歧义,这便是少数"不 X"带极性补语之结构能得以留存之原因。

其次,我们讨论当"不"指向述语的情况,因为"不"指向述语("不"与述语紧密结合)的情况也存在两种状态。某些心理活动动词或性质形容词前加"不"时,表示的是负向含义,例如"舍"与"不舍"都包含心理活动、"开心"与"不开心"也包含心理活动,具有语义正负上的对称性,因此也具有程度上的对称性,可以被程度修饰;但某些动词前加"不",则表示的是该种心理活动的消失,例如"不失望"、"不兴奋"等与"失望"、"兴奋"不具有语义正负向的对称性,因此这种动词或形容词不能被程度补语修饰。这种语义正负向的对称性也会影响另外一个结构与其搭配时的语义倾向,例如"一点都不高兴"表示的是情感趋向转为负向,"一点都不兴奋"表示的则是情感趋向归零。我们也可以认为"开心"具有双向程度义,其变为零程度义需要使用其他词语,若是变为负向程度则只需要前加"不",如"开心 – 平静 – 不开心"(但其实"平静"、"平坦"等也具有双向程度义);"兴奋"具有单向程度义,其变为零程度义仅需要前加"不",但变为负向程度义则需要使用其他词语,例如"兴奋 – 不兴奋 – 伤心"。故而我们可以认为具有语义正负向对称性的词(或称之为具有双向程度义的词),是进入"不 X 极了"结构的条件之一。也就是当"不"指向述语时,我们要考虑"不"的否定含义指的是"负向",还是"无"。结合以上分析,单从语义学角度出发,我们可认为"不 X 极了"从程度义上可以有三种理解,一种是非极性、一种是负极性、一种是无极性。当

"X"为具有语义正负向对称性的词、"不 X 极了"具有负极性两个条件都满足时，则表示负极性的"不 X 极了"可以在语义上成立，但即使语义上合规也可能使用频率不高。正因为这种结构可能产生理解上的歧义，以及在用法上限制性较大，故而在使用的过程中容易被语言系统边缘化。

再次，由于汉语中已经存在更为简略、常见的"极不"短语可以做双层状语来修饰中心语，其与结构复杂、具有歧义性、限制条件多的（表负极性的）"不 X 极了"具有相同语义功能，因而在语言演化的构式竞争过程中逐渐产生优势地位，而使得"不 X 极了"逐渐边缘化。

最后，其实很多具有语义正负向对称性的词如"开心"、"讲究"，其负向语义"不开心"、"不讲究"可以使用结构更为简单的词"伤心"、"邋遢"来代替。但也正因为有些词的负向语义仅可以通过"不"来实现，例如"舍"与"不舍"等，又给了"不 X 极了"构式一些生存空间。

此外极性程度补语还包括粘合式述补结构中常出现的"尽"、"万分"、"无比"、"呆"、"翻"、"毙"等，及组合式述补结构中常出现的"要死"、"要命"等，以及既可出现在粘合式述补结构中、也可出现在组合式述补结构中的"绝顶"、"透顶"等。当我们分析完以上四种常见的极性程度补语"极"、"透"、"死"、"坏"后，我们对两个极性程度补语"绝顶"、"透顶"也进行简单分析。

（23）在国人的心目中，驴的形象岂止是"稍逊雅观"，简直是"糟糕透顶"。在有关驴的日常词汇中，驴的形象大都是"负面"的，譬如笨驴、黔驴技穷。（BCC 语料库）

（24）我倒是听说过外星人都是些又矮又丑的家伙，他们的行为更是坏得透顶。（BCC 语料库）

（25）头脑比头发更重要，一个人若被看作"很有头脑"，绝对比说他"很有头发"的感受要深刻许多。比如，一位中科院院士的"聪明绝顶"，与一个美发如瀑却头脑空空的人站在一起，人们要夸赞的不会是头发，只能是头脑。（BCC 语料库）

（26）多少俏妙女子，美得绝顶却失之于鼻洞：有双月般勾向鼻翼的，有仰上而倾泄了底气的，有深凹而埋裹着狰狞的……可她不，她这鼻，圆中存方，方中存正，正中存庄，庄中见雅，雅中见秀！这是一尊东方女人的鼻子哟！（BCC 语料库）

"透顶"与"绝顶"也可以作为极性程度补语，但与"极"、"透"、"死"、"坏"四个极性程度不同，"透顶"和·"绝顶"作补语时有一些较为特殊的语法特点。

张谊生（2008）认为"透顶"通常只作为补语，但偶尔也做状语。"透顶"充当补语时的述语多为性质形容词，如"庸俗透顶"、"聪明透顶"、"糟糕透顶"，有时也可以是心理动词，如"失望透顶"、"恶心透顶"、"厌烦透顶"。"绝顶"则句法位置更为灵活，可以前置充当状语，也可以后置充当补语，"绝顶"充当补语时搭配的述语较为受限，可以为性质形容词，如"聪明绝顶"、"精明绝顶"，也可以为心理动词，如"失望绝顶"，但与心理动词搭配的用法较少。大多数情况下，"透顶"和"绝顶"构成的补语为粘合式补语，只有极少情况下可以在述补结构之间加"得"构成组合式补语。

10.5 高程度补语与微量程度补语

高程度补语含有粘合式述补结构中常出现的"多"、"远"、"非常"、"异常"等，及组合式述补结构中常出现的"够呛"、"不得了"、"不行"、"惊人"、"吓人"、"凶"、"厉害"、"慌"、"可以"、"去了"等。

相较于极性程度补语侧重于表达程度达到某一顶点，高程度补语则更为强调程度之高或异常，因此所带有的极性义较弱。正如我们之前所做的分析，如果以图式来表现程度，则极性程度补语代表的是"线段的端点"而含有"点"之义，因此不能用于"比"字短语进行极性程度之比较；有些高程度补语则如同整个"线段"上靠向"极点"而离"极点"还有一段距离的"线段"，含有"范围"之义，因此可以进入"比"字短语进行程度增量的描述。

那么什么是"微量程度补语"呢？我们从其命名便可以略知一二，所谓"微量程度补语"便是指那些表示程度轻微之义的补语，通常用以限定动作或状态之变化程度，"一点（点）"或"一下（下）"便是常见类型，这些补语的语力较弱，因其表示程度处于较低水平，因此有时言者有意使用这些补语来表示程度之轻微或改变之微弱。

极性程度补语和微量程度补语在语义上的差别较为明显，分别对应着程度的极高与极低。三种范围的程度补语可以使得发话人或写作者在表达程度范畴的过程中，能较为灵活地在补语系统中进行选择，提高描述的准确性、增强语句的主观性或改变语义的模糊性。

以下我们对"一点"及"一点点"放在动词或形容词性成分后作补语进行分析：

（1）如果你的阅读能力再进步一点，你的 HSK5 级考试就没问题了。

（2）这个项目特别重要，你一定要负责一点。

（3）海南的天气好像确实比广东的天气要热一点。

（4）今天的活动做得最好，坚持到底，每天进步一点点，就能改变自己的人生。（BCC 语料库）

（5）每当跟你通完电话我都会心情好一点点，希望你能够一直陪着我，我想和你一直一直在一起。

藉由以上例句我们可知，"一点"和"一点点"可作为程度补语，用以刻画程度的轻微，表达动词所致结果、数量或程度的轻微变化义。两者同动词与形容词之搭配存有类似情况，都可和一些于程度、数量或范围上能蕴含变化义之动词和形容词相搭配,例如:负责 / 注意 / 减轻一点（点）及快 / 慢 / 漂亮一点（点）等，但需注意状态形容词常因自身所含限定状态而对程度有所限制，因而无法与两者结合。就语体而言通常"一点点"比"一点"更为口语化，从语义来说"一点点"所表示的程度义也更为轻微。

（6）倘若更大胆一点，仰卧在脚划小船内，冒雨夜行，更显出水乡住民的风趣，虽然较为危险，一不小心，拙劣地转一个身，便要使船底朝天。（CCL 语料库）

（7）尽管他们的皮肤是黑的，他们的血可是或者比他的更热更红一点。（CCL 语料库）

（8）伯雍道："这也没什么，反正是为吃饭。再说，这宗生意或者比别的生意容易一点。"（CCL 语料库）

（9）再仔细一点点，离一微米的精度就能更近一点点。（CCL 语料库）

（10）他坐在那里想呀、想呀，一个小时过去了，两个小时过去了。他想得前额上都起了皱纹，但是他却并不比刚才更聪明一点点。（CCL 语料库）

（11）我和亮耕是同时代人。我们是同年岁的。我比他大一点点，只大了三十五天。（CCL 语料库）

如以上例句所示，"一点"可以构成"更（加）X 一点"、"（不）比……更（加）X 一点"、"（不）比……X 一点"。"一点点"也可以构成"更（加）X 一点点",但在"比"字结构"（不）比……更（加）X 一点点"、"（不）比……X 一点点"出现得较少。

（12）我希望你的视野比以前开阔一点，不要再拘泥于一些细枝末节。

（13）据认为，公元 1 年到 1500 年，世界人口递增率每年不超过 1%，所以出生率只比死亡率高一点点，因为要考虑到突发性灾害会造成死亡率大起大落。（CCL 语料库）

（14）他脑子很好，努力一点就能考上不错的大学。

藉由上述例句可知，"X 一点（点）"之比较对象可为自身或他物，亦可无明确比较对象而仅表示一种期望、评骘或论述。首例中，比较对象为过去之自身；次例中，两比较对象分别为"出生率"与"死亡率"；第三例则用以表达一种评骘与论述。

10.6 "你 / 我 + 看 / 想 / 说" 与无灵主语①及程度补语的共现

连淑能（1993）提到汉语常用人称主语，当人称主语不言自明时人称可省略。而英语常用非人称主语。汉语注重主体的现象与"人是万物之灵"的思维密切相关。同时连文也指出，人称可以称之为有灵（animate），物称可以称之为无灵（inanimate）。吴群（2002）也提到，从指称范畴来看，"句子主语通常分为人称主语（personal subject）与物称主语（impersonal subject）两种"②，并认为人称主语句显得较为主观，物称主语句显得较为客观。同时吴文指出没有生命的事物作主语称之为"无灵主语"，反之则是有灵主语。③

（1）你看，这个问题复杂极了。

（2）？你想，这个问题复杂极了。

（3）？你说，这个问题复杂极了。

（4）我看，这个问题复杂极了。

（5）我想，这个问题复杂极了。

（6）我说，这个问题复杂极了。

我们对上述句子逐一剖析。以上例句之主语皆为无灵主语，即主语为无生命之事物，命题对客观事物作描述，然表达过程中蕴含发话者之主观态度。"极"之出现乃主观量高之表达方式。发话者于客观基础上，通过极性程度补语表达主观判断。

例（1）采用话语标记④"你看"，我们前文在分析"你看，他今晚回不去了"这句话时，认为"你看"是发话者主观认知下的客观描述。我们看到例（1）再一次印证了这一观点，问题本身的复杂性是一个客观现象，但对于发话者而言其

---

① 这里的主语不包含话语标记中的主语，仅指话语标记引导命题的主语。

② 吴群 . 语义贯通 , 语句变通——把握"人称"和"物称"的转换 [J]. 中国翻译 ,2002（04）.

③ 本书将无灵视同物称，有灵视同人称。

④ 此处我们主要讨论非完全化话语标记"你看、你想、你说、我看、我想、我说"。

复杂程度是一种主观感受,可以存在"有些复杂"、"比较复杂"、"很复杂"或是"复杂极了"等不同程度的区别。发话者自己感觉到问题的复杂程度高,并想让这种感受被受话者感知,因此采用具有主观性的"你看"来实现交互主观化。在此情景中使用"你看"而引导的命题,相比"我看"、"我想"、"我说"所引导的命题,客观性更高。

例(2)采用话语标记"你想",但是是否能在这样的情境中使用"你想"存疑。因"这个问题复杂极了"是发话者自己的主观判断,是一个结论性命题,而"你想"则通常用于引导发话者进行思考或听完陈述后进一步思考,并不适用于直接展示结论。因此原句需要增加一些上下文,来让整个句子的语义更为完整,例如"你想,这个问题复杂极了,你做不出来又有什么关系呢"。

例(3)采用话语标记"你说",与例(2)相同,"你说"用在这里是否合适存疑。"你说"具有引导假设、引导提议、表达非确定性、期望反馈、引起注意等作用。"你说"后常现疑问或陈述形式[①],通常需要让受话者发表自己的意见,但此处发话者直接给了一个论断,并不需要受话者发表意见,因此显得非常突兀,若是缺乏上下文,则这样的结构内部会存在语义冲突。我们可以对原句进行一些补充,使得其语义更为完整,例如"你说,这个问题复杂极了,你是怎么解决的?",这样就从一个论述转变为询问对方观点。

例(4)采用话语标记"我看",来表达发话者观察所形成的论断,一般来说"我看"存在两种语义,一种是我的主观判断,另一种是我基于经验的判断,因此"我看"所引导的命题表述的客观性需要结合具体语境来判断。例如"我已经研究了三天了,我看,这个问题复杂极了"、"我看,这个问题复杂极了,我们别研究了",这两个句子中的主观性是不相同的。但我们单看原句,在没有上下文语境的条件下,原句语义也是可以成立的。

例(5)采用话语标记"我想",来表达发话者的个人想法,同样的,要判断这一个句子的主观性强弱,也需要结合更充分的语境。但若是以无上下文语境的条件来判断此句与上一句的话语标记的主观性孰强孰弱,则"我想"相比"我看"主观性稍弱一些,"我想"从源义上来看,包含着发话者的思考,虽然"我看"也包含着发话者的思考,但就受话者识解过程而言,对于有"想"的话语标记所引导的命题,会让受话者感觉更为客观。此句话如果单用,也是符合语义的。

---

①陈述形式常有"应该"、"也许"、"吧"等表示模糊或推测的词语出现。

例（6）采用话语标记"我说"，来直接表达个人看法。"我说"对语境的限制较少，因"我说"源义"说"的内容是多种多样的，因此原句是合理的。但从语体上来说，"我说"的口语色彩更为浓厚，而"极"具有一定的书面语色彩，因此如果将原句改为"我说，这个问题太复杂了"或"我说，这个问题难死了"，则在语体色彩方面更协调。

同时在对这些句子进行分析时，我们也可以不结合具体语境①，单以语义视角从程度量与主观量的角度出发来对这些句子进行考察。②由于例（2）、例（3）在缺乏语境的条件下是否能成立存疑，因此我们不考虑这两个句子。

（1）你看，这个问题复杂极了。

程度量:最高。发话者通过"复杂极了"表达了一个极性程度。由于"你看"所带有的较低的主观量，使得命题的真值更高③。

主观量：较低。虽然使用了"你看"，但这句话更多的是在引导受话者自己观察或判断，削弱了发话者表达看法的主观性。

（4）我看，这个问题复杂极了。

程度量：较高。由于发话者使用"我看"，增加了命题的主观性，因此相比上一句，程度量会稍低。

主观量：较高。发话者通过"我看"表达个人观察与判断的结果，显示出比"你看"更强的主观性。

（5）我想，这个问题复杂极了。

程度量：较高。由于"我想"的存在，增加了命题的主观性，但是相比上一句，由于"想"源义的影响，使得源义留存的判断义会影响受话者的识解，显得命题更加客观真实，因此相比上一句而言，程度量要高一些。

主观量：中等。发话者通过"我想"表达了自己的观点或想法，"想"源义的语义残留，这种对于思考过程自我指涉的叙述，会一定程度降低主观量。

（6）我说，这个问题复杂极了。

---

①不结合语境所研究的程度量和主观量,是指发话者在思维中对这一结构的基准(或称中值)的感知,这会影响有语境条件下话语标记及话语的选择。

②这里的程度量用以表达量度范畴下受话者识解出的发话者话语中所展现的描述对象的程度高低,而非是发话者所认为的程度量,也就是我们在此处将"受话者感知程度量"简称为"程度量"。主观量用以表达量范畴下发话者在描述命题时所附带的个人色彩或态度信念的程度。

③此处采用模糊语言学中的真值在 [0,1] 区间任意取值的观点。

程度量：高。由于"我说"的存在，增加了命题的主观性，但是由于"说"的语义滞留，"我说"要比"我看"、"我想"的主观性高，进而影响了程度量。

主观量：最高。通过"我说"直接表达说话人的观点，显示出最高的主观性。

我们可以看到主观量从低到高排序为：（1）<（5）<（4）<（6）。

程度量从低到高排序为：（6）<（4）<（5）<（1）。

我们可以看到，程度量的高低与句内的极性程度补语密切相关，这是决定程度量高低的直接因素。而话语标记所带来的主观量会对程度量产生一定影响，通常对于受话者的识解过程来说，主观量低的命题真值更高，因此受真值所影响的受话者感知程度量也会提高。但对于发话者所认为的程度量，其受话语标记影响较少，因为话语标记虽然反映了发话者的思维，但主要是引导受话者的，对受话者的识解结果影响更大，发话者所认为的程度量主要由自己所用的程度范畴的语言表现形式决定，即话语标记所引导的命题来实现。

10.7 "你／我＋看／想／说"与第三人称有灵主语及程度补语的共现

以下诸句之主语为有生命之人，故属有灵主语。命题中主要对主语"那个人"作评价，所用补语为"死"，具强烈主观性，且程度义甚高。我们对以下句子作探讨。

（1）你看，那人讨厌死了。

（2）？你想，那人讨厌死了。

（3）？你说，那人讨厌死了。

（4）我看，那人讨厌死了。

（5）？我想，那人讨厌死了。

（6）我说，那人讨厌死了。

对于例（1）、（4）、（6）而言，皆符合汉语句法与语义之要求，可不借助上下文而自成立。然例（2）、（3）、（5）则似读来不甚自然，通常或需更多语境之支持。

例（2）同我们上一部分分析无灵主语句时一样，我们谈到"你想"的出现通常用于引导发话者进行思考或听完陈述后进一步思考，而非用于直接展示结论，直接展示结论后便通常需要更多语境信息来促进语义的完整性。如果将原句改为"你想，那人讨厌死了，怎么还有人喜欢他？"则更为通顺。

例（3）"你说"后常出现疑问形式，发话者期待来自受话者的反馈，而较少直接由发话者提供论断，即使发话者提供了论断，也是作为背景信息来辅助受话者进一步表达自己观点的，因此原句往往需要补充上下文语境。如果将原句改为"你说，那人讨厌死了，怎么还有人愿意跟他当朋友？"则更为通顺。

例（5）读起来似乎也并不十分通顺，我们认为这主要是因为"我想"后的内容往往是一种推测或具有不确定性的想法，但"那人讨厌死了"则是一个明确且程度量较高的描述性陈述，因此与"我想"产生了语义逻辑上的冲突。此时我们需要提供更多的信息来辅助语义的完整性，可以将原句改为"我想，那人讨厌死了，应该没有谁会愿意和他成为朋友"。我们来对比一下例（5）这句话和上一部分中出现的类似例句"我想，这个问题复杂极了"之间有什么区别。在两句话中"我想"都是一个未完全化的话语标记，通常用于表达发话者的个人见解或思考结果，其后的内容便是假设、结论、推理过程或个人见解等。在句子"我想，这个问题复杂极了"中，"我想"后跟了一个对问题的评价，这种评价通常源于发话者的思考过程，无论是有无研究这个问题，都包含了"想"的源义"思考"的过程，得出这一结论往往依靠发话者的观察与分析。但"我想，那人讨厌死了"这句话中，"我想"后跟了一个对某人的直接评价，这种评价往往是一种极强的主观印象或情感取向，这种印象或情感通常并不需要过多思考便可以形成，因此用"我想"来引导对人的极性程度评价，相比对物的极性程度评价，会显得有些不自然。另外我们也需要注意句中动词所带来的影响，"复杂"是需要思考或尝试才得出的结论，发话者基于理性进行评价，而"讨厌"则是一种主观性极强的直接情感反应，发话者基于感性进行评价，因而"我想"会显得多余。但如果将"我想"换成"我觉得"，则会更为自然通顺一些，这是因为"觉得"与"想"不同点在于"觉得"可用以表示一种直觉，而非理性判断。此外，我们还认为两者的语体色彩存在一些差异，使用"我想"的时候，因为受到源义"想"的影响句子会包含一些思考之义，因此后续的内容要稍微偏书面语一点，而"死"通常并不是那么正式，偏向口语，两者的语体色彩也存在一些冲突。

因例（2）、（3）、（5）在语境缺乏的条件下能否成立存疑，因此我们对例（1）、（4）、（6）的程度量与主观量进行一些分析。

（1）你看，那人讨厌死了。

程度量：最高。发话者通过"讨厌死了"表达了一个极性程度，强调了那个人让人感到极其讨厌。因为"你看"所带有的主观量较低，因此其真值基本不受影响。

主观量：较低。发话者虽藉由"你看"表达主观世界中的客观描述，然此句更多的是为引导受话者自行观察或评判,从而使发话者表达看法之主观性被削弱,是故此处"你看"之作用意在提醒与引导。

(4)我看,那人讨厌死了。

程度量:较高。由于发话者使用"我看",使得命题的主观性相比上一句更强,因而程度量会稍低。

主观量:较高。发话者借助"我看"表明自己的观察与判断,具有比"你看"更强的主观性,因此主观量也更高。

(6)我说,那人讨厌死了。

程度量:高。"我说"的使用,增强了命题的主观性,但由于"说"的语义滞留,使得其主观性相比以上两句更强,程度量相对稍低。

主观量:最高。通过"我说"来表达说话人的直接感受,显示出三句话中最高的主观性。

我们可以看到主观量从低到高排序为:(1)<(4)<(6)。

程度量从低到高排序为:(6)<(4)<(1)。

同样的,我们认为句子的程度量主要与极性程度补语"死"密切相关,但与上一部分不同的是,这里的"讨厌"同样会影响句子的程度量,因为"复杂"还具有一定的客观属性,但"讨厌"则是一个非常主观化的心理活动。也就是说这一节中影响受话者感知程度量的主观量源于话语标记"你看"、"我看"、"我说",以及心理活动动词"讨厌"。在对以上两部分进行分析时,本书认为在不改变命题的前提下,话语标记给句子带来的主观量与受话者识解的感知程度量呈现负相关,但是这一结论能否适用于更多情景,需要我们更多的讨论。

10.8 "你 / 我 + 看 / 想 / 说" 与第二人称代词有灵主语及程度补语的共现

以下命题中人称代词为"你",属于有灵主语,同上一部分类似的是评价主语及修饰谓语所使用的补语为极性程度补语"死"、谓语中心语为"讨厌",也具有较强的主观性,且程度义较高。我们对以下句子进行一些探讨。

(1)你看,你这人讨厌死了。

(2)?你想,你这人讨厌死了。

(3)?你说,你这人讨厌死了。

(4)我看,你这人讨厌死了。

（5）？我想，你这人讨厌死了。

（6）我说，你这人讨厌死了。

对于例（1）、（4）、（6）我们认为这三句其在语境信息不足的情况下都能成立，读起来句意通顺，语义具有一定的完整性。但对于例（2）、（3）、（5），读起来却并不是很自然，主要原因也在于命题所给出的是一个直接性的负面评价，与话语标记"你想"、"你说"、"我想"并不很匹配。同时话语标记的使用，也受到后续命题第二人称代词主语的制约。

于例（2）而言，"你想"之出现常用以引导听者在听的过程中或结束后进行思考，或许其用意是引导听者定向思考以满足言者之意图，但一般不用于直接展示某一结论，且"你这人讨厌死了"是言者个人主观之感受，我们可以将这句话改为"你想，你这人讨厌死了，你不改改的话，谁会愿意当你朋友"，当然即便如此，也会有一些不自然，盖因"想"与"死"之语体色彩不是十分相搭，如果我们再将其改为"你想，你这个人这么讨厌，你不改改的话，谁会愿意当你朋友"或许更为妥当。

我们可对比例（1）及例（2），例（1）之所以成立是因为言者试图引导听者观察或注意某种情况，让听者注意其使人不适之行为品质，且此处具有指责义的"你看"更像是一个完全化话语标记，其与后续命题是相匹配的。然于例（2）而言，"你想"常用以引导听者之思考而非直接给出评价，即便给出评价后也需让听者进一步思考，因此"你想"与例（2）之命题并不搭配，后面需跟一些引导思考之问题或陈述来补充语境信息。因此除了前述修改后的句子，我们亦可以将其改为"你想，你这人讨厌死了，不改一改的话，没人会愿意当你朋友"。

对于例（3）而言，当发话者使用"你说"时通常会期待受话者进行反馈，后续的内容常为疑问形式或陈述形式，陈述形式常有"应该"、"也许"、"吧"等表示模糊或推测的词语出现，而非仅给出一个论断，因此后续命题的直接负面评价与这一话语标记的功能不相匹配，需要补充语境信息，我们可以将其修改为"你说，你这人讨厌死了，怎么会有人跟你做朋友呢"、"你说，你这人讨厌死了，应该没人和你做朋友吧"等句子。

对于例（5）而言，当发话使用"我想"时，通常意味着接下来的内容会是个人见解、思考结果、推测或质疑，其与命题的直接负面评价含义不相匹配，原句如果改成"我想，你这个人讨厌死了，要是不改改的话，恐怕没有人和你做朋友"，这样的句子因其提供了思考的方向则更为通顺。

我们可以看到,对于第二、三人称的有灵主语同心理活动动词及程度补语共现的命题,话语标记"你 / 我 + 看 / 想 / 说"不适用的情况有些类似,后续命题的直接评价功能与"你想"、"你说"、"我想"不太适配。

因例(2)、(3)、(5)在语境缺乏的条件下能否成立存疑,因此我们对例(1)、(4)、(6)的程度量与主观量进行一些分析。

(1)你看,你这人讨厌死了。

程度量:最高。发话者通过"讨厌"与"死"共同表达了一个心理活动的极性程度,强调了由"你"而引发的厌恶程度。由于"你看"所带有的主观量较低,因此命题真值基本不受影响。

主观量:较低。同上一节例(1)类似,虽句中使用了"你看",但此句话更多的是在引导受话者自己观察判断,以客观描述来表达其主观认知,使得所表达看法之主观性被削弱,同样此处"你看"之作用主要是提醒与引导。

(4)我看,你这人讨厌死了。

程度量:较高。由于发话者使用了"我看","我"所具有的第一人称视角,使得命题的主观性更强,因此程度量相较上一句会稍低。

主观量:较高。发话者借助"我看"表明自己的观察结果或判断结论,相比"你看"而言,具有更强的主观性,因此主观量也更高。

(6)我说,你这人讨厌死了。

程度量:高。"我说"的使用,增强了命题的主观性,但由于"说"的语义滞留,使得其主观性相比以上两句更强,程度量相对稍低。

主观量:最高。通过"我说"来表达说话人的直接感受,"我"的第一人称视角与"说"的源义滞留所带来的言说内容随意性,使得话语的主观性更强。

我们可以看到主观量从低到高排序为:(1)<(4)<(6)。

程度量从低到高排序为:(6)<(4)<(1)。

10.9 "你 / 我 + 看 / 想 / 说"与第一人称代词有灵主语及程度补语的共现

以下话语标记所引导的命题中人称代词为"我",也属于有灵主语,是第一人称代词有灵主语。与上两部分类似的是句中评价主语及修饰谓语所使用的补语依旧为极性程度补语"死",具有较强的主观性及较高的程度义,但与上一部分不同的是谓语中心语为心理活动动词"伤心"。我们对以下句子进行一些探讨。

（1）你看，我伤心死了。

（2）? 你想，我伤心死了。

（3）? 你说，我伤心死了。

（4）? 我看，我伤心死了。

（5）? 我想，我伤心死了。

（6）我说，我伤心死了。

我们可以看到，在语境不充分条件下，且当话语标记所引导的命题中谓语中心语前不出现能愿动词"要"时，以上例（2）、（3）、（4）、（5）能否成立存疑。主要原因也在于命题所表示的直接论述与"你想"、"你说"、"我想"不适配，以及第一人称代词主语会制约命题前四个话语标记的使用。

例（2）不通顺原因在于，"你想"对受话者的思考具有引导性，通常不能直接给出结论，其后需要跟一些引导思考的问题和陈述，而非是自我情绪的直接表达。且"我"已经明确感知到自身的伤心，也并不需要引导受话者来思考判断"我"有没有伤心。如果将原句改为"你想，他怎么能这样对我，我伤心死了"，则语义更为完整。

例（3）不通顺之因在于，使用"你说"时，通常需引导受话者发表意见，其后接疑问句或陈述句，陈述形式常有表示模糊或推测之词语出现，故与命题直接表达自我情绪之功能不相匹配，需更多语境信息支持。且"我"已明确感知自身之伤心，亦无需引导受话者发表关于"我"伤心之意见。若将原句改为"你说，我伤心死了，怎么都没个人来安慰我一下"，则语义更为完整。

例（4）不通顺之缘由在于，"我看"倾向表达自我观察结果或判断结论，而非直接表达自我情绪，且"我"已明确感知自身的伤心，亦无需自我观察是否存在伤心之心理活动，"我看"与"我"的情绪感受不匹配。若将原句改为"我看，我伤心死了，你也不在乎我"，则语义更为完整。

例（5）不通顺的原因在于，"我想"倾向于表达思考过程，虽然"我想"具有语用上的自返性（reflexivity）[①]（殷树林，2012），但其通常用以表达发话者对自我思考或推测的监控，而不常用于直接表达发话者自身的情绪，与命题的功能并不搭配。且"我想"的"想"也存在源义所带来的语义滞留，"我"已经明确知晓自己的伤心程度，也不需要"我"再去"想"有没有伤心或伤心的程度如何。

---

①这里的自返性指的是话语标记具有对言语交际进行调节和监控的作用。

若是将原句改为"我想，我伤心死了，你都不来安慰我，难道你不爱我吗"则语义更为完整。

因例（2）、（3）、（4）、（5）在语境缺乏的条件下能否成立存疑，因此我们对例（1）、（6）的程度量与主观量进行一些分析。

（1）你看，我伤心死了。

程度量：最高。发话者通过"伤心"与"死"共同表达了自身情绪的极性程度。"我"对于"我"自身的感知相对来说较为客观，同时由于"你看"所带有的主观量较低，因此命题真值基本不受影响。

主观量：高。因发话者描述自身心理活动的极性程度，不可避免地会带有主观性，但发话者使用了"你看"，更多的是在提醒受话者注意发话者本身的情感状态，在使用"你看，我伤心死了"的时候，相比单独使用"我伤心死了"，表述更显客观。

（6）我说，我伤心死了。

程度量：高。"我说"的使用，增强了命题的主观性，但由于"说"的语义滞留，及对"我"的两次强调，使得命题的主观性相比上一句更强，程度量相对稍低。

主观量：最高。通过"我说"来引起听话者的注意，强调发话者自身情绪的极性程度，因此相比上一句主观量更高。

我们可以看到主观量从低到高排序为：（1）<（6）。

程度量从低到高排序为：（6）<（1）。

发话者感知程度量与主观量呈现负相关，与前述分析保持一致。

有趣的是，我们观察到这样一种现象，当命题的主语为第一人称代词有灵主语时，且存在能愿动词"要"，则"我+看/想/说"都可出现在此之前。

（7）你看，我要伤心死了。

（8）？你想，我要伤心死了。

（9）？你说，我要伤心死了。

（10）我看，我要伤心死了。

（11）我想，我要伤心死了。

（12）我说，我要伤心死了。

我们认为，这是因为"要"展现了将要但未达到极度伤心状态的动态过程，可以靠"我看"来自我观察，可以靠"我想"来自我判断，也可以靠"我说"来自我表达。

第十一章　话语标记教学建议

11.1 教师应加深对话语标记的本体研究

"代词 +V" 类话语标记常现于口语环境中，书面语使用中亦不可或缺，具有丰富之语用功能，于人际互动与篇章表达之中其皆有重要作用。是故教师应加深对其本体理论之研究，知晓聚类之功能，分析个例之特殊，能对一些常见之话语标记的功能类型及本体特征进行分析。话语标记为语法化之结果，其同一形式常存源义与虚化义之差别，因此同一形式于不同语境中可能存有是否为话语标记之差别，同时话语标记之功能多样，于不同语境中可展现其差异性，教师应有辨别之能力，且能对话语标记之形式、语义与功能进行归类分析，大体了解相关研究范式，并能于本体分析基础之上融入具体教学之中。综观数百篇研究成果，话语标记之研究有一些通用之成果，因此教师针对一些话语标记进行研究后或可触类旁通，即使遇到学生提问而一时难以解答之情况，也可借助前人研究成果与自身理解迅速梳理清楚，此前提在于教师需先知晓话语标记之存在，而非忽略对其之研究。同时本体研究离不开具体句例，教师在教学过程中可为话语标记之不同功能编排一些例句，藉由这些例句辅助学生通晓其于具体语境之中的微妙差异。

11.2 跨语言研究视野与本土化研究视野并重

话语标记并非为某种语言之独有，而是广泛存在于众多语言之中。上世纪西方语言研究进行得如火如荼，理论不断迭代创新，而话语标记自上世纪后半叶以来渐成体系地开始研究，相关理论不断流入中国亦影响了汉语语言学界之风潮，一些汉语学者的研究正是受到国外学界之启发，然我们需要注意汉语话语标记有其自身文化背景，研究范式也未必能全然照搬国外理论，且近些年学界不断提倡构建一些本土化的语言学理论，不能常追随西方视角，故而我们既要注重跨语言之研究，适当采用国外学界之理论，也要注重本土化之研究，构建属于自己的一些相关理论体系。跨语言与本土化之视角不仅是宏观理论层面之指导，也是具体微观语境层面之研究。汉语中的一些话语标记承袭古汉语，带有典雅之风韵，一些源于当今互联网，突破小众圈子而发扬光大，因此有些在翻译后未必能展现其韵味与内涵，需置于具体语境与相关文化环境中多加揣摩方能知晓其功能，由此观之，本土化研究之微观视角不可或缺。此外，即使一些功能相似的话语标记于不同语言中也可能产生微妙差异，是故跨语言研究之微观视角亦必不可少。

11.3 注重汉语口语的地道性与普通话的标准性之间的平衡

国际中文教师应具备基本的汉语口语表达能力，同时应有相应的普通话等级资质。话语标记对汉语表达的地道性有一定影响，但有些话语标记是否合乎普通话的语法规范仍需要考究。为给学习者讲授更地道的汉语，教授话语标记及其相关知识的重要性不言而喻。汉语教师"说"地道汉语与"讲"地道汉语都很重要，同时在实际教学中，口语的地道性与普通话的标准性都需要兼顾，汉语教师在给留学生教授普通话标准语法规范的同时，也应注意口语中一些语法规则可能并不一定合乎标准，而一些话语标记的状况也是如此，但其对口语的地道性却能发挥重要作用。因此何种话语标记算地道，以及使用多少数量的话语标记算地道仍需要进一步探讨。话语标记在日常交际中使用广泛，有些具有地方特色，有些则用于非正式表达，教师在教授话语标记的时候，可以选用较为常见、被广泛使用或有社会规约语义的话语标记，并需要让学生明白正式表达与非正式表达中话语标记的使用差异。我们主张，在首先考虑教授内容符合现代汉语语言规则的基础上，适当考虑增加话语标记的讲授来促进二语学习者语言表达的地道性。

11.4 注重不同语体表达的差异性

Schleppegrell（1996）对"because"在口语和书面语中的使用情况进行了分析，发现英语学习者书面语中存在的使用不当与其未能明确区分不同语境有密切关系。教师在教授学生话语标记的同时也需要让学生注重话语标记的语体适用性（也可以说语体对话语标记有一定的制约）。在教学中，教师应注意口语及笔语表达的差异性，重视话语标记在交际会话中受交际双方关系、交际双方情绪、客观互动环境及临场反应等因素影响，口语语体中使用话语标记的制约因素与书面语体存在差异，教师应对这一点有基本认识，有些学者也提出口语语法教学应与书面语语法教学存在差异。有些学者重视口语表达中话语标记的使用及研究，但话语标记并非仅仅出现在口语语体中，在书面语中也广泛存在。施仁娟（2023）便对留学生 HSK 动态作文语料库中的一些书面语语料的话语标记进行了研究。我们举几个典型例子，例如"众所周知"、"据说"这两种话语标记便是常出现在书面语之中。书面语中的话语标记存在这么几种形式，包括用于一般书面语体的篇章连接中的话语标记、用于文章所引述的他人口述中的话语标记及用于书面语体口语化中的话语标记等情况。有时对于同一功能的结构，在书面语中出现时其形式可能相比口语中更为复杂，例如表示认为义的"我看"常出现在口语中，在书面语中可能需要使用"我认为"、"笔者认为"、"本书认为"、"我们认为（常出现在论文当中）"等。此外我们还需要关注一种特殊的语体——网络语言的语体，对于其归属问题学者们有不同认识。有些学者认为网络语言是书面语体，于根元（2001）提到，网络语言的语体是口语化的书面体；也有学者认为网络语言属于口语语体（化长河，2010；孙鲁痕；2007）；还有些学者认为其属于新兴的特殊语体（吕明臣，2004；李军，2005；于艳平，2006；吴芳芳，2012）。卢凡（2016）从语体的角度出发，对网络语言的风格特征及语体归属等问题进行了探讨，并指出"网络语言的语体适应特定的网络交际领域、满足特定的网络交际功能，具备口语语体'口语化'和书面语体'可读性'等特点，渗透了其他语体的部分语言要素和语体手段，可以视为一种不同于传统媒体的新型语体，并将其称之为'网络语体'"[1]。我们采用卢文的这一解释，并认为网络语言有自身的风格特点，教师应注意一些话语标记的形成可能受到网络因素的影响，并广泛应用于网络环境中，而这些广泛存在于网络空间的话语标记是否需要教学以及诸如一些带有詈骂性质的话语标记是否适合讲解，是一个值得探究的问题。但若是学习者语言水平较高且经常使用中文互联网，则某些情况下其可以自主习得一些上述提到的话语标记。

11.5 面对不同观点时优先考虑教学

徐晶凝（2024）提到对于一些语言结构处理的不同观点，在教学时可以优先考虑教学需求。正如一些学者在分析赵元任先生同朱德熙先生对于方位词的不同见解时，提到赵先生的观点或许更适合帮助学习者理解与掌握这一形式的语法及功能。本书认同徐教授之看法，我们在研究一些语言现象时，时常发现有些表述尚未形成进入公共领域之表达或是形成有限之表达，盖因学术研究既强调传承，

---

[1]卢凡. 网络语言的风格特征及语体归属问题研究 [J]. 现代语文（学术综合版），2016（1）.

又强调独创性表达，且研究视角、理论与方法之多变方能产生一些新成果，因此一些语言现象之研究观点林立，术语繁多，本书在研究话语标记过程中便发现此类现象。故而本书认为对于同一语言现象的一些不同解释，国际中文教师在教学过程中可以根据具体需求进行研判后择用，选取适合教学、易于讲解或使学生更易理解掌握之观点。本书结合所研究对象，认为教师在处理"你看"等话语标记的教学时，有时也可将其看作类似于插入语的成分以辅助学生理解。对于一些尚存争议之观点，我们亦可以在学生能够理解的前提下，以适当的方式将一些不同观点告诉学生，让学生自主进行判断，这样的思考也有助于学生在二语学习过程中主动探索观察一些语言现象，并能意识到某些知识并非仅有一种答案，进而形成批判性思考。若是学生水平不足，则教师可视情况提供更适合学生理解之观点来促进学生之习得。

11.6 需要注意与学习者汉语水平能力提高有关的语法知识及文化知识的教学

徐晶凝（2024）在授课时提到，应注重与能力相关的语法知识的教学。此处与能力有关的语法知识是指与学习者汉语水平能力提高有关的语法知识[①]。我们对此做出补充，认为不仅需要注意与汉语水平能力提高相关的语法知识，还需要补充相关的文化知识。我们先谈一谈与学习者汉语水平能力提高有关的语法知识，崔希亮（2024）曾在第四届世界汉语研讨会上做过关于留学生学术语篇的研究报告，实质上我们可以看到学习者在汉语学习过程中接触到的语法知识是为日常交际与学术研究而服务，在日常交际中有一些语法知识对学习者汉语水平及汉语表达能力是有帮助的，例如"美"与"漂亮"两者所存在的音节差异，会影响到其是否能作为中心语的定语（如"她是个美人"与"她是个漂亮女孩"），这些语法知识若是学生不知道，会影响学生的进一步学习；而一些语法知识对学习者汉语水平及汉语表达能力帮助并不是很大，例如要求学生判断一些较难区分的语法结构是词还是词组，或是清楚区分话语标记的所有类别，学生知道与否并无大碍。但对于有学术研究需求的学习者而言，一些语法知识便显得尤为重要。因此教师应当结合学生的学习需求及具体语境来判断何为与学习者汉语水平能力提高有关的语法知识。具体到本书研究范围，在教师讲解"代词 +V"类话语标记的

---

①这里的语法知识准确来说是语法学知识，本书对此不做具体细分。

时候，与代词及动词有关的相关知识可以视为与能力有关的语法知识。谈到文化知识，我们也需要认识到有时文化知识不仅是用来扩充学习者视野及加深对中国的了解，一些语言点的讲解需要配合文化知识的讲授，对于中国而言其属于高语境文化，也属于权力距离较大的文化，在这种文化环境中，有时发话者会借助一些"代词+V"类话语标记来委婉提示受话者搞清楚谈话意图或弦外之音，有时发话者也会用"你看你"等来强化自己与发话者的权力距离，因此受话者若想更为深入地理解一些话语标记的语用功能及背后的文化含义，则与学习者汉语水平能力提高有关的文化知识的教学也是必不可少的。

11.7 适当使用与话语标记有关的语法术语

汉语教师应提高自身的语法学知识，对于二语学习者而言，其语言学习环境中可能缺乏与目的语人群的接触，很难依靠自身语言经验来形成接近于母语者一般的对言语交流中词语表达的直觉判断或感受，我们可以为学习者适当提供语法知识，来帮助学习者提升其对自身语言监控的能力。徐晶凝（2024）在授课时提到语言教师需要思考如何帮助学习者将语法知识转变为语法能力[1]，并思考如何帮助学习者实现语法知识的自动化。本书认为，绝大部分的非少儿学习者拥有较强的母语能力，其对于自身母语的语法体系有或多或少的了解，二语教师可以借助二语者母语或媒介语来讲解基础的语法知识，而后引入汉语语法的一些知识，帮助学习者逐步提高其语法能力。教师可以采用显性教学的方法，向学生讲解一些较为常见且适用范围广的基础语法术语，也可以采用隐性教学的方法，将容易理解或需要慢慢理解的话语标记知识潜移默化地教给学生。施仁娟（2022）将话语标记按语义透明度[2]分为明示型与默会型两大类，认为两者习得难度不同，并认为可以采用隐性教学法来加强对默会型话语标记的教学。本书部分赞同这一观点，同时本书也认为对于同一形式内部可继续分类的话语标记（如"你看"、"你看看"、"你看你"等），教师需要采用显性与隐性相结合的教学方法，让学生逐

---

①是指将语法视为一种类似于听说读写等技能的能力。

②施文认为语义透明度高的话语标记语法化程度低、结构凝固性弱，我们认为这可以说明一部分话语标记的特征，但并不是所有的话语标记都是这样。正如我们看到，一个话语标记可能存在不同的语法化阶段，但即使是语法化程度较高的"我看"其语义透明度也很高，因为语义滞留也会影响语义透明度。因此我们仅采用施文所提到的语义透明度高低来区分明示型与默会型话语标记，而非采用语法化程度来进行区分。

步理解不同虚化程度的话语标记的功能差异。

11.8 注重语法研究的系统性

国际中文教师常做的工作包括语言知识的研究及语言教学的研究。而对于"代词 +V"类话语标记,学界常针对个例或个例之间的比对进行研究,同时一些学者借助量化分析的方式对理论进行探索与验证。本书结合以上现象,认为教师针对"代词 +V"类话语标记的研究应注重理论掌握、语料分析与收集、理论创新、教学应用研究、教学应用等几个方面。针对话语标记的研究众多,且有一些观点已被学界普遍使用,例如对话语标记的判定、话语标记的特征、话语标记的一些形成机制、话语标记的语篇与人际功能等,且构成了较为成熟的研究范式,教师应注重对普遍观点的批判性接受,并从中发现一些尚待解决或前人未深入进行的研究,例如跨类别的话语标记其所对应的三域有何区别与联系、话语标记如何按照语法化程度进行分类、代词的不同对"代词 +V"类话语标记的语法化有何影响、为何某些成分难以成为话语标记。同时教师也需要注意到随着时间的推移,针对话语标记整体、其中的小类或个体等会有新的认识或新的解释的产生,教师应关注学术前沿,并结合新的理论分析来完善研究方法。教师应注重对汉语母语者常用用例及二语学习者偏误用例的收集与研究,在针对个别例句进行分析的基础上,也需注重采用量化方式在大规模语料中探寻其中规律。教师应基于共识与前沿理论、结合语料分析,对以往研究得不够充分或不够深入的一些地方展开研究,从而为理论的完善与突破作出贡献。理论需要与实际相联系,理论有时也需要与实际相"脱离",国际中文教育领域语言本体研究与教学研究相结合的模式,及语言学领域注重本体研究便是两种典型的研究范式。本书认为,国际中文教师要重视自己的研究者及教师的双重身份,既重视纯理论的研究,也重视理论的应用研究,具体到本书所研究内容,便是教师在注重"代词 +V"类话语标记本体性研究的同时,也应注重对其习得、认知、测试或教学法等的研究,并在教学中合理使用话语标记并采用适当方法教授话语标记。

11.9 注重处理话语标记形式、意义与功能的关系

若从语法角度来看,话语标记可以是单个词、词组、短语或构式等形式。往往话语标记形成过程中受到词汇化、语法化或重新分析等因素的影响。在一些话语标记形成过程中,原本的一些线性序列结构或跨层结构由于高频浮现而逐渐凝

固成能适用于特定语境、具有特定功能的凝固化成分，或是从原本具有完整词汇意义的形式转变为具有较强语法功能的形式。而在语法化、词汇化或重新分析机制的影响下，原先的语言结构所承载的基础意义很可能会发生概念义削减，而结构的程序功能增强，但这也并非是绝对的，所以我们需要分情况讨论。首先我们关注第一种情况，例如"你看"这一话语标记，其概念义削弱与程序义增强（即语法化过程）呈现一种阶段性特征，在不同阶段所呈现的语义可以归类，因此教师在教该话语标记的时候需要提醒学生注意这种概念义减弱及形式逐渐凝固的现象，并让学生重视这一话语标记蕴含的语篇与人际功能。同时面对不同类型的"代词+V"类话语标记，教师要留意不同动词与相同代词结合时的行为义差异及话语标记功能差异，也要留意不同代词与相同动词结合时，代词的指代功能对主观性与视角差异、语法化进程及语用功能演变的影响。教师在留意这种组合差异所带来的影响的同时，也可以采取适当的教学方法或例句来让学生意识到这些差异。同时我们也需要注意第二种情况，例如对"X地来说"、"令人X的是"这些话语标记，自身的概念意义仍然很明显，但删掉不会影响句子的真值语义表达。故而在教授"你看"的同时，学生在理解概念义削减甚至消失的基础上，教师仍需要提醒学生并非所有的话语标记都存在这种现象，有一些话语标记仍然保留一些概念义，并可以适当举例说明。若是教授"令人X的是"这类话语标记的时，教师需要对标记内部的概念义进行强调，并让学生意识到话语标记内部的概念义与话语标记所引领句子的概念义之间的关系。因此这便要求教师具备能够在教学中灵活处理话语标记形式、意义与功能之间关系的能力。同时教师也需要注意在讲解的过程中，依据学习者语法学习基础及语言水平适当使用一些语法术语。

11.10 教师应从互动视角来思考语言中的一些现象

张文贤（2024）在授课时提到，语言和社会互动是一种互育的关系。乐耀（2016）提到"我们应从语言的各个方面（音韵、形态、句法、词汇、语义，包括语用）来研究其结构和使用方式是如何通过交际互动来塑造的"[①]。本书赞同这些看法，并认为社会互动关系会影响一些话语标记的形成及其一些再语法化形式（如话语标记重叠、动词重叠+标记重叠、话语标记与不同的语气词共现等）。具体到"你看"及其一些再语法化现象如"你看你看"，我们认为"你看"的词

汇化及语法化也受到其在口语互动中高频浮现及停顿的影响,"你"对于受话者的指代作用及"看"作为最直观、最高频的理解世界并进行推理的方式,及发话者行使"看"的命令时所产生的临时性权力关系,这一社会互动机制在"你看"形成过程中发挥了一定的作用,从而使"你看"凝固化为一种引导对方注意、确认信息、表达情感或寻求共鸣的话语标记。在自然语流中,若说话者采用重音强调或延缓语速等,通常会使用非叠连形式的"你看",但对于说话者在某些情景下采用"你看你看"等再语法化形式,则体现了固化的语言形式在自然语流中受发话者情绪、客观互动环境、交际双方关系等的影响后会进一步使话语标记发生新的语法、语用变化与结构固化。而受到话语标记"你看"的人际功能多样性的影响,再语法化后的"你看你看"在不同语境中也具有多种人际功能作用,例如有时其可以用于表达期待的情绪(如"你看你看,太阳快出来了")、有时可以表示欣喜的情绪(如"你看你看,那棵树开花了"、"你看你看,是我最爱的圆月"),有时可以表达惊讶(如"你看你看,这阵仗咱可真没见过"),有时可以表达不满的情绪(如"你看你看,你怎么又迟到了?"),或是寻求对方的认同与共鸣(如"你看你看,我说的对吧?")。而"你看你看"在不同情景中所体现的不同人际功能,取决于交际双方的关系、地位、感情状态、发话者的情绪状态或具体的交流语境。这些体现了语言在社会互动中的动态适应性以及社会互动对语言的塑造。在探讨语言现象时,我们应将其置于广阔的社会交际背景之中,从互动的视角出发,方能更全面、更深入地理解其本质与规律。因此我们有时需要以互动的观念出发,从社会互动的角度来理解话语标记。

11.11 教师可以采用基于"解释 - 对比 - 情景 - 互动"的教学法

教学方法的有效性有助于提高国际中文教师的教学效率,本书结合前人研究,提出一种面向"代词 +V"类的包含四个基本要素的教学思路。我们以话语标记"你看"与"我看"为例:在解释阶段,教师应向学生通俗而简要地说明他们作为话语标记的基本特征(可以在讲解时稍作简化,使用学生能听懂的语言,并较少使用与话语标记相关的术语)。接下来进入对比阶段,所谓的对比是以下一些形式等的对比:同一结构的话语标记与非话语标记形式的对比(如"你看"的篇章义与行为义之间的对比)、不同结构的话语标记之间的对比(如话语标记"你看"与话语标记"我看"之间的对比)或同一话语标记与其再语法化形式之间的对比(如话语标记"你看"与叠连形式"你看你看"之间的对比)、同一话语标记不同语用功能之间的对比、不同话语标记不同语用功能之间的对比等,在具体实践中,面对话语标记"你看"与"我看",教师可以通过具体例句帮助学习者巩固之前所学的"你看"与"我看"的动作行为义之间的差异,并通过具体例句来展示话语标记"你看"与话语标记"我看"语用条件及语用功能等方面的差异。又如面对话语标记"你看"及其叠连形式"你看你看",教师可以设计一系列例句,展示两者在不同语境下的使用情况,引导学生分析并注意它们在语气强弱或情感色彩等方面的差异。在情景阶段,为让学生对"代词+V"类话语标记进行有效的理解与运用,教师应从相对较为真实的交际情景出发解决问题,并创设符合日常交际的会话情景,让学生在接近真实的语境中练习掌握这些话语标记,情景的创设应注意多样性,这些情景可以包含日常对话、冲突争论、故事讲述等多种场景,并让学生通过角色扮演、小组讨论等形式在不同语境中感受话语标记的具体使用场景,并注意话语标记使用的广泛性及功能的多样性。互动阶段,是建立在学生掌握、理解话语标记概念及使用场景的基础上的一个长期化过程,即要求学生将所学到的话语标记能运用到日后同教师、同学生或同中国人之间的交流中,教师应在课堂中适当使用话语标记,可以在即兴对话结束后或案例分析时,让学生回忆对话或案例中出现的话语标记,同时教师应逐步鼓励学生向教师之外的人及汉语本族语者使用话语标记,并让学生及时反馈真实交际中所遇到的问题,从而让学习者在互动中提升自身与话语标记相关的语法能力,进而提升自身的汉语水平及元认知能力。

11.12 教师需要恰当使用话语标记中隐含的权力关系及评价权力

话语标记不仅仅归属于教学或语法研究范畴,其本身具有一定的交际功能,而其中一种功能便是前文分析的临时性权力关系构建功能,对于中国教师与中国学生来说,其有着文化背景影响下的天然的社会等级关系,教师处于上位而学生处于下位,因此教师时常会在与学生的会话交际中使用诸如"你看"、"你看你"等来反映并强化等级关系的话语标记。但当我们面对外国汉语二语学习者时,其国家文化中可能与中国文化的权力距离观念类似(如日本、泰国、韩国),也可能与中国文化中的权力距离观念差距较大(如美国),因此与这种不同文化背景的留学生交流时,其对"你看你"的一些人际功能的理解与中国学生可能存在差距,这会影响学习者习得一些常见的话语标记。此外我们之前提到,"你看你"等话语标记会强化评价框架中的否定效果,因此即使是对本国学生或对与我们权力距离观念类似的国家的学习者，也应当慎用这些否定功能强的话语标记，一是为让学生避免受到言语所带来的伤害，二是避免学生习得后采用这样的言语行为伤害他人，即使我们教给学习者并让其顺利习得这些话语标记，也要提醒学生应当慎重使用这些话语标记，避免因语言的不当使用而带来伤害或冲突。

11.13 教材编写及教学例句应适当选用真实自然口语语料

话语标记存在较强的口语依赖性，因此注重从自然口语中搜集语料来进行教材编写与例句编写具有重要意义。有些时候教师编排的教材是依据相关标准出发从主观上认为中国人应当这样讲，这是基于教师数十年语言使用经验或语言教学经验所得出来的结论，虽然具有一定客观性，可以保证教材内容符合语法规范，但是否能真正贴合口语则存疑。因为有些时候教材的课文为了让学生学习某些词汇，可能会将不太符合口语交际的形式编写成口语对话形式，从而使得学生习得过程中出现语用的偏误。话语标记作为口语中一种重要组成成分，其对于组织会话与引导会话具有重要作用，但其未必符合教材的正规性。例如很多中国人在交流的过程中，会使用"然后"、"比如说"等，本书作者也在为泰国留学生授课时发现他们的一些中级或高级水平学习者也会使用一些中国人或者汉语教师常用的话语标记，例如"然后"、"比如说"、"怎么说呢"、"那个"等，但这些带有话语标记功能的用法却在教材中很少出现（例如我们通常在教学或教材编写时将"然后"讲解为连词，若是没有涉猎过话语标记领域的教师很少会提及其话语标记的用法），我们推测学生一定程度上是潜移默化受到与之接触的中国人或中国教师的影响。但同时我们也发现，学生习得与主动使用的话语标记数量极其有限，通常很少会用"你看"等来进行提示或征询，在使用"我 V"类话语标记时存在单一化特点，因此我们认为这些现象一定程度上源于教材中及教学中所使用的例句缺乏一些真正符合自然口语的"非正规"的句子，教师教学时也很少注意到话语标记的系统性教学，所讲授的大部分内容是书面形式的语法规则，进而导致学习者对于话语标记的语言规则使用意识没有在其认知中被激活①。因此我们认为教

---

①即学习者没有意识到话语标记是什么以及怎么有意识地去运用，我们称之为这项语言功能未在认知层面被激活。我们举个例子，很多语言的句尾都会出现只表示情绪、语气而不表示意义的句尾助词或句尾变化，汉语的语气词"吧"、"嘛"或日语的句尾助词"ね"、"よ"等大多情况下都只表示情绪或语气而无实际意义，若是学习者在学习过程中未能习得这样的功能性成分，则表达出来的句子往往过于生硬而缺乏情感，我们将这种现象称之为句尾助词及其所具有的语气或情感功能未在学习者认知中被激活。

师应当从语料库中搜寻一些不同形式的真实口语语料来让学习者体会这些用法，即使这些语料不一定符合标准的汉语书面语规则，也仍能起到一定的教学效果。这一点也与我们前文提到的应注重汉语口语的地道性与普通话的标准性之间的平衡有密切联系。但需要注意的是，口语语法规则往往是灵活多变的，我们采用自然口语的一些例句时，也需要考虑学习者的学习水平，在初级阶段需要注重基本语法规则的学习，而在中高级阶段再慢慢让学习者接触更多真实的自然口语语料，尤其是习得地道的汉语往往需要学习者先能掌握大部分汉语规则的标准用法之后，再自主灵活地或非正式化地运用一些语言规则。同时教师在运用自然口语例句教学时，也需要明确提醒学习者自然口语与标准用法有时存在差异，让学生始终能有意识地辨别其与标准语法的差异，而不至于产生新的迁移。

第十二章 生成式人工智能在国际中文教育领域中的应用、风险及对策研究

12.1 数智时代的挑战——从生成式人工智能谈起

随着近年来人工智能应用浪潮涌现，以文字、语音、视频等内容生成为主要模式的生成式人工智能①逐渐走进大众视野。生成式人工智能基于大量数据学习，从而获得一定的自然语言理解与推理能力。而随着版本的不断迭代升级，生成式人工智能也朝着多模态的方向发展，具有了处理与输出多种类型数据的能力。同时大语言模型也朝着具身化方向不断演进，逐渐地具备了一些理解现实物理世界并与客观环境互动的能力。从而使得生成式人工智能在艺术创作、产品设计、内容产生、虚拟现实构建、教学辅导等方面有了广泛的应用。生成式人工智能在国际中文教育领域拥有巨大的应用潜力和价值。国际中文教师也积极拥抱先进技术，并将之应用于课堂教学中。例如在教学内容生成、交互式对话系统、写作辅助与测评、语音合成与识别、虚拟情境创设、个性化辅导等方面有着积极作用。生成式人工智能的发展，将逐渐影响国际中文教育的各个环节，基于智能技术与智能平台的教学与管理模式，也将成为未来国际中文教育的一大发展趋势。

12.2 基于生成式人工智能技术辅助国际中文教育的一些研究

对于生成式人工智能在国际中文教育领域应用的研究，也逐渐增多，学者们从不同角度提出了一些观点。同时一些学者也借助生成式人工智能技术进行了一些针对国际中文教育的研究。

谷陵（2023）从技术定位、技术意义、学习方式变革等角度出发，对 ChatGPT 在国际中文师资培养方面的影响进行了分析。刘妍（2023）针对人工智

---

① Generative Artificial Intelligence，简称 GenAI 、AIGC、生成式 AI、大语言模型、大模型、模型等，本书在此不做区分。

能技术在国际中文教育领域的影响提出一些见解，认为在个性化教学、学习数据反馈、虚拟文化体验、口语教学及交互等方面生成式人工智能存在优势。金旋（2023）从自适应分布式推理、多阶段人机对话式交互、数字教学生态系统、人机价值共创等方面分析了生成式人工智能技术与国际中文教育结合的应然功能。宋飞等（2023）从课堂教学辅助及教学资源应用对 ChatGPT 在语言文化教学及测评等方面的应用进行了分析。蔡薇(2023)从生成式人工智能与学习者的交互特点、中文教学中的可执行任务、基于 GenAI 技术的语言学习条件、使用 GenAI 的学习目标与原则等角度出发，对 ChatGPT 在汉语教学与学习方面的应用实践进行了思考。沈家煊（2023）提到生成式人工智能将导致语言学的研究范式产生重大变革，我们应积极主动面对，在人工智能的新时代里与时俱进。袁毅、吴应辉（2023）提到国际中文教育界应该对以 ChatGPT 为代表的新技术持有开放、探索、创新的态度。朱奕瑾、饶高琦（2023）基于 ChatGPT 的语料生成技术，探索了构建共同价值标准的生成式例句库的可能性。文贵良（2023）对微软小冰与 ChatGPT 对汉语诗学的影响进行了分析，思索了科技为中文提供的可能性。针对 ChatGPT 在国际中文教育领域的机遇与挑战，周小兵（2023）、马廷辉（2023）、崔希亮（2023）、李宝贵（2023）、史中琦（2023）、郝磊（2023）等学者分别从不同角度进行论述，对生成式人工智能带动教育行业智能化发展的积极影响予以肯定，也从版权、技术依赖、创新性等角度提出了对于技术发展的担忧。

综上所述，基于生成式人工智能的汉语教学研究存在时间短、内容新、宏观而非具体、理论而非实践等特点，基于技术应用的微观实证研究存在不足，对于技术应用的实践与检验有所欠缺。语言本体、偏误分析与技术结合的垂直领域研究更是少之又少，相应的研究范式也尚不成熟。此外研究所使用的生成式人工智能多采用 ChatGPT 而非国内大语言模型，对于国内模型的重视程度及应用程度不足。生成式人工智能具有工具化、平台化、迭代性的特点，将在国际中文教育中发挥重要作用，值得研究者、教师、学生及管理人员的关注，尤其是 ChatGPT 使用存在一定的门槛，针对国产大语言模型的应用研究有待加强。

12.3 从教学到教育再到语言文化传播

施正宇（2024）授课时提到,国际中文教育行业是国家外交的重要组成部分,对于教师从教学到品德都有一定的要求。国际中文教育专业的名称经历了几次变动，包括对外汉语教学、汉语国际教育、国际中文教育等。这也反映了新时代对汉语教师的国际视野与育人观念的要求。一名优秀的国际中文教师，不仅应关注到教学，还应关注到教育，并关注到中华文明与世界其他文明之间的交流与互鉴。中华优秀语言文化国际传播作为国家大力推动发展的领域，近年来受到复杂国际环境、新兴科学技术的挑战。国际中文教师在新时代，不仅应着眼课堂，还应着眼行业，并着眼世界。我们既要认识到形势的挑战，及时调整行业资源布局，也要把握以人工智能为代表的新兴技术发展所带来的重大机遇。我们在研究语言本体、文化传播、教学方法的同时，还应注重新兴技术对整个行业乃至其他教育行业效率调整所带来的深远影响。未来的课堂是否需要国际中文教师，需要怎样的国际中文教师，这应是每一个国际中文教育从业者应当思考的问题。但技术发展的趋势势不可挡，学好、用好新兴技术，在研究智能辅助教学与文化传播的过程中提升智能素养，借助技术来提升效率，是我们当前需要重视的工作。但从长远来看，如何调整技术与人的关系，调整生产力发展与社会进步之间的关系，调整人类当下与未来的关系，是当前时代每一个有能力者应当思考的问题。

当今我们时常论及国家软实力之议题，而国际中文教育专业与此息息相关。国家软实力之形成，离不开语言教学、媒体推广、文化交流、学术互鉴及文娱产业输出等诸多活动。近年来，语言文化的国际传播已成我国关注之焦点。语言蕴含民族特有之文化，体现民族独有之精神品质与价值取向；同时，语言亦为文化传承与传播之重要载体。语言的传播、接触及融合过程，必然伴随文化间冲突与融合。语言文化之传播，乃与地缘政治、国家关系、科技发展相联结的动态发展过程，其传播方式涵盖迁移、扩散与渗透等形式。

在诸多国家开设的孔子学院、孔子课堂是一种显化的传播方式，通过中外官方及民间团体的支持与资助作为运作基础，将师资、教材及附属的宣传媒介作为传播渠道，形成了以机构为核心的中心化式管理与传播体系，其形成的过程一定程度上借鉴了西方一些国家语言文化的推广模式。自第一所孔子学院开办以来已经历时二十年左右，但相比整个国际中文教育事业而言这一模式发展时间并不长久，目前已取得诸多发展成果，但因地缘政治的影响，其资源分配及行业布局尚未成熟稳定。

以人工智能为代表的新兴技术将为这一模式赋予新的动力，但也可能带来无法预期的风险与挑战。面对尚不成熟的人工智能技术，现阶段我们依然是将技术视为教学与文化传播的辅助手段，因其目前无法替代人类的智能与情感（尽管有学者曾提过，技术没有情感一定是坏事吗？）。但倘若将国际中文教育事业视为劳动密集型产业模式，当提倡传播效率至上时，具有可复制性、高度稳定性、高风险规避性的智能将对行业产生较大冲击（尽管这一描述有所偏颇，但某种程度上而言，当前的国际中文教育事业，尤其是汉语推广工作，其传播效果仍较大程度受到师资投入与其他资源投入的制约）。

当然，这仅是技术进步在某一领域的影响，而真正值得注意的是技术在多领域可能同时产生的颠覆性产业革新。就语言文化传播领域而言，包括但不限于国际中文教育、网文产业、游戏产业、艺术产业、媒体产业等都将可能受到影响。简而言之，任何需要效率而人力成本过高的产业，都有可能受到具有创新性的人工智能技术的影响。诚然，我们有可能为了行业稳定性及可持续性而一定程度遏制技术的发展，但当行业内部竞争或跨国竞争存在时，技术所带来的效率提升必然不可忽视。尤其是语言文化传播是一种存量竞争，我们面对的是国与国之间文化话语权的竞争。

12.4 中国语言文化国际传播的背景及传统传播模式所面临的挑战

自古以来中国由于民族、地区的差异性，而导致文化种类丰富多样、文化历史漫长悠久、文化传承不曾间断。中国文化呈现统一性、连续性、包容性、多样性的特点。谈到与文化相适配的语言，便不得不提影响深远的"白话文运动"与"国语运动"。1917 年胡适在《新青年》上发表了《文学改良刍议》一文，主张用白话文代替文言文。一方面"白话文运动"动摇了文言文的统治地位，另一方面"国语运动"也在口语方面增强了北京话的代表性。但即使历经了白话文的普及（本书认为这对促进语言文字事业发展有重要影响），汉语中依然有广泛的古代汉语承袭与区域方言的存在，使得现代汉语成为了联系历史与现实的重要桥梁，这为我国语言文化传播提供了丰沛的资源优势。自新中国成立以来随着我国国际影响力不断提升，另外随着改革开放及加入世贸组织带来的经济全球化，使得我国在全球的经济与政治实力进一步提升。但长期以来中国文化的国际影响力与经济政治的影响力并不匹配，相比我国强大的政治经济实力而言，中国文化的国际影响力仍有待提升。近些年来，我国日益注重国家软实力的提升，寻求综合实力的发展，更为积极地向世界各地推广我国语言及文化，不断拓展媒介渠道及媒介受众。但不容忽视的是，随着国际体系和国际秩序深度调整，国际力量对比深刻变化，我国所面临的地缘政治挑战、全球化倒退等风险日益加大，这些不确定性因素成为影响我国国际传播能力的阻碍。2022 年冬季以来的人工智能技术爆发，也为不确定的世界再添了一份不确定性。

我国语言文化传播之传统模式，包括孔子学院在内的多种类型之交流项目等，较倚赖长周期之人才培养及高成本之海外推广，且此模式曾将大量资源布局于发达国家，直至近年在部分国家之布局受限后方有所调整（此观点源自作者参与的行业国际会议）。此模式发展过程中虽产生诸多积极的传播效果，然其资源与劳动密集型之发展模式，亦需高成本投入。观行业之常态，我们可发现即便培养一名全能且合格的汉语教师，需背后高等教育体系之长期投入，然行业内人才大量流失却难避免。此外，海外孔院之建设，既需政治互信与政策支持，亦因其物理属性与地域因素，限制了传播模式之可拓展性及其受众范围。在传播过程中，中外文化与语言之差异，亦会带来诸多现实挑战，且中国文化传播除受跨文化交际之影响外，亦受意识形态及地缘政治所带来之挑战。我们还可看到，传统教学模式之受众有限，且二语习得周期较长，此亦会影响语言文化之传播。

以生成式人工智能为代表的新兴技术，有助于突破传统模式的限制，极大地拓展传播的边界。生成式 AI 作为利用机器学习算法及大模型数据集训练而成的，具有自主生成文本、图片、视频、代码等内容的人工智能系统，例如较为著名的"ChatGPT"、"百度文心一言"、"阿里通义千问"、"讯飞星火"等大语言模型，其背靠海量数据，某些方面的生产效率远超国际中文教师。但目前而言，生成式 AI 尚不具备通用人工智能（AGI）类似于人类智能一般的思维能力与情感能力，就当前的应用及发展而言，其更具有工具属性（但也必须承认人工智能技术的发展是日新月异的），但其庞大的数据集所训练出的问答效果，已可以在很多领域产生广泛影响。生成式 AI 在我国语言文化国际传播领域具有广阔发展潜力，其在传播人才培养、传播内容创作、传播形式革新、语言障碍突破等方面都有革命性影响。以下的讨论中有些目前尚不具备技术条件，我们基于当前技术对未来的技术前景进行一些展望。

12.5 生成式人工智能在中国优秀语言文化国际传播中的机遇

12.5.1 人才体系建设

传统的国际中文教育行业人才培养模式，离不开高等教育体系支持下的长周期与高资源投入。在国际中文教育领域，一名优秀的汉语教师，需要大量的时间与资源进行培养。但因现实因素影响，众多汉语教师也并非将本行业作为自己的终身目标，尤其是研究生及本科层次培养出来的每年数千名志愿者或公派教师，最终长期留存于本行业内进行汉语教学的人数占比并不高。同时国际中文教育行业并非人人都可以参与其中，需要心理学、教育学、文化学及语言学等多方面的系统学习。正是这样的专业壁垒，限制了非本专业人才的加入。面对这种投入资源成本高、行业人才流失率高的情况，通过智能技术辅助非专业人才教学来降低踏入中文教育行业的专业壁垒或采用智能技术一定程度辅助与替代教师，可以缓解这一局面（但也可能会造成技术替代人工、迫使一些教师离开本专业的情况，在此我们考虑的是从整个行业战略发展的角度出发，尽管这有可能对现有的师资结构造成影响）。生成式 AI 及智慧管理平台可以通过智能测评系统（如自适应水平测试技术）来高效筛选人才、划分人才等级，或提供类似于"多邻国"的知识图谱、虚拟语言导师、虚拟学生等来提高教师的教学能力。在生成式 AI 技术的辅助下，大量对跨文化交际有兴趣且志愿长期从事或兼职本专业的外界人才，可以不断被筛选、训练、提升，从而极大提高师资储备。在其他领域也同样如此，生成式 AI 可以作为导师、测评者、虚拟受众等，对相关领域从业者的行业能力进行规模化培训提升，对传播内容、效果进行实时分析，并可以起到更为高效的管理效果。面对传播领域人才良莠不齐的现象，可以通过智能化、实时化、标准化、多维化测评进行个体分析，让有意愿的从业者变得专业，让专业的从业者变得高效，这便是生成式 AI 所产生的积极影响。

12.5.2 短视频内容设计与制作

短视频作为一种快餐式消费文化，同时也作为一种传播手段，在全球媒介受众中获得广泛关注。生成式 AI 可以对以往的短视频设计与制作方式产生革新性影响。就短视频内容而言，其可以根据传播者的需要快速生成（当前的一些大语言模型已有根据描述生成视频内容的能力），并利用人工智能算法进行字幕自动添加，也可以在多种语言之间快速翻译，或根据单一语言快速生成一些其他语言且与说话者口型配套的视频，从而增加中文及中国文化内容被国际受众访问的效果（也有可能有些受众直接选择将中文内容进行母语翻译，但这也有助于中国文化的传播）。同时也可以根据受众的互动指令，实时生成与受众所处文化相契合的图片或视频，来辅助二语学习者进行语言学习。生成式 AI 还可以通过与推荐算法相结合，根据用户画像推荐或生成定制化的视频内容，来进行精准化推广。

此外就传播方式而言，用户除了在传统的流媒体平台进行视频播放，当其采用搜索引擎进行特定关键词搜索，或是在学习平台进行任务学习遇到障碍时，生成式人工智能都可以快速生成相关内容，以视频、声音、文本、数字人等多模态形式为用户答疑解惑。

12.5.3　海外社交媒体平台运营

海外社交媒体平台作为汉语与中华文化传播的重要渠道，目前仍然依赖高成本的人工运营。且我国用以宣传的海外社交媒体账号，很多都依赖于西方的一些跨国性社交媒体平台，除了较为知名的 Tik Tok 外，其他具有广泛影响力的海外社交媒体平台寥寥无几。生成式 AI 可以根据算法进行内容自动生成、情感分析、个性化推荐、访问信息采集与反馈等（同时需要注意各国不同的隐私保护政策）来辅助社交媒体账号或平台运营。生成式 AI 可以作为聊天机器人或情感助理来对用户的需求进行及时响应，同时也可以辅助跨文化或跨种族用户进行有效交际。根据用户的偏好可以个性化推荐好友，辅助建立用户的社交网络。生成式 AI 技术也可以产生一些学习以外的社会效果，例如根据用户的文字风格、情绪识别或搜索历史，对有心理问题或自残轻生念头的用户进行实时跟踪及向相关部门反馈，并采取适当的心理干预来辅助用户恢复健康。而在跨文化交际或跨国学习中，一些学习者也可能出现文化休克或跨文化冲突，生成式 AI 也可以作为数字语伴来提供心理辅导并提供学习与生活建议。此外生成式人工智能可以根据不同社交媒体平台的运营方式及价值取向，通过识别热门话题、分析受众偏好、监控网络舆情、调整话题分布态等方式，对社交媒体平台整体运营效果及讨论氛围进行合理化引导。另外对于不同的网络群组，或亚文化社区，生成式 AI 也可以进行更为垂直化、专业化的运营与管理。

12.5.4　国别化教材编写

目前，我国对外教育与传播的国别教材编写已取得一定积极成果，然因编写过程受人才专业化的限制，具教育学、文化学、心理学及语言学混合背景的翻译人才数量仍显不足。生成式人工智能可于国别化教材的编写中发挥重要作用。通过采用更为专业化、适用于国际中文教育专业的智能模型，输入足够多的特定国家或地区学习者之知识、文化、法律、语料等数据，可快速分析文化差异、教育政策差异及多语环境，进而迅速生成或辅助人工校对适用于当地之国别化教材。

亦可生成适用于当地教学及文化之文本、图片、视频等资源。生成式 AI 可快速消弭语言学习中之文化差异，弥补并提升翻译人才于某些知识层面之不足，避免教材中可能出现之文化冲突等内容。

12.5.5　文化对比及区域国别研究

研究者可藉由生成式 AI 庞大训练数据集中的语言文化或政策律法等数据，对不同区域与国别之文化进行广泛而深入的研究，研究者可经由垂直化模型或调整模型参数，实现对本国各区域间及不同国别间之文化比较与研究工作，而研究范围不仅为语言文学等文字领域，也涉及语音视觉等多模态领域，而文生文、图生图及文生图与视频生成等多模态之间交融的创作手段也有助于研究范围的扩展。生成式 AI 迅速而高效的翻译技术，亦有助于赋予研究者超越自身语言之研究能力，打破因语言能力不足而导致的研究壁垒，尤其是针对一些小语种领域的文化文学之研究，更使得研究者如虎添翼。生成式 AI 实时联网功能已广泛使用，而区域国别学的一大研究范畴便是研判纷繁复杂的地缘政治态势，实时获取并整合关键信息的能力对研究者而言尤为重要，生成式 AI 的联网能力不仅为研究者提供了重要的技术支持，也为广大普通人了解与分析实时热点信息提供了帮助。可见，对于专业研究人员，生成式 AI 将辅助其不断拓展新的研究视角与研究范围。

12.5.6　教师辅助教学

现阶段尚不具备自主思维能力的生成式 AI，在国际中文教育领域可以定位为辅助教学的有力工具，其可以作为智能辅导系统起到增强教师教学能力及辅助教学管理的作用。虽然教学方法有不同的理论及流派，但每种流派下的具体教学模式都具有相似性与可复制性，这便为生成式 AI 对教师的标准化培训、管理与辅助提供了可能性。生成式 AI 可以结合教学方法、学生情况、文化差异、课程目标生成定制化的教学计划，并可以充当学生的学习伴侣，结合自适应水平测试系统，实时评估学生语言水平、学习状态或语言偏误，并提供个性化反馈。通过生成式 AI 对学生优劣势的分析评估，教师可以及时调整教学策略，调整对学生关注度的分配，并推荐适合学生特性及所属文化的学习资源。而对于较为烦琐且重复性高的作业批改、偏误分析及课堂记录，教师都可以通过生成式 AI 辅助完成。此外，教学有不同的方法与理论，而生成式 AI 可以辅助教师对不同理论加以检验，探索不同的教学风格。而传统的一些过时的理论，又可以在智能化的辅助下，重新探索其价值。同时智能化的普及，也有可能催生出关于智能驱动教学的新理论与新模式。

12.5.7 学生个性化学习

生成式 AI 于二语学习者之语言与文化学习过程中，可提供更为个性化的学习体验。智能算法可根据不同学习者的语言水平、语言学能、学习风格、学习动机、中介语状态等，动态调整教学辅导的知识容量、节奏快慢及难易程度。相比教师纠正学习者偏误时所带来的情感影响，机器辅助纠偏可减少因教师即时或当众纠错所致之焦虑与失落情绪。虽我们于教学中倡导以学生为中心，然教师作为教学实施的核心环节，其中心化的教学特征仍难避免。无论教学时间安排、作业布置、教学节奏、教学内容等，学生皆需一定程度上适应教师之节奏。故相较之下，生成式 AI 之实时性、自适应性、无界性等特征，可使"每个学生皆可成为自身之导师"，即学生自身学习状态与能力，通过生成式 AI 之辅助，将实时生成专属虚拟教学导师。生成式 AI 的诸多基础功能，如语法纠错、拼音标注、语音朗读、情感分析、文本分词、语料生成、偏误分析、篇章解析、文本识别、单词释义等，亦可大幅提升学生学习效率。

12.6 生成式人工智能技术在我国语言文化国际传播中所面临的挑战

尽管生成式 AI 在内容创作领域具有无可比拟的效率优势，但由此而来也产生了难以预测的风险。

12.6.1 意识形态挑战

从人工智能训练所用数据集观之，外国某些大型语言模型常以英语语料进行训练，而于此等英语语料中，往往包含不少与我国社会价值观或意识形态不符之内容（尽管部分企业对大型语言模型的安全对齐机制进行了研究，试图确保其能有效识别并拒绝不安全的输入与工具调用，此类对齐可阻挡一些常见之负面输出，但模型规则中潜藏的价值观却难以更改。例如，对于某一话题，不同大模型对其是否适合输出的判断及输出内容之立场倾向，或有差异）。部分训练数据或存对中国的认知偏见，致使大语言模型所生成之回答亦可能带有偏见。同时，对于尚存争议的社会或道德议题，大语言模型未必能给出准确见解。此外，因生成式

AI 本身具内容生产功能，故于某些情形下，亦可成为意识形态输出之工具。生成式 AI 输出之内容，难免含有其运营公司所处国家法律管辖下的价值取向及意识形态限制。其内容的客观性与公正性，在不同国家法律或道德要求下，未必能得到一致认同。

12.6.2　知识产权挑战

生成式 AI 可能引发较为复杂的版权问题。当生成式人工智能所产生的内容包含现有作品，或对现有作品的内容加以改编，又或者是生成风格类似但内容不同的作品时，其生成内容版权的归属将引发争议。同时企业在训练大语言模型时，内容贡献者及创作者的知识产权是否得到尊重，也是一个值得探讨的话题。此外当生成式 AI 生成的内容，带给用户现实的伤害时，谁负责承担相应的结果，也是需要解决的问题。

12.6.3　学术诚信挑战

大语言模型由于其所具备的数据容量，远超于个体所能掌握的数据容量，且其生成视频、图片、程序等技能也仅专业化人才所能匹敌，故而学习者有可能采用大语言模型来进行学术研究或完成相应任务，由此可能引发广泛的学术诚信问题。智能驱动下的学习平台，应确保学习者遵循学术道德进行相关研究，并采用有效的监测机制来防止学术不端行为的产生。

12.6.4　文化同质化挑战

生成式 AI 所生成之内容，极可能具风格之一致性，无论其文学作品或艺术创作。若同一 AI 模型占据市场主导地位，难免引发其生成内容或语言风格趋于一致之倾向。此外，生成式 AI 的内容多元性源自其训练所用数据之多样性，然若其所用数据已涵盖人类大部分的知识储备，则其作品风格或趋于同质化，难以取得创新。且当其创作内容优于人类所作时，市场对其认可之正反馈效应，不仅冲击人类劳动力市场，亦将导致内容同质化现象愈加严重。另因仅有科研实力较强的国家可研发大型语言模型，故以特定国家之美学或文学风格为主的作品，将冲击他国的本土文化作品，或致破坏文化之多样性。

12.6.5 用户隐私挑战

生成式 AI 在训练时通常会采用一些用户数据或行业数据，并在应用过程中访问及使用个人数据以满足用户的个性化需求。正如当今诸多的 APP 需要用户签署大量同意条款后才能获取服务一样，人们为满足便利性的同时不可避免地会让渡部分隐私，用以实现智能系统对用户画像的描绘及行为的预测。倘若当生成式 AI 走入家家户户时，如何确保涉及的大量用户隐私不被泄露，数据安全得到保护，将是服务供应商必须慎重思考的话题。

12.6.6 信息可靠性挑战

我们尝试从一些方面来对生成式人工智能的信息可靠性风险进行剖析。观当下之互联网，无论国内外皆存有大量虚假消息，或是造谣诽谤，或是道听途说，又或是饱含偏见，且网络为世人之使用戴上一层无形面具，人人皆可借助键盘发表观点，信息亦真亦假，普通群众尚难以明辨是非，专业人士也有数据造假之可能，更遑论缺乏人类智慧而借助这些语料生成内容的智能工具。一些投喂给 AI 的训练数据其真实性无法保证，且不同国家之法律道德规范及意识形态立场存有差异，因此这些都会影响生成内容的准确性。即便是同一事实，借助不同视角之描述，或是在输出文本中增减调换一些词语，都可能会得到全然不同的论述，进而影响用户的观念。尤其是现阶段生成式 AI 所产内容很多无法还原事实全貌或是进行精确描绘，带有大量主观性结论，所生成内容有时也多为空话套话，无实质内涵。另外，人工智能之"幻觉"一日不消除，则所生成内容皆有虚假构造之可能，即便在其并不十分掌握之领域，生成式 AI 或许也会产生符合逻辑或语句通顺却与事实相悖之结论，不过此种现象或会随着技术的发展而逐渐修正直至消除。而生成式 AI 所产内容经由不同用户以不同方式进入互联网环境，亦有可能加剧这种信息失真的现象。一些媒体，尤其是自媒体，出于人力资源制约、贪图流量或寻求便捷等原因，而使用生成式 AI 进行文案设计或是新闻撰写，有些还辅以生成视频与图片之技术，在未经审核的情况下极易造成虚假信息的网络传播。

12.6.7 本土化适应挑战

以 ChatGPT 为代表的欧美大语言模型，其英文与中文训练数据并非一个量级，因此往往英文问答效果高于中文。这也反映了他国的生成式 AI 在某些情况下无法根据特定国别背景优化与中国语言文化相关的输出内容。例如一些中文的同义词、近义词等细微差别,作为通用类型的生成式 AI 有时难以细致入微地进行考察。又或者对于某一概念在不同文化中的差异,生成式 AI 对两者解释的准确性也有所不同。本土化工作受不同国家间法律法规、道德观念等的影响,同时也与本土数据是否充足、审查监管是否到位、人机协作是否充分等有密切联系。

12.6.8 市场垄断挑战

倘若某一语言模型占据先发优势,则极易因用户数量及互动的增加而产生加速迭代效果,从而远远优先于其他大语言模型,形成寡头市场。赢家通吃的局面不仅会影响技术的创新性,还会赋予先进人工智能模型拥有者（或企业）超出常人的权力,包括行业标准制定的权力、参与行业监管及政策规划的影响力、数据交易时的议价权,甚至具有影响信息传播模式、用户认知喜好、舆论风向及管控、塑造用户社交网络的权力。这也是为什么当今许多国家都试图占据人工智能研究的前沿,并参加或决定行业标准的应用。同时我们应当认识到,除了存在被政府监管的大模型,一定也会存在不被监管（或是非法）的大语言模型,当然由于技术及资源的影响,这些模型未必会有强大的性能,但正是由于不被监管使得其隐藏的风险更加不容忽视。此外,当他国大语言模型技术更为领先时,研究者或使用者必然会优先体验更为先进的语言模型,这将可能影响本土大语言模型的发展。而在本书作者所参加的一些本专业的国际学术会议中,基于 ChatGPT 的语言研究远多于基于国产大语言模型的研究,希望未来这一局面能得到改善。以及,海外学习者若想通过国外大语言模型来进行中文及中国文化的学习,便不得不在某种程度上接受他国大语言模型所带有的价值倾向、叙事角度及形象塑造,此时我们便可能因为技术的落后而造成传播地位的被动。

12.6.9 语言安全、文化安全及意识形态安全挑战

人类无法完全认识世界,语言便是认识世界的一面棱镜。生成式 AI 便具有通过语言系统来影响人类认知视角的能力。例如就构式语法或浮现语法的视角而言,当某一构式或结构高频出现后,人们便会对其习以为常而接受。而大语言模型的用户数量众多,当某一词汇、语义、语法结构、语用功能或写作风格等在大语言模型中高频浮现时,便有可能被我们的语法系统所接受,并影响到汉语的纯洁性。正如现代汉语与古代汉语句子长度的差异,一定程度便是受语言欧化的影响。我们应当警惕大语言模型对语言系统及认知视角的重塑能力。生成式 AI 中

的文化叙事也容易受到模型算法的影响，一方面其有可能带来文化单一叙事方式所形成的刻板印象，另一方面他国文化及价值观念有可能通过语言模型产生渗透及扩散作用。此外倘若生成式 AI 的语言文化教学能力因语言、文化类别而存在差异时，将在某种程度影响用户对教学内容的选择，例如当使用 ChatGPT 学英文比学中文更为方便或更有趣时，则用户在时间精力有限的情况下，有可能放弃中文学习而选择英文学习。无论是大语言模型有意或无意造成的这种教学能力差异，都将在很大程度上影响大批用户的语言学习倾向。用户基础众多的大语言模型具有一定的语言文化资源分配权。

12.6.10 信息战争风险

语言有时可以成为攻击的武器。网络水军通常采用大批账号进行评论、互动，而生成式 AI 其高效的内容生成功能，有能力在短时间内生成大量以假乱真、有煽动性、或是情感倾向一致的内容，在监管不当的情况下，网络水军可以借助生成式 AI 操控舆论，有可能成为影响股票市场、影响政策制定或进行认知作战的有力武器。同时生成式 AI 辅助一些负面信息的生成或是使用中国相关的元素进行网络空间的负面情绪表达，也会影响中国语言文字事业的发展，一些詈骂性构式的出现极容易产生大范围的传播，这也会影响汉语的纯洁性。此外网络谣言与网络暴力作为网民情绪化输出的集中体现，生成式 AI 将有可能助长这一不良风气，且智能技术助推的网络谣言与暴力，追责将更为困难。此外拥有不同背景与立场的自媒体平台，其价值取向多元，甚至有时与主流价值观产生冲突，而其内容生成与传播将可能借助生成式 AI 来完成，并反过来影响生成式 AI 的数据集（因有些生成式 AI 在用户使用的同时，请求用户将所生成的内容用于其模型改进）。生成式 AI 所产生的内容将有可能使得网络舆论态势及网络语言环境更为复杂多样，并使得监管、执法更为困难。

12.7 生成式人工智能与新兴技术的融合

12.7.1 生成式人工智能在元宇宙技术中的应用

元宇宙技术目前尚未成熟，但对于教育、娱乐、文旅等场景具有丰富的技术潜力。本书作者也曾在一些国际会议中见到不少关于元宇宙的研究，但离达到沉浸式体验效果还有很长一段路要走。元宇宙作为虚拟现实空间，既可以是对现实的复刻，也可以是基于现实的创造，甚至是创造现实中完全未曾出现的场景。元宇宙的交互属性，代表着人与人、人与技术的联系，而生成式 AI 可以在其中有充分的施展空间。用户通过在虚拟空间中与虚拟环境、虚拟角色及其他真实用户进行互动，可以拓展其在现实中的社交边界，也可以拓展其认知与视野。例如虚拟课堂可以在元宇宙中更为具象、交互性更强，来自世界各地的学生可以足不出户汇聚于云端课堂，而生成式 AI 可以作为虚拟教师、虚拟学伴、虚拟角色，或是生成虚拟教学情境来促进教学的有效实施。例如之前曾实施的"云·游中国"项目也在元宇宙技术的辅助下，推进中国文旅产业的发展，此外一些线上夏令营也可以探索元宇宙及生成式人工智能的使用，生成式 AI 可以作为虚拟向导或虚拟讲解员，辅助用户云端自主探索中国的旅游文化，教师也可以搭建比现实更精彩的虚拟互动环境来激发学习者兴趣，并借助生成式 AI 来实现对每个学生的均衡照顾。从云端文旅到互动课堂，从影视娱乐到用户创作，元宇宙技术在生成式 AI 的辅助下，将更高效地促进全球交际与文明互鉴。

12.7.2　生成式人工智能在新媒体技术中的应用

随着现代信息技术的不断发展，新媒体平台革新了信息沟通及传播方式。社交媒体平台、流媒体技术等可以通过结合生成式 AI 提供更为个性化的服务，例如根据用户的喜好或语言风格自动生成文案，根据用户的创作思路辅助创作，或在服务商提供内容服务时，根据用户的需求实现产品共创。当我们的汉语教师在世界范围内进行推广宣传时，可以利用生成式 AI 大批量、高效率地生成宣传与教学内容，且可以借助智能技术来对所生成的内容进行法律、道德、文化等方面的检查，使得宣传与教学内容更为安全可靠。同时生成式 AI 也可以作为一个个活跃的社交媒体账号来输出语言文化及内容观点，又或者是其本身也具有发展出媒体属性的潜力。

12.8 生成式人工智能的未来发展趋势

12.8.1　生成式 AI 的搜索引擎化、平台化

目前生成式 AI 的交互属性仅停留在人机之间，尚未打通用户与用户之间的交流，平台化趋势尚在形成过程中。目前已经有挑战传统搜索引擎的潜力，但其是否能成为一个功能更广泛的、交互性更强的平台，仍需要持续观察。倘若生成

式 AI 兼具了搜索引擎、交友平台、教学平台、会议平台甚至流媒体平台等多种功能时，我们将可以看到一种全新的链接模式的出现。例如现在的 Being 搜索添加了类似于 ChatGPT 的搜索功能，已实现了搜索与生成的结合。而 ChatGPT 也搭建出了适用于桌面的搜索引擎，用户不仅可以随时搜索，且电脑内部的文件在取得授权的情况下可以交由生成式 AI 处理。我们可以看到大语言模型的平台功能已经初步展现。这种以搜索引擎为主，生成式 AI 为辅的"搜索+生成"模式，未来会不会变成以生成式 AI 为核心的"生成+搜索/社交/创作/消费/教学/娱乐"的模式，我们拭目以待。本书认为基于生成式 AI 的国际中文教学具有巨大潜力，设想一种情景：教师无须长时间备课，仅需稍早提前进入线上课堂，告诉生成式 AI 本节所要讲的课程，教案、图片、音频、视频、例句、PPT 等教学资源面面俱到，甚至说课讲解视频也一应俱全，这将极大提高教师的备课及教学效率。届时我们或许将需要思考另一个话题，技术成熟阶段如何降低技术依赖，提高教师的创新性及积极性。

12.8.2 生成式 AI 的操作系统化

我们之前一直在谈论 ChatGPT，其实 ChatGPT 也仅是 OpenAI 公司旗下的模型之一，在该公司旗下还有 ChatGPT-4o、Sora、DALL·E 等不断推出的新产品，同时该公司也同一些著名的世界五百强企业进行了合作，OpenAI 的战略可能不仅在于平台化，相比平台化意义更为深远的则是操作系统化。生成式 AI 的操作系统化意味着它不仅再是一个工具属性、应用属性或平台属性，而是将成为数字化基础设施的一部分，届时将如同 Windows、iOS 或 Android 那样为用户提供一个统一的、智能化的交互系统。在此场景下，生成式 AI 将可以连接各种设备，从手机到家居，从虚拟现实头盔到自动驾驶汽车，这也会对物联网产生颠覆性影响。（当然很有可能届时出现的并非是生成式 AI，而是具有通用智能的 AGI），当然这一技术的实现也需要云计算、大数据分析及边缘计算等技术的辅助。而当视角转回到国际中文教育，生成式 AI 的操作系统化也将产生深刻变革，我们将在智能程度更高、功能更强更多元的平台上进行教与学，学生可以通过智能眼镜在户外场景随时随地介入虚拟生态系统并进入虚拟教室与全球师生互动，AI 则充当课堂监控、学习伴侣的功能，及时提供反馈并预测学生可能出现的问题，像目前国际中文教育的研究热点"实镜直播教学"、"VR 游戏教学"、"线上教学"等形式将会以崭新的技术面貌向更高层次发展。智能技术留给我们充分的想象空间，但也需要时刻保持警惕，技术的发展一定会产生新问题，这一轮人工智能技术变革将会影响到众多行业，但也不能因为不可控或存在风险而因噎废食，我们既要了解技术，也要善于使用技术，更要适当管控技术。

12.9 生成式人工智能挑战的应对措施

12.9.1 文娱产业

文娱产业在生成式 AI 的助推下，将在故事内容创作、文化互动交流、文化样式更新等方面取得积极进展，并助推中国的语言文化创作及传播行业的发展。智能驱动的虚拟现实、增强现实、内容共创等将对原先的文娱产业提出更高的要求，并颠覆以往的一些产品形式。这将一定程度造成部分从业者的失业，同时要求从业者紧随技术发展趋势。而更为多元化、个性化的内容将不断涌现，如美剧《黑镜》其中一幕呈现的内容，每个人都可能是内容的提供者与创作者，打造爆款产品不再是流媒体平台的权力，无数的用户也将有可能成为爆款产品的源头。文娱从业者需要不断适应技术进步带来的产业革新，也需要适应技术对劳动力市场的挤占，并善于运用技术进行内容创新，同时对生产内容的质量、规范性做到合理把控。

12.9.2 教育产业

生成式 AI、虚拟现实技术将有可能对传统教育模式产生变革性影响。就国际中文教育行业而言，我们不能忽略从业教师及志愿者的巨大作用，但即使生成式 AI 的专业化程度无法比得上专业教师，实用、低廉、便捷、迭代的人工智能语言学习大模型，以及其数以千万计的用户基础，所产生的规模效应优势也或将远远超过行业本身带来的影响。在维护本行业人员结构稳定发展的同时，我们绝不能忽视不断改进的大语言模型对行业可能带来的冲击。目前业界及国内互联网公司等已在探索垂直领域的专业化大模型，但除了在教师个人层面不断探索智能所带来的教学辅助效果的同时，整个行业也应将人工智能宏观影响纳入考量，从而避免出现本行业的影响受众在百万规模的同时，某些人工智能大模型的影响受众却在数千万规模。同时我们应将更多的教师及专业人员加入到对大模型的优化中，争夺模型在世界范围内的受众及影响范围，这将有力提升行业的整体影响力。但不可避免的是，优化大模型所带来的整体效益与行业从业人员的个体利益并不总是一致,我们在优化大模型的同时可能也在变相对本行业从业者提出更高要求,甚至影响行业人员的就业发展,试想当一个价格低廉、更个性化的语言教学大模型摆在学生面前,学生是否还需要一个成本高昂的专业老师。但毋庸置疑的是,情感互动与专业化依然是国际中文教师目前无法替代的优势。

12.9.3 海外互联网平台宣传者

生成式 AI 可为海外宣传者提供较为全面的技术辅助。观国内互联网之情形,可发现很多媒体账号已使用生成式 AI 进行新闻生成或内容创作,也有专业人员靠生成式 AI 进行大批量短视频生成,借此变现流量以作谋生工具或兼职手段。然我们认为生成式 AI 的宣传潜力不止于此,其将来可涵盖内容生成、翻译与互动服务等,同时借助情感分析与用户画像生成技术,实现由创作到用户分析到流量维持到优化改进的正反馈过程,从多个维度为海外宣传提供技术支持,以显著提升宣传效率。传统传播模式具有中心化的操作特征,通常仅依据预设来进行,择我们认为合适之内容进行宣传,往往忽视用户的个性化需求,大数据分析等技术也应用不到位,诚然,这与一些国家隐私保护政策或平台屏蔽机制有关,也与我们的宣传人员数量相对不足有关,人员与技术的不到位一定程度上会遏制我们在海外舆论环境中争得主动权,当这种主动权削弱后一些虚假宣传消息也会以一些不良方式反流回国内影响国家安全与稳定,而借助 AI 技术之辅助将有助于一定程度上弥补上述之不足,可使宣传内容及风格更趋当地化与精准化,并提高宣传效率,以达到润物细无声之效果。与此同时,我们须知,宣传应有技术之支持,却也离不开人力之主导。宣传人员应精于对智能工具的妥善运用,秉持高尚道德情操,洞悉国际局势,筑牢底线意识,尊晓当地法律,熟悉民风民俗,钻研平台规则,从而避免引起舆论或法律上的纷争。

12.9.4 政策制定者

人工智能技术革新速度较快,所带来的问题也复杂多样。创新、伦理、法律、安全及监管需要通盘考虑,政策制定者在规范技术发展、引导技术向善、规避技术风险的过程中发挥着关键作用。智能技术在语言文化的教育与传播方面发挥着重要作用,但也带来了知识产权、用户隐私、文化同质、监管困难等的挑战。政策制定者需要相关技术开发人员、语言文化专家、教育从业人员及国内外受众进行充分沟通,做到动态监管、提前预防,使得技术创新与经济发展、社会稳定、

国家安全之间取得平衡。同时国与国之间关于人工智能应用标准、法律的统一也
是需要重视的问题。

12.9.5　国家安全部门

生成式 AI 之内容生产具一定之不可控性，且其平台化趋势或致技术巨头成
为向各行业渗透之庞大技术帝国。我们不仅应关注生成式 AI 于国际中文教育、
语言文化传播等领域之潜在风险，亦应充分注意其对整体语言安全、文化安全、
网络安全、意识形态安全等方面之挑战，且需认识其技术垄断之倾向。在监管生
成式 AI 之同时，相关安全部门需同时关注语言规范化、共同语推广、本土文化
保护、网络舆情监控、就业市场稳定、反对网络暴力、反对虚假信息、抵制认知
作战、反对基于技术的意识形态渗透等多方面，并依据不断涌现之新案例，动态
调整相关法律法规，与行业及民众协同，共同维护国家安全。

12.10 生成式人工智能辅助语言本体教学的建议

12.10.1　注重生成式人工智能在汉语教学中的作用

生成式人工智能作为通过大量语料进行训练的、具有一定语义理解能力及话
语生成能力的智能模型，其在国际中文教育领域具有广泛的应用潜力。通过前述
分析，本书认为无论是国产的大语言模型，还是他国的大语言模型，在应用过程
中都存在一定的优势和劣势。本书认为，教师应熟悉生成式人工智能模型在教学
中的应用，提升信息素养（谷陵，2023），结合学习者的学习水平差异、写作需求、
会话需求，选择适当的模型进行作文或语法分析、修改与指导，这将对学习者的
作文水平提高及作文修改反馈产生积极影响，也能对教师熟练运用大语言模型辅
助二语教学提供帮助。在同业内一些专家进行交谈后，本书认为很多专家对使用
大模型怀有开放态度，且非常重视对大语言模型及语言智能等领域的研究与应用。

而在实际教学的过程中，通过与不同老师进行访谈，本书也发现部分老师
会使用生成式人工智能辅助教学视听资源生成，或者辅助完成教学备课。而一些
专注于本行业的中文机构或工作室，也会使用生成式人工智能辅助课件创作，从
而使得生成式人工智能在汉语教学领域产生实际的经济价值。在北京语言学会
2023 年年会上，北京师范大学宋继华教授提到，要重视人工智能在语言教学中
的作用。崔希亮教授提到，虽然人工智能不会取代教师，但教师依然要重视生成

式人工智能在教学中的应用和创新。在世界汉语教学学会 2023 年年会上，会长钟英华也提到，鼓励对于新技术的应用研究，如果有好的新技术研究方向可以尝试研究。

12.10.2 注重采用生成式人工智能辅助相同语用功能话语标记的归类教学

我们再回到本书所研究的内容，话语标记分为不同子类，每个子类具有类似的语用功能，但细分的每类话语标记的语义有所差别，且在使用生成式人工智能辅助处理的过程中，我们发现其对于概念定义存在较强的理解能力，使用正确的Prompt 有助于提升工生成式人工智能的理解和处理。通常在进行汉语语法教学和词汇教学的时候，教师们倾向于按课文循序渐进进行教学，但此种方式也使得相同功能类型的话语标记离散在众多教学模块中，从而破坏了话语标记教学的系统性。教材中很少会对话语标记进行专门讲解，这便需要教师对教材进行适当的处理，系统提取归类教材上所出现的话语标记。教师在进行话语标记教学时，可以依照学生等级水平、语体色彩、频率分布进行系统化、专门化、模块化教学，结合生成式人工智能处理教学内容与《国际中文教育中文水平等级标准》等规范性文件之间的关系，从而提高教师的教学效果及学生使用话语标记进行互动沟通与语篇生成的能力。由于学生生成的书面语料或课堂会话语料非常丰富，处理起来工作量庞大，而这种归类与系统化处理正是生成式人工智能的专长。但依据本书作者在以往研究中所观察的结果，大约仍有三分之一以下的语料中的话语标记不能被生成式人工智能准确识别（这一比例随着技术的发展将有可能越来越小），因此对于生成式人工智能的处理结果，教师依然要进行再次核对。

12.10.3 注重采用生成式人工智能辅助话语标记的功能教学

教师在注重自身智能素养提升的过程中，也应提高自身的语言本体理论水平，理解和掌握话语标记的定义、功能、分类，有意识地去进行教学。智能技术在教学过程中属于辅助技术，教师的实际教学能力与知识掌握水平是教学是否出彩的关键所在。教师自身缺乏教学知识与教学技能，则智能素养也仅为空中楼阁与无源之水。但倘若本体知识较为扎实，教学技能较为出色，则生成式人工智能将会发挥如虎添翼的作用。同时对于话语标记的讲解，教师需要弱化对学生进行语法层面的分析和介绍，而应更加注重这些语法结构所包含的语义、语用功能与语用条件。通过使用一些浅显易懂的教学语言来帮助学生进行理解，同时应注重将话语标记放入具体的语境中进行教学，让学生更深入地理解每类话语标记的语用环境。借助生成式人工智能生成的一些上下文环境或视听环境，学生也能理解得更为到位，恰当使用生成式人工智能，则可以让其在教学中起到脚手架的作用。对于学生的口语和书面语，由于其属于不同的语体，在教学时应对学生进行强调，着重训练一些在书面语中常出现，较为正式的话语标记，使得学生的行文更规范得体、严谨准确。同时也可以让学生与生成式人工智能进行对话训练，例如国产的讯飞星火、文心一言与通义千问等大语言模型，都具有交互式对话的功能，这对于学生课下自主学习有诸多帮助（但也要注意最好生成的内容受教师某种形式的监督与审核，以防出现一些错误的示例，起到误导性作用）。

12.10.4　注重采用生成式人工智能了解不同语言背景学生的思维和文化差异

教师应注重语言对比，由于英语和其他一些语言同汉语存在一些语法结构的差异，以及相关国家的学生相比汉语母语者可能存在集体主义和个人主义、长期取向与短期取向、权力距离等文化及思维差异，使得两者在进行话语标记使用时往往出现一些较为明显的差异风格。但这种差异风格也是有迹可循的，教师通过采用生成式人工智能技术辅助生成语料，或查询相关语法特点及文化差异，或是采用语料库技术对二语学习者的母语语料、汉语母语者的汉语语料等进行分析比较，可以分析出二语学习者与汉语母语者的语言风格以及两者对话语标记的使用特性，从而确定相应的教学目标。

生成式人工智能也有助于教师对不同水平学习者的语料进行归类整理，通过对二语汉语学习者不同水平的汉语语料进行归类及分析，可以了解不同水平学习者中介语系统中呈现的话语标记习得特点，分析各阶段学习者话语标记习得体系的缺陷与不足。教师也应注重在对学生作文进行批改时分析其所出现的使用偏误，对于易错的话语标记偏误进行针对性教学。而由于生成式人工智能模型是基于大型语料库训练而成，因此其大多数情况下输出的文本也基本符合常用的语法规范（但也不排除一些情况下生成的语料出现语法、语义、语用等错误）。使用生成式人工智能进行作文批改，将大量节省教师时间，同时能辅助发现学习者的偏误特点。

12.10.5 应加强基于国产大语言模型的教学研究及教学实践

目前学界对生成式人工智能的研究多聚焦在最为著名的美国 OpenAI 公司所研发的大语言模型 ChatGPT 上，由于该模型公布时间最早、性能也较强，故而学界对其关注度也较高。但国产大模型也在迅速赶上，并且其中文处理能力在某些情况下优于国外大语言模型。在 2024 年国际中文日，"国际中文智慧教学系统 3.0 版本"在中文联盟平台上线发布，这是北京语言大学基于大语言模型技术自主研发的综合型教学系统，采用大语言模型、语音智能、数字人等技术赋能国际中文教育。业界已经关注到大语言模型对国际中文教育的重要影响及技术潜力，作为一线教师也应当学好、用好、研究好相关技术。我们可以使用多模态教学资源辅助课前教师备课，也可以通过课中系统分发的练习与学情反馈对学生学习情况进行实时监测，课后可通过学生行为数据分析与偏误分析辅助学生课后的自适应训练及智能化测评。一线教师对技术的不断使用与反馈，将促进技术更快更安全地向前发展。国际中文教育领域因涉及外国学生学习汉语时存在的隐私数据、价值观念、人际网络、国家安全等风险，且国外大语言模型在应用过程中存在意识形态风险及法律或版权风险，促使我们必须拥有属于自己的高质量大语言模型，并应加大对国产大语言模型的科学研究及教学应用，这也是争夺国际语言教育市场及话语权至关重要的理念。

中文著作类参考文献

1. 曹秀玲. 汉语话语标记多角度研究 [M]. 北京：中国社会科学出版社，2016.

2. 陈家隽. 汉语话语标记的语用功能与历时演变 [M]. 上海：复旦大学出版社，2019.

3. 丁声树. 补语（节选）[M]. 北京：商务印书馆，1961.

4. 董秀芳. 词汇化：汉语双音词的衍生和发展 [M]. 北京：商务印书馆，2011.

5. 方梅，乐耀. 规约化与立场表达 [M]. 北京：北京大学出版社，2017.

6. 房玉清. 实用汉语语法 [M]. 北京：北京语言文化大学出版社，1992.

7. 黄伯荣. 廖序东. 现代汉语（增订六版）[M]. 北京：高等教育出版社，2011.

8. 柯航. 韵律和语法 [M]. 上海：学林出版社，2018.

9. 李宗江，王惠兰. 汉语新虚词（第二版）[M]. 上海：上海教育出版社，2023.

10. 廖秋忠. 廖秋忠文集 [M]. 北京：北京语言学院出版社，1992.

11. 刘丽艳. 汉语话语标记研究 [M]. 北京：北京语言大学出版社，2011.

12. 刘月华. 实用现代汉语语法 [M]. 北京：商务印书馆，2001.

13. 吕叔湘. 近代汉语指代词 [M]. 上海：学林出版社，1985.

14. 邵敬敏. 现代汉语通论 [M]. 上海：上海教育出版社，2002.

15. 施仁娟. 基于元话语能力的汉语话语标记研究 .[M] 浙江：浙江大学出版社，2022.

16. 石毓智，李讷. 语法化的动因与机制 [M]. 北京：北京大学出版社，2006.

17. 徐晶凝. 汉语教学与汉语语法 .[M] 北京：北京大学出版社，2023.

18. 徐晶凝. 现代汉语话语情态研究 [M]. 北京：昆仑出版社，2008.

19. 徐晶凝. 现代汉语话语情态研究（修订本）[M]. 上海：上海教育出版社，

2022.

20. 徐烈炯，刘丹青 . 话题的结构与功能 [M]. 上海：上海教育出版社，2007.

21. 殷树林 . 现代汉语话语标记研究 [M]. 北京：中国社会科学出版社，2012a.

22. 于根元 . 网络语言概说 [M]. 北京：中国经济出版社，2001.

23. 张黎 . 汉语口语话语标记成分研究 [M]. 北京：北京语言大学出版社，2017.

24. 张文贤 . 现代汉语连词的语篇连接功能研究 [M]. 北京：北京大学出版社，2017.

25. 赵元任 . 汉语口语语法 [M]. 北京：商务印书馆，1979.

26. 朱德熙 . 语法讲义 [M]. 北京：商务印书馆，1982.

中文期刊类参考文献

1. 蔡丽 . 关于程度范畴的若干思考 [J]. 暨南学报（哲学社会科学版）,2010,32（2）.

2. 蔡丽 . 现代汉语中程度补语的范围及类别 [J]. 宁夏大学学报（人文社会科学版）,2011,33（4）.

3. 蔡薇 .ChatGPT 环境下的汉语学习与教学 [J]. 语言教学与研究 ,2023（4）.

4. 曹秀玲,蒋兴 . 汉语"这 / 那 -"系认同类话语标记考察——兼及"这 / 那 -"系话语标记的不对称 [J]. 当代修辞学，2015（5）.

5. 曹秀玲 . 从主谓结构到话语标记——"我 / 你 V"的语法化及相关问题 [J]. 汉语学习，2010（5）.

6. 陈晨 . 以关联理论为视角看话语标记语 "So"的语用功能——以 The Kite Runner 为例 [J]. 河北工程大学学报（社会科学版），2015（4）.

7. 陈家隽 ."我说"历时演变的韵律实验启示——兼谈功能与韵律的交叉研究 [J]. 汉语学习，2016（1）.

8. 陈家隽 . 国内外话语标记研究：回顾与前瞻 [J]. 汉语学习，2018（5）.

9. 陈亮 . 浅析话语标记 "你看看"的形成原因 [J]. 语文学刊，2016（5）.

10. 陈新仁，吴珏 . 中国英语学习者对因果类话语标记语的使用情况——基于语料库的研究 [J]. 国外外语教学，2006（3）.

11. 陈勇 ."X 一点 +Y 一点"的语义类型及语用功能 [J]. 吉林师范大学学报(人文社会科学版）,2011,39（2）.

12. 陈振宇，朴珉秀 . 话语标记 "你看"、"我看"与现实情态 [J]. 语言科学，2006（2）.

13. 陈振宇 . 现代汉语中的非典型疑问句 [J]. 语言科学，2008（4）.

14. 成军，莫启杨 . 语言学研究的复杂性探索：语言结构生成、演化的动力学机制 [J]. 西南大学学报（社会科学版），2009（4）.

15. 邓晓华，高天俊 . 语言研究新视野：演化语言学 [J]. 厦门大学学报（哲学社会科学版），2014（2）.

16．丁加勇，谢樱．表程度的"A得C"构式分析[J]．汉语学习,2010（2）.

17．丁健．语言的"交互主观性"——内涵、类型与假说[J]．当代语言学，2019（3）.

18．董秀芳."X说"的词汇化[J]．语言科学，2003（2）.

19．董秀芳．词汇化与话语标记的形成[J]．世界汉语教学，2007（1）.

20．董秀芳．来源于完整小句的话语标记"我告诉你"[J]．语言科学,2010(3).

21．董秀芳．论句法结构的词汇化[J]．语言研究，2002（3）.

22．董秀芳．无标记焦点和有标记焦点的确定原则[J]．汉语学习，2003（1）.

23．方梅，李先银，谢心阳．互动语言学与互动视角的汉语研究[J]．语言教学与研究，2018（3）.

24．方梅．汉语对比焦点的句法表现手段[J]．中国语文，1995（4）.

25．方梅．会话结构与连词的浮现义[J]．中国语文，2012（6）.

26．方梅．自然口语中弱化连词的话语标记功能[J]．中国语文，2000（5）.

27．丰国欣．话轮转换与话题转换[J]．湖北师范学院学报（哲学社会科学版），2000（4）.

28．冯光武．汉语语用标记语的语义、语用分析[J]．现代外语，2004（1）.

29．付琨．现代汉语后置关联标记的篇章功能及其修辞动因[J]．修辞学习，2009（4）.

30．高春明．话语标记语的识别及其语用功能[J]．长春理工大学学报（社会科学版），2004（1）.

31．高增霞．自然口语中的话语标记"完了"[J]．语文研究，2004（4）.

32．葛小梅．话语标记"你VV"语篇功能及主观化表现[J]．贵州工程应用技术学院学报，2019（2）.

33．葛小梅．话语标记"你看看"的演变轨迹及语用特点[J]．重庆广播电视大学学报，2019（2）.

34．葛忆翔．语言的演化与"语法化"[J]．扬州大学学报（人文社会科学版），2008（4）.

35．谷陵.ChatGPT对国际中文师资培养的影响与应对[J]．云南师范大学学报（对外汉语教学与研究版），2023,21（3）.

36．郭艺丁，吴早生．句末语气词与"V+程度补语"同现及制约机制[J]．新疆大学学报（哲学·人文社会科学版），2020,48（3）.

37. 郭整风 . 由"单向"到"互动"——英语交际能力培养的关键 [J]. 外语与外语教学，2002（6）.

38. 郝磊,温志强,王妃,等.ChatGPT类人工智能催生的多领域变革与挑战(笔谈）[J]. 天津师范大学学报（社会科学版),2023（4）.

39. 郝琳 . 语用标记语"不是我说你"[J]. 汉语学习，2009（6）.

40. 何安平，徐曼菲 . 中国大学生英语口语 Small Words 的研究 [J]. 外语教学与研究，2003（6）.

41. 何济生，姜晓惠 . 模糊限制语的语义特征及分类 [J]. 山东外语教学，1994（2）.

42. 何自然，莫爱屏 . 话语标记语与语用照应 [J]. 广东外语外贸大学学报，2002（1）.

43. 贺晓萍 . 关于状态补语的几个问题 [J]. 语文研究 ,1999（01）.

44. 胡春梅 . 认知语言学视域下句首话语标记语 so 的语法化探析 [J]. 四川师范大学学报（社会科学版），2018（3）.

45. 胡勇红 . 汉英说明类语篇话题结构的对比研究 [J]. 同济大学学报（社会科学版），2004（6）.

46. 化长河 . 网络语言的语体风格新说 [J]. 语文学刊，2010（9）.

47. 黄彩玉，谢红宇 . 母语为俄语的学习者对汉语话语标记习得的文化迁移模式 [J]. 外语学刊，2018（4）.

48. 黄大网 . 话语标记研究综述 [J]. 福建外语，2001（1）.

49. 火玥人 . 对外汉语教学中的可能补语与状态补语[J].华北电力大学学报(社会科学版），2007（1）.

50. 金旋 .ChatGPT 深度融入国际中文教育的应然功能、实践困境和应用策略 [J]. 云南师范大学学报（哲学社会科学版),2023,55（4）.

51. 阚明刚，侯敏 . 话语标记语体对比及其对汉语教学的启示 [J]. 语言教学与研究 ,2013（6）.

52. 乐耀 . 从"不是我说你"类话语标记的形成看会话中主观性范畴与语用原则的互动 [J]. 世界汉语教学，2011（1）.

53. 乐耀 . 从互动交际的视角看让步类同语式评价立场的表达 [J]. 中国语文 ,2016（1）.

54．李宝贵，马瑞祾，徐娟，等．"ChatGPT 来了：国际中文教育的新机遇与新挑战"大家谈（下）[J]. 语言教学与研究,2023（4）.

55．李成团．话语标记语 you see 的语用功能 [J]. 外语教学，2009（5）.

56．李丛禾．关联推导中的程序性意义探析 [J]. 外语教学，2003（5）.

57．李德华．"（你）看你 v 的"句式考察 [J]. 长春教育学院学报，2010（3）.

58．李慧敏．"好了"和"行了"交互主观性对比研究 [J]. 汉语学习,2012（2）.

59．李姣姣．话语标记"你说是吧"[J]. 湖北师范大学学报（哲学社会科学版），2019（1）.

60．李军，刘峰．网络语体：一种新兴的语体类型探析 [J]. 宁夏大学学报（人文社会科学版），2005（2）.

61．李君，殷树林．说提醒标记"你看"[J]. 求是学刊，2011（3）.

62．李巧兰．英语学习者话语标记语语用石化现象初探——基于真实口语语料的调查分析 [J]. 解放军外国语学院学报，2004（3）.

63．李秋杨．"我想"与 I think 的语义和功能考察 [J]. 天津外国语大学学报，2012（6）.

64．李蓉蓉．"当然了"的标记化功用、演化机制及其动因 [J]. 汉语学习,2022（5）.

65．李思旭．从词汇化、语法化看话语标记的形成——兼谈话语标记的来源问题 [J]. 世界汉语教学，2012（3）.

66．李思旭．话语标记的形成机制与前沿课题 [J]. 外国语（上海外国语大学学报），2023，46（3）.

67．李卫光，姚双云．话语标记"你看我"的功能、特点及动因——兼论人称代词类话语标记的跨层演变 [J]. 新疆大学学报（哲学·人文社会科学版），2021（6）.

68．李先银．话语否定与话语否定标记"你看你"[J]. 南开语言学刊,2016(1).

69．李潇辰，向明友，曹笃鑫．话语标记语的语义痕迹与语用功能——以 You Know 为例 [J]. 外语与外语教学，2018（2）.

70．李潇辰，向明友，杨国萍．"话语标记"正名 [J]. 中国外语，2015（5）.

71．李晓琴,陈昌来．评价性换言标记构式"说得 X 一点"[J]. 新疆大学学报(哲学·人文社会科学版),2020,48（1）.

72．李心释，姜永琢．对话语标记的重新认识 [J]. 汉语学习，2008（6）.

73. 李勇忠 . 语用标记与话语连贯 [J]. 外语与外语教学，2003（1）.

74. 李宇明 . 论词语重叠的意义 [J]. 世界汉语教学，1996（1）.

75. 李悦娥，申智奇 . 自然会话中的打断现象分析 [J]. 当代语言学，2003（1）.

76. 李宗江 . "看你"类话语标记分析 [J]. 语言科学，2009（3）.

77. 李宗江 . 关于话语标记来源研究的两点看法——从"我说"类话语标记的来源说起 [J]. 世界汉语教学，2010（2）.

78. 梁凯，谢晓明 . 话语标记"又来了"的立场表达功能及其形成 [J]. 湖北大学学报（哲学社会科学版），2021，48（3）.

79. 廖红艳 . 浅谈话语标记"你就说"[J]. 文学教育（上），2012（3）.

80. 刘晨阳 . 互动交际中"真的"的话语标记功能 [J]. 辞书研究，2021（1）.

81. 刘丞 . 由反问句到话语标记：话语标记的一个来源——以"谁说不是"为例 [J]. 汉语学习，2013（5）.

82. 刘从 . 话语标记"你不看看（瞧瞧）"探析 [J]. 湖北师范大学学报（哲学社会科学版），2020（1）.

83. 刘丹青，徐烈炯 . 焦点与背景、话题及汉语"连"字句 [J]. 中国语文，1998(4).

84. 刘丹青 . 粤语"先"、"添"虚实两用的跨域投射解释 [C]. 第十三届国际粤方言研讨会，香港：香港城市大学，2008.

85. 刘菲露 . "你看你"与"我看我"的构式解析、话语功能及其成因 [J]. 河北北方学院学报（社会科学版），2012（4）.

86. 刘红艳，李治平 . 话语标记"你猜怎么着"[J]. 湖北经济学院学报（人文社会科学版），2011（12）.

87. 刘虹 . 话轮、非话轮和半话轮的区分 [J]. 外语教学与研究，1992（3）.

88. 刘兰民 . 现代汉语极性程度补语初探 [J]. 北京师范大学学报(社会科学版)，2003（6）.

89. 刘丽艳 . 话语标记"你知道" [J]. 中国语文，2006（5）.

90. 刘丽艳 . 跨文化交际中话语标记的习得与误用 [J]. 汉语学习，2006（4）.

91. 刘丽艳 . 作为话语标记的"这个"和"那个"[J]. 语言教学与研究，2009(1).

92. 刘丽艳 . 作为话语标记语的"不是" [J]. 语言教学与研究，2005（6）.

93. 刘利，史中琦，崔希亮，等 .ChatGPT 给国际中文教育带来的机遇与挑战——北京语言大学与美国中文教师学会联合论坛专家观点汇辑 [J]. 世界汉语教学 ,2023,37（3）.

94. 刘利，周小兵，高雪松，等."ChatGPT 来了：国际中文教育的新机遇与新挑战"大家谈（上）[J].语言教学与研究,2023（3）.

95. 刘钦."我说"的语义演变及其主观化 [J].语文研究，2008（3）.

96. 刘森林.话轮更迭的语用策略 [J].外语教学，2007（4）.

97. 刘文正.话语标记"S 看"的产生和发展 [J].汉语学报，2021（2）.

98. 刘雪莹.话语标记"你看"的功能分析 [J].常熟理工学院学报,2018（1）.

99. 刘妍.人工智能技术对国际中文教育的影响与对策——在 ChatGPT 出现的背景下 [J].中国现代教育装备,2023（9）.

100. 刘焱，黄丹丹.反预期话语标记"怎么" [J].语言科学，2015（2）.

101. 刘焱.话语标记"你不知道"的话语模式、功能及获得途径 [J].池州学院学报，2023（5）.

102. 刘焱.注意提示语"（你）看你"分析 [J].语文学刊，2019（4）.

103. 刘永华,高建平.汉语口语中的话语标记"别说"[J].语言与翻译,2007(2).

104. 刘月华.对话中"说""想""看"的一种特殊用法 [J].中国语文,1986(3).

105. 刘越莲.从语言的经济性看现代德汉语言的发展与变化 [J].外语教学,2008（2）.

106. 卢凡.网络语言的风格特征及语体归属问题研究 [J].现代语文（学术综合版）,2016（1）.

107. 卢莉.话语运用的衔接与连贯：BEC 的启示 [J].深圳大学学报（人文社会科学版）,2002（4）.

108. 卢英顺."这样吧"的话语标记功能 [J].当代修辞学,2012（5）.

109. 鲁莹."我是说"与"你知道"的对比研究——框架、意识、功能的分野与共性 [J].语言教学与研究，2020（6）.

110. 罗彬彬.话语标记"你以为呢"[J].新疆大学学报(哲学·人文社会科学版),2021（2）.

111. 罗黎丽.表不满的话语标记"（你）还说呢"[J].宜春学院学报,2018（2）.

112. 罗耀华，余紫微，何倩玉.换言标记构式："说得 X 一点"[J].语言研究,2023,43（01）.

113. 骆美婵.主谓插入语的话语功能 [J].当代教育理论与实践，2011（4）.

114. 吕明臣.网络交际中自然语言的属性 [J].吉林大学社会科学学报,2004（3）.

115. 吕为光 . 责怪义话语标记 "我说什么来着" [J]. 汉语学报，2011（3）.

116. 马国彦 . 话语标记与口头禅——以 "然后" 和 "但是" 为例 [J]. 语言教学与研究，2010（4）.

117. 马云霞 . "看" 与 "X+ 看" 的语法化与主观化 [J]. 北京广播电视大学学报，2011（4）.

118. 苗丽,韩蕾 . 汉语口语话语标记 "你看" 的语用功能 [J]. 语文建设,2013(9).

119. 苗丽 . 话语标记 "你看" 的变体 [J]. 现代语文（语言研究版）,2016(10).

120. 苗丽 . 话语标记研究综述 [J]. 现代语文（语言研究版），2015（1）.

121. 苗兴伟 . 话轮转换及其对外语会话教学的启示 [J]. 外语教学,1995（3）.

122. 缪庆 . 互动—语用视角下的否定评价立场研究——以 "你看你" 为线索 [J]. 外语学刊，2020（2）.

123. 穆从军 . 中英文报纸社论之元话语标记对比分析 [J]. 外语教学理论与实践，2010（4）.

124. 潘国英 . 论汉语动词重叠的主观性表达 [J]. 修辞学习，2007（1）.

125. 潘先军."你" 类话语标记[J]. 内蒙古大学学报(哲学社会科学版),2016(2).

126. 朴珍玉 . "然后" 与 "后来" 的句法语义异同及话语功能 [J]. 云南师范大学学报（对外汉语教学与研究版），2015（1）.

127. 邱述德，孙麒 . 语用化与语用标记语 [J]. 中国外语 ,2011,8（3）.

128. 权彤,于国栋 . 中日 "知识优先" 评价比较研究——以话语标记 "我跟你讲" 和 "よ" 为例 [J]. 科学技术哲学研究，2014（3）.

129. 冉永平 . 话语标记语 well 的语用功能 [J]. 外国语（上海外国语大学学报），2003（3）.

130. 冉永平 . 话语标记语的语用学研究综述 [J]. 外语研究，2000（4）.

131. 饶宏泉 . 话语互动中 "V 过" 的功能研究 [J]. 世界汉语教学,2017（3）.

132. 任伟，彭雨晨，吴依蔓 . 任务复杂度与任务序列对话题与话轮管理的影响 [J]. 中国外语，2023（5）.

133. 单韵鸣 . 副词 "真" 和 "很" 的用法比较 [J]. 汉语学习，2004（6）.

134. 邵长超 . 句尾成分 "才好" 的虚化及其话语功能的改变 [J]. 当代修辞学，2016（1）.

135. 邵敬敏 . 汉语框式结构说略 [J]. 中国语文 ,2011（3）.

136. 沈家煊 . "语法化" 研究综观 [J]. 外语教学与研究，1994（4）.

137. 沈家煊 . 复句三域"行、知、言"[J]. 中国语文，2003（3）.

138. 沈家煊 . 概念整合与浮现意义——在复旦大学"望道论坛"报告述要 [J]. 修辞学习，2006（5）.

139. 沈家煊 . 语言的"主观性"和"主观化"[J]. 外语教学与研究，2001（4）.

140. 沈家煊 . 语用原则、语用推理和语义演变 [J]. 外语教学与研究，2004（4）.

141. 盛继艳 . 也谈话语标记"你说"[J]. 汉语学习，2013（3）.

142. 施仁娟 . 初级水平中亚留学生汉语转折类连词习得研究 [J]. 大理大学学报，2023（7）.

143. 施仁娟 . 从汉语习得角度看话语标记的分类 [J]. 温州大学学报（社会科学版），2016（4）.

144. 施仁娟 . 中高级水平留学生口语中"然后"的使用情况研究 [J]. 浙江理工大学学报（社会科学版），2020（2）.

145. 石锋 . 演化语言学的宏观史、中观史和微观史 [J]. 南开学报（哲学社会科学版），2018（4）.

146. 石颖 . 话语标记"你看"的语境顺应分析 [J]. 外语教学，2022（4）.

147. 史金生，胡晓萍 . "就是"的话语标记功能及其语法化 [J]. 汉语学习，2013（4）.

148. 史维国 . "语义滞留"原则及其在汉语语法中的表现 [J]. 外语学刊，2016（6）.

149. 史锡尧 . "介宾 + 动"向"动宾"的演变——语言的经济性原则 [J]. 汉语学习，2000（1）.

150. 宋晖 . 论话语标记的概念界定与语料选择 [J]. 中国外语，2017（4）.

151. 孙利萍 . 答语标记"可不是"的词汇化及其形成机制 [J]. 宁夏大学学报（人文社会科学版），2011，33（1）.

152. 孙利萍，方清明 . 汉语话语标记的类型及功能研究综观 [J]. 汉语学习，2011（6）.

153. 孙利萍 . 论汉语言说类话语标记的基本特征 [J]. 暨南学报（哲学社会科学版），2012（4）.

154. 孙鲁痕 . 网络语言——谈话语体的网上功能变体 [J]. 贵州社会科学，2007（8）.

155. 唐贤清，陈丽 . "极"作程度补语的历时发展及跨语言考察 [J]. 古汉语研究，2010（4）.

156. 唐贤清,陈丽."死"作程度补语的历时发展及跨语言考察[J].语言研究,2011,31(3).

157. 唐雪凝,张金圈.元语否定与"不是我说你"类话语标记的产生机制[J].当代修辞学,2016(5).

158. 陶瑷丽.试论程度范畴的内涵[J].西北师大学报(社会科学版),2010,47(2).

159. 陶瑷丽.现代汉语程度范畴研究述评[J].中南大学学报(社会科学版),2009,15(5).

160. 汪敏锋.言者依据和预期信息——谈"吧"的两个语用功能及其形式特征[J].世界汉语教学,2018(2).

161. 王刚.汉语话语标记"再怎么说"提醒、明示功能研究[J].河北大学学报(哲学社会科学版),2015(3).

162. 王海峰,王铁利.自然口语中"什么"的话语分析[J].汉语学习,2003(2).

163. 王宏军.语用标记语:分类、多功能性与语域[J].重庆理工大学学报(社会科学),2013(1).

164. 王华.试析来源于疑问小句的话语标记"你信不信"[J].河北师范大学学报(哲学社会科学版),2015(4).

165. 王荔."好个"的话语功能分析及形成机制研究[J].新疆大学学报(哲学社会科学版),2024(3).

166. 王倩,高晓丽.极限程度补语小句的特点及流行原因考察[J].山西大同大学学报(社会科学版),2021,35(6).

167. 王士元.演化语言学的演化[J].当代语言学,2011(1).

168. 王士元.语言演化的三个尺度[J].科学中国人,2013(1).

169. 王伟.模糊语言学中的几条推理规则[J].解放军外国语学院学报,2000(2).

170. 王宴宗,马国彦.话语标记"那什么"[J].齐齐哈尔大学学报(哲学社会科学版),2021(11).

171. 王寅,严辰松.语法化的特征、动因和机制——认知语言学视野中的语法化研究[J].解放军外国语学院学报,2005(04).

172. 王扬.话语标记的认知语用诠释[J].天津外国语学院学报,2005(3).

173. 王羽熙.新兴立场标记"谁懂(啊)"的话语功能及形成探析[J].湖南

师范大学社会科学学报，2024（1）.

174. 魏红 . "的确/确实"的主观化与语法化——兼议"的确"与"确实"的差异 [J]. 云南师范大学学报（对外汉语教学与研究版），2010（3）.

175. 魏晓菲 . "我看"的词汇化研究 [J]. 黑龙江工业学院学报（综合版），2018（6）.

176. 魏兴，郑群 . 西方语法化理论视角下对汉语话语标记"你看"的分析 [J]. 外国语文，2013（5）.

177. 文贵良 . 从小冰到 ChatGPT：对人工智能与汉语诗学的一个考察 [J]. 南方文坛 ,2023（3）.

178. 文旭，黄蓓 . 极性程度副词"极"的主观化 [J]. 外语研究 ,2008（5）.

179. 文旭 . 语言演化的三个逻辑原则——演化语言学探索之一 [J]. 英语研究，2021（2）.

180. 吴芳芳 . 网络语体特征及语体渗透 [J]. 萍乡高等专科学校学报,2012（8）.

181. 吴福祥 . 汉语能性述补结构"V 得/不 C"的语法化 [J]. 中国语文,2002（1）.

182. 吴福祥 . 汉语语法化研究的当前课题 [J]. 语言科学，2005（2）.

183. 吴福祥 . 近年来语法化研究的进展 [J]. 外语教学与研究，2004（1）.

184. 吴淑琼，刘迪麟，冉苒 . 心理动词"想"的多义性：基于语料库的行为特征分析 [J]. 外语与外语教学，2021（5）.

185. 吴亚欣，于国栋 . 话语标记语的元语用分析 [J]. 外语教学，2003（4）.

186. 鲜丽霞 . 话语标记"你说"的语境及其功能 [J]. 四川师范大学学报（社会科学版），2012（5）.

187. 向明友，杨国萍 . 语法化动因的语用规律阐释 [J]. 外语与外语教学，2018（6）.

188. 谢世坚 . 话语标记语研究综述 [J]. 山东外语教学，2009（5）.

189. 谢晓明，梁凯 . 否定话语标记"谁说的"的功能表达与意义浮现 [J]. 湖南科技大学学报（社会科学版），2021（2）.

190. 邢欣，金允经，郭安 . 起始标记语的元话语功能探讨 [J]. 当代修辞学，2013（6）.

191. 徐捷 . 中国英语学习者话语标记语 you know 习得实证研究 [J]. 外语教学理论与实践，2009（3）.

192. 徐晶凝 . 对外汉语口语教学语法大纲的构建 [J]. 语言教学与研究，2016（4）.

193. 许佳佳 . 肯定话语标记"你别说"的功能及言者的话语立场 [J]. 阜阳师范大学学报（社会科学版），2024（1）.

194. 许家金 . 汉语自然会话中话语标记"那（个）"的功能分析 [J]. 语言科学，2008（1）.

195. 许静 . 话语标记语的元语用功能 [J]. 山东外语教学，2007（4）.

196. 荀恩东，饶高琦，肖晓悦，臧娇娇 . 大数据背景下 BCC 语料库的研制 [J]. 语料库语言学，2016（1）.

197. 杨国萍，向明友，李潇辰 . 话语标记语的语法—语用研究 [J]. 外语学刊，2016（4）.

198. 杨江 . 话语标记"你说你"[J]. 湖南科技大学学报(社会科学版),2016(4).

199. 杨万成，陈昌来 . "我敢说"的话语标记功能与认识立场表达 [J]. 当代修辞学，2023（4）.

200. 杨旭，王雅琪 . 交互主观性的 3 种研究范式 [J]. 外语学刊，2022，（4）.

201. 杨一飞 . 感观类话语标记语初探——以"你 + 感观动词"（看、听、说、讲、想、知道、认为等）为例 [J]. 福建论坛（社科教育版），2011（4）.

202. 姚海斌 . 现代汉语程度补语"不得了"与"了不得"研究 [J]. 对外汉语研究 ,2020,（2）.

203. 姚双云，姚小鹏 . 自然口语中"就是"话语标记功能的浮现 [J]. 世界汉语教学，2012（1）.

204. 姚双云 . 口语中"所以"的语义弱化与功能扩展 [J]. 汉语学报,2009(3).

205. 姚双云 . 连词与口语语篇的互动性 [J]. 中国语文，2015（4）.

206. 姚占龙 . "说、想、看"的主观化及其诱因 [J]. 语言教学与研究,2008(5).

207. 叶南 . 程度副词作状语和补语的不对称性 [J]. 西南民族大学学报（人文社科版）,2007（05）.

208. 殷树林 . 话语标记的性质特征和定义 [J]. 外语学刊，2012b（3）.

209. 殷树林 . 论话语标记的形成 [J]. 湖南科技大学学报（社会科学版），2012c（2）.

210. 尹海良 . 话语标记"怎么 3"的多角度分析 [J]. 语言教学与研究,2014(3).

211. 于宝娟 . 论话语标记语"这不"、"可不" [J]. 修辞学习，2009（4）.

212. 于国栋，吴亚欣 . 话语标记语的顺应性解释 [J]. 解放军外国语学院学报，2003（1）.

213. 于艳平 . 网络语言的语体特征及语用功能探析 [J]. 郑州航空工业管理学院学报（社会科学版），2006（2）.

214. 袁羲 , 吴应辉 . ChatGPT Plus 给国际中文教育带来的机遇、风险及应对策略 [J]. 云南师范大学学报（对外汉语教学与研究版）,2023,21（3）.

215. 袁博平 . 论二语习得中第一语言迁移的方向性及经济性原则——以二语句法和二语语篇为例 [J]. 世界汉语教学 ,2022,36（3）.

216. 曾君 , 陆方喆 . 从反预期标记到话语标记——论 "但是" 的语用功能及演变 [J]. 语言科学，2016（4）.

217. 曾立英 . "我看" 与 "你看" 的主观化 [J]. 汉语学习，2005（2）.

218. 张德岁 . 话语标记 "你想" 的成因及其语用修辞功能 [J]. 安徽大学学报（哲学社会科学版），2009（5）.

219. 张发祥 . 英汉话语标记语语用功能对比 [J]. 洛阳师范学院学报，2006（1）.

220. 张芳 , 肖任飞 . 从 "怎么说呢、这么说吧" 看元认知态度的差异与融合 [J]. 广西师范大学学报（哲学社会科学版），2016（2）.

221. 张寒冰 . 光杆名词主语指称解释的情态动因 [J]. 语言教学与研究，2024（1）.

222. 张宏国 . 话语标记 "够了" 的语境特征及语用功能 [J]. 安徽大学学报（哲学社会科学版），2015（5）.

223. 张金圈 , 唐雪凝 . 汉语中的认识立场标记 "要我说" 及相关格式 [J]. 世界汉语教学，2013（2）.

224. 张金圈 . "别看" 的连词化及话语标记功能的浮现 [J]. 汉语学习,2016（1）.

225. 张利蕊 , 姚双云 . 话语标记 "哪里" 的序列位置与互动功能 [J]. 外语学刊，2024（4）.

226. 张芮 . "就是" 的主观化和语法化 [J]. 黑龙江工业学院学报（综合版），2019（1）.

227. 张旺熹 , 姚京晶 . 汉语人称代词类话语标记系统的主观性差异 [J]. 汉语学习，2009（3）.

228. 张惟 , 高华 . 自然会话中 "就是" 的话语功能与语法化研究 [J]. 语言教学与研究，2012（1）.

229. 张文贤 , 方迪 , 张媛媛 . 语体视角下 "这下" 的话语标记功能及其教学探讨 [J]. 汉语学习 ,2018（5）.

230. 张文贤,李先银.互动交际中的认识权威表达——以"我跟你说"为例[J].当代修辞学,2021（6）.

231. 张秀松.话语标记化的性质之争[J].外语学刊,2019（4）.

232. 张奕,乔琳.话语标记语研究现状与展望[J].深圳大学学报（人文社会科学版）,2010,27（1）.

233. 张谊生.从到顶义述宾短语到极性义程度副词——以"之极、至极"和"之至、之致"为例[J].语言科学,2015,14（4）.

234. 张颖.汉语程度范畴初探[J].牡丹江教育学院学报,2007,（4）.

235. 张影.话语标记"你说说"语用功能、形成机制及相关研究[J].广州广播电视大学学报,2018（5）.

236. 张渝英,赵鹏程.话语标记"你听着"的句法、语义及语用功能[J].辽东学院学报（社会科学版）,2020（4）.

237. 张则顺.现代汉语确信情态副词的语用研究[J].语言科学,2012（1）.

238. 赵日新.形容词带程度补语结构的分析[J].语言教学与研究,2001（6）.

239. 赵颖,张存颖.话语标记语"yeah/yes"与"对"的多模态话语对比分析——以电视访谈节目《奥普拉秀》和《鲁豫有约》为例[J].重庆邮电大学学报（社会科学版）,2015（1）.

240. 赵子伦."你+看/想/说"系列话语标记变体探究[J].中国民族博览,2019（4）.

241. 郑枫琦.话语标记"你看看"话语功能探析[J].现代交际,2021（6）.

242. 郑贵友.影响汉语话语标记功能表达的三个形式因素[J].汉语学习,2020（2）.

243. 郑娟曼,张先亮."责怪"式话语标记"你看你"[J].世界汉语教学,2009(2).

244. 郑友阶,罗耀华.自然口语中"这/那"的话语立场表达研究[J].语言教学与研究,2013（1）.

245. 周德庆.浅析话语标记"依我看"[J].湖北师范大学学报（哲学社会科学版）,2021（2）.

246. 周红."V得/不来"结构的能性类别及其语义演变[J].语言研究集刊,2018（3）.

247. 周明强,谢尚培.警示性话语标记"你等着"[J].汉语学习,2018（6）.

248. 周明强.埋怨性话语标记语语用功能的认知探析[J].浙江外国语学院学

报，2014（4）．

249．周树江，王洪强．论话语标记语的语法化机制 [J]. 外语教学，2012（5）．

250．朱红，关黑拽．话语标记"我说什么来着"的功能及形成机制 [J]. 新疆大学学报（哲学·人文社会科学版），2016（2）．

251．朱立霞，张静．语篇中交互主观化的三维研究框架 [J]. 外语教学，2024，45（3）．

252．朱奕瑾，饶高琦．基于 ChatGPT 的生成式共同价值标准例句库建设 [J]. 云南师范大学学报（对外汉语教学与研究版），2023,21（3）．

253．祖利军．译者主体性视域下的话语标记语的英译研究——以《红楼梦》中的"我想"为例 [J]. 外语教学，2010（3）．

英文参考文献

1．AD Zwicky，AM Zwicky.Constructing Texts：Elements of a Theory of Composition and Style，by George L.Dillon College Composition & Communication，1985，36（1）．

2．Blakemore，D.Relevance and Linguistic Meaning：The Semantics and Pragmatics of Discourse Markers.New York：Cambridge University Press，2002．

3．Blakemore，D.Semantic Constraints on Relevance.Oxford：Blackwell，1987．

4．Blakemore，D.Understanding Utterances.Oxford：Blackwell，1992．

5．Brinton，L.J.Pragmatic Marker in English：Grammaticalization and Discourse Functions. Berlin：Mouton de，1996．

6．Brown P. & Levinson S.Politeness.Some Universals in Language Usage. Cambridge：Cambridge University Press，1987．

7．Bybee，John & Joanne Scheibman.The Effect of Usage on Degree of Constituency：The Reduction of Don't.Cambridge：Cambridge University Press，2001．

8．Bybee，John.Phonology and Language Use.Cambridge：Cambridge University Press，2001．

9．Crismere.Avon.Talking with Readers：Metadiscourse as Rhetorical Act.New York：Peter Lang，1989．

10．Erman，B."Some pragmatic expressions in English conversation"English in Speech and Writing：A Symposium.By Tottie，G. and I. Bäcklund，Uppsala：Acta Univ，1986．

11．Fauconnier，Gilles.Mappings in Thought and Language.Cambridge：Cambridge University Press，1997．

12．Flavell，J.H."Cognitive Monitoring".In W P Dickson ed.Children's Oral

Communication Skill.New York : Academic Press, 1981.

13. Flavell, J.H."Metacognitive aspects of problem solving".In L B Resnick ed.The Nature of Intelligence.Hillsdale, New Jersey : Lawrence Erlbaum Associates, 1976.

14. Flavell.J.H.Cognitive Development.Englewood Cliffs, New Jersey : Prentice Hall, 1985.

15. Flowerdew, J. & Tauroza, S."The effect of discourse markers on second language lecture comprehension".Studies in Second Language Acquisition, 1995, 17 (4).

16. Fowler, R.Linguistics and the Novel.London : Methuen, 1977.

17. Fraser, B."An Approach to discourse markers".Journal of Pragmatics, 1990, (14).

18. Fraser, B."Pragmatic Markers".Pragmatics, 1996, 6 (2).

19. Fraser,B."What are discourse markers？ ".Journal of Pragmatics,1999,(31).

20. Halliday, M.A.K.An Introduction to Functional Grammar.London : Edward Arnold, 2008.

21. Halliday, M.A.K. & Ruqaiya Hasan.Cohesion in English.London : Longman, 1976.

22. Halliday, M.A.K.Explorations in the Functions of Language.London : Edward Arnold, 1973.

23. Harris, Alice.C. & Lyle Campbell, Historical Syntax in Cross-linguistic Perspective, Cambridge : Cambridge University Press, 1995.

24. Heine,B.,Kaltenböck,G.,Kuteva,T. & H.Long."An outline of discourse grammar"[C]//Bischoff,S. & C.Jany.Functional Approaches to Language.Berlin : Mouton de Gruyter,2013.

25. Heine,B., Kaltenböck, G., Kuteva,T. & H.Long."Cooptation as a discourse strategy".Linguistics, 2017, 55 (4).

26. Heine,B.On discourse markers : Grammaticalization,pragmaticalization,or something else.Linguistics,2013,51 (6).

27. Hopper, P.J. & Traugott, E.C.Grammaticalization.Cambridge : Cambridge University Press, 2003.

28. Ifantidou, E.Evidentials and Relevance.Amsterdam : John Benjamins, 2001.

29. Knott, A. & Dale, R.“Using Linguistic Phenomena to Motivate a Set of Coherence Relations”.Discourse Processes, 1994, 18 (1) .

30. Kaltenböck,G. & B.Heine.On thetical grammar.Studies in Language, 2011, 35 (4) .

31. Kaltenböck,G. & B.Heine.Sentence grammar vs.thetical grammar : Two competing domains[C]//Brian,M.,Malchukov,A. & E.Moravcsik.Competing Motivations in Grammar and Usage.Oxford : Oxford University Press,2014.

32. Nuyts,J.“Notions of (inter)subjectivity”.English Text Construction,2012(5).

33. Nuyts, J.“Subjectivity as an evidential dimension in epistemic modal expressions”.Journal of Pragmatics,2001 (3) .

34. Quirk, Randolph and Greenbaum, Sidney and Leech, Geoffrey and Svartvik, Jan.A Comprehensive Grammar of the English Language.London : Longman, 1985.

35. Redecker, G.“Review article : Linguistic markers of discourse structure”. Linguistics, 1991, 29 (6) .

36. Redeker, G.“Ideational and Pragmatic Markers of Discourse Structure”, Linguistics, 1990, 14 (3) .

37. Schiffrin, D.Discourse Markers.Cambridge : Cambridge University Press, 1987.

38. Schleppegrell,Mary J.Conjunction in spoken English and ESL writing. Applied Linguistics,1996, 17(3).

39. Sperber, D. & Wilson, D.Relevance : Communication and Cognition. Oxford : Blackwell, 1986.

40. Stubbs, M, Discourse Analysis.Oxford : Basil Blackwell, 1983.

41. Sweetser, E.From Etymology to Pragmatics Metaphorical and Cultural Aspects of Semantic Structure.Cambridge : Cambridge University Press, 1990.

42. Talmy L. “Force Dynamics in Language and Cognition”. Cognitive Science, 1988, (12).

43. Traugott, E.C.“From subjectification to intersubjectification”[A].In R.Hickey

（ed.）.Motives for Language Change[C].Cambridge：Cambridge University Press，
2003.

44．Traugott,E.C."（Inter）subjectivity and（inter）subjectification：A reassessment"[A].In K.Davidse,L.Vandelanotte & H.Cuyckens（eds.）.Subjectification, Intersubjectification and Grammaticalisation[C].Amsterdam：John Benjamins，2010.

45．Traugott,E.C."（Inter）subjectification and unidirectionality".Journal of Historical Pragmatics，2007（2）.

46．Van Dijk,Teun A."Pragmatic connectives",Journal of Pragmatics,1979,（3）.

47．Verhagen,A."Intersubjectivity and the architecture of the language system"[A].In J.Zlatev，T.P.Racine，C.Sinha & E.Itkonen（eds.）.The Shared Mind：Perspectives on Intersubjectivity[C].Amsterdam：John Benjamins，2008.

48．Verhagen，A.Constructions of Intersubjectivity：Discourse，Syntax，and Cognition.Oxford：Oxford University Press,2005.

后　记

本书提笔于凤凰山下，立身轩中，夏雨连绵，难见天日；落笔于博雅塔旁，未名湖畔，星河灿烂，月色如水。这温柔的月色，是漫漫长夜里上天赐予我的礼物。这万里的河汉，是绵绵雨季中难寻的星光。我爱这皎皎明月，陪我度过无数难眠之夜。我爱这璀璨星海，让我感受宇宙无穷浩渺。我爱这灼灼日光，为我抚去天空朵朵阴云。

回顾这二十年求学经历，其中多少艰辛苦楚，不必娓娓道来。但对于出现在生命中每一个帮助过我的人，我都心存感激，铭记在心。

感谢党和国家，我的求学之路很大一部分来自于国家的政策及资助，当随着年龄的增长，认识的提升，身处国际中文教育行业中，我对国家的发展及国际形势的变化感受更为深刻，当我看到留学生及外国友人学习中文时求知若渴的态度，坚持不懈的精神，我便从细微中感受到祖国的日益强大，我国软实力的逐渐提升。当我赴革命圣地延安体会先辈精神时，当我于中山参观孙中山纪念馆时，当我在北京瞻仰人民英雄纪念碑时，当我跟学生们讲授中国现代化成就时，一个茁壮成长的中国在我的脑海中日益鲜活。中国是一个伟大的国家，在这片土地上生活的人民是一群伟大的人民，我坚定支持中国特色社会主义制度并坚决拥护党的领导。

感谢我的父母，他们是认真生活的普通人，是在我风光时提醒我戒骄戒躁的良师，是在我煎熬时不断支持我的益友，他们对我的爱既是高山，也是大海。家是最温柔的港湾，也是最坚固的堡垒。

感谢曾经培育我的本科院校、北京师范大学知行书院及国际中文教育学院。在这里我逐渐学会祖国、荣誉、责任的重大意义，在这里我逐渐理解学为人师、行为师范的深刻内涵。当我拿起粉笔的那一刻，我意识到身上所负有的使命责任，当我进入课堂的那一刻，我感受到学生们怀有的殷切期望。正如在北京研修时施教授所言，国际中文教育事业是中国外交的重要组成部分，每一位国际中文教师都应注重自己的学识修养与道德培养。在成才与做人的道路上，以往昔为鉴，书未来序章。道阻且长，行则将至；行而不辍，未来可期。

特别感谢求学期间悉心指导我的刘兰民先生，带领我进入语言学大门的杨泉先生，二学位期间日常指导并关照我们的吴成年先生，引领我走上学术道路的胡名叶先生，几位老师对我的指导与关怀此生难忘。以及非常感谢学术道路上提供指引的一些老师、专家、学者、师兄师姐及志同道合的朋友们等等。师大国际中文教育学院认真授课、严谨治学的每一位老师都令我印象深刻，从他们身上我学到了很多学术上与生活中做人、做事、做学问的道理。

感谢研究生实习期间认真指导、提供帮助的各位老师，及国际中文教育学院负责实习工作的各位老师，感谢外国来华学生夏令营期间提供给我很多教学与活动组织建议的王建喜先生。感谢在实习中遇到的老师们，他们的视野格局、专业素养、管理能力与敬业态度，让我记忆犹新，他们为国家长远战略默默付出，为搭建文明桥梁作出贡献。感谢为国际中文教育学院及国际中文教育事业建设努力付出的每一位师生，也感谢我所教过的每一位学生。

感谢研究生管理服务中心与知行书院的老师及班主任们，他们关心学生、认真工作、善于处理各种问题、具有较强的专业素质，我从他们身上也学到了很多做事的方法与做人的道理。

感谢我在师大认识的每一位同学，他们有的步入工作岗位，施展自身才华；有的继续深造求学，攀登学术高峰；有的远赴异国他乡，传播中华文化；有的通过云端授课，连接不同文明。在这里我遇到了一群极为优秀的朋友，他们为我国的语言文字事业与文化传播事业作出贡献。

感谢曾经发生的一个个难以忘怀的故事，在这些故事中我逐渐认识到自身的很多不足，这督促我不断完善自己，努力做一个脚踏实地、热爱生活的人。

最后，我怀着殷切的期盼，希望祖国统一，国泰民安，实现中华民族伟大复兴，全面建成社会主义现代化强国。